초판 1쇄 인쇄 | 2024년 4월 22일
초판 1쇄 발행 | 2024년 5월 1일

지은이 | 양성영
발행인 | 박명환
펴낸곳 | 비즈토크북

주 소 | 서울시 마포구 와우산로 3길 15(상수동, 2층)
전 화 | 02) 334-0940
팩 스 | 02) 334-0941
홈페이지 | www.vtbook.co.kr
출판등록 | 2008년 4월 11일 제 313-2008-69호

편집장 | 윤병인
마케팅 | 코난미디어 010-2274-0511
디자인 | 이현주(이미지공작소 02-3474-8192)
제 작 | 삼덕정판사

ISBN 979-11-85702-34-6 13320

정석 투자의 길

양성영 지음

BIZ TALK BOOK

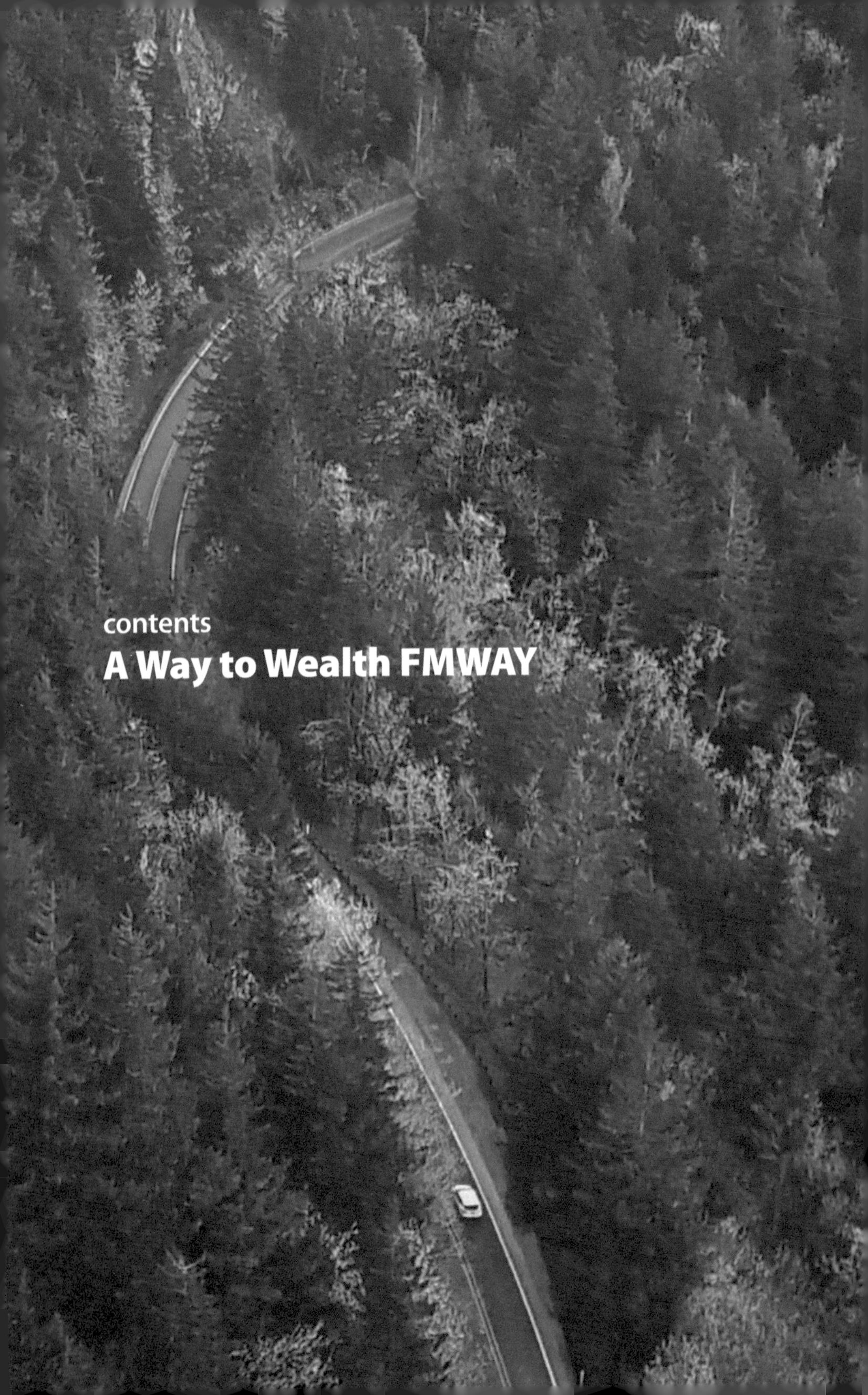

contents

A Way to Wealth FMWAY

| prologue |

게임의 확률

이런 주사위 게임이 있다면 어떨까? 주사위는 특이하게도 여섯 면에 숫자 1과 2 두 개만 새겨져 있는데, 두 면에는 숫자 1이 적혀 있고 다른 네 면에는 모두 숫자 2가 적혀 있다. 이 주사위는 한번 던져서 숫자 1이 나올 확률은 2/6(33.3%)이고 2가 나올 확률은 4/6(66.7%)가 된다.

게임에 참여하는 사람은 주사위를 한 번 던질 때마다 베팅금액을 100만 원씩 건다. 참여자가 주사위를 던져서 숫자 2가 나올 경우 베팅금액 100만 원의 15%를 수익금으로 받아 가고, 숫자 1이 나올 경우에는 베팅금액에서 6%를 딜러에게 지급해야 한다. 숫자 2가 나온다고 해서 베팅금액 모두를 가져오는 것도 아니고, 숫자 1이 나온다고 해서 베팅금액을 모두 잃는 것도 아니다.

숫자 2가 나올 경우 얻는 예상수익금은 100만 원 × 15% × 4/6 = 10만 원이고, 숫자 1이 나올 경우 예상손실금액은 100만 원 × (-6%) × 2/6 = - 2만 원이다. 따라서 주사위를 한번 던져서 참여자가 기대할 수 있는 예상수익금은 두 값을 더한 8만 원이다. 즉 이 게임의 참여자는 주사위를 한번 던졌을 때 베팅금액의 8%만큼의 수익률을 기대할 수 있다.

일반적으로 주사위를 한번 던져서 나올 확률(1/6)을 적용할 경우, 주사위를 여섯 번 던지면 숫자 1이 두 번 나오고 나머지 네 번은 2가 나올 것이다. 즉 여섯 번 주사위를 던져서 1이 두 번 나오면 6%씩 손실이 두 번 나오고, 나머지 네 번은 15%만큼 수익이 발생할 것이다. 한번 베팅금액 100만 원으로 주사위를 여섯 번 던지는 게임을 했을 때, 1이 두 번 나와서 12만 원(-6만 원 × 2회) 손실을 보고, 2가 네 번 나와서 60만 원(15만 원 × 4회)의 수익을 얻을 것이다. 게임참여자는 주사위 여섯 번을 던졌을 때, 손실금액 -12만 원과 수익금액 60만 원을 합친 48만 원을 수익으로 얻을 수 있다.

여기서 베팅금액을 100만 원에서 수익금을 추가해서 베팅할 수 있다고 가정하면, 초기 100만 원으로 시작해서 평균적으로 매번 8만 원의 수익금이 더해져서, 베팅 횟수를 거듭할수록 게임참여자의 수익은 기하급수적으로 늘어날 것이다.

〈표 1〉은 위에 설명한 주사위 게임을 40회 진행했을 때, 누적수익률을 계산한 것으로 그 결과가 어떤지를 보여주고 있다.

<표 1> 주사위 게임에서 40회 진행한 이후 수익금

횟수	원금+수익금(누적)	수익(손실)비율	주사위 숫자	회당 수익(손실)금
1	100.0	15%	2	15.0
2	115.0	15%	2	17.3
3	132.3	15%	2	19.8
4	152.1	15%	2	22.8
5	174.9	-6%	1	-10.5
6	164.4	-6%	1	-9.9
7	154.5	15%	2	23.2
8	177.7	15%	2	26.7
9	204.4	15%	2	30.7
10	235.0	15%	2	35.3
11	270.3	-6%	1	-16.2
12	254.1	-6%	1	-15.2
13	238.8	15%	2	35.8
14	274.7	15%	2	41.2
15	315.9	15%	2	47.4
16	363.2	15%	2	54.5
17	417.7	-6%	1	-25.1
18	392.7	-6%	1	-23.6
19	369.1	15%	2	55.4
20	424.5	15%	2	63.7
21	488.1	15%	2	73.2
22	561.4	15%	2	84.2
23	645.6	-6%	1	-38.7
24	606.8	-6%	1	-36.4
25	570.4	15%	2	85.6
26	656.0	15%	2	98.4
27	754.4	15%	2	113.2
28	867.5	15%	2	130.1
29	997.7	-6%	1	-59.9
30	937.8	-6%	1	-56.3
31	881.5	15%	2	132.2
32	1013.8	15%	2	152.1
33	1165.8	15%	2	174.9
34	1340.7	15%	2	201.1
35	1541.8	-6%	1	-92.5
36	1449.3	-6%	1	-87.0
37	1362.3	15%	2	204.3
38	1566.7	15%	2	235.0
39	1801.7	15%	2	270.3
40	2071.9	-6%	1	-124.3
합계	1947.6			

〈표 1〉에서 보는 바와 같이 게임 횟수를 40회로 했을 때, 원금 100만 원은 1,947만 원으로 늘어나 있다. 이 게임의 누적수익률은 1,847%이다. 보다 더 보수적인 수치 산정을 위해 매 5번째와 6번째마다 숫자 1이 나와서 -6%의 손실이 난 경우를 가정하였다. 초기 베팅금액 100만 원에 수익금을 더해서 베팅금액을 증액할 경우, 단 40번 만에 수익금은 원금의 18배 이상으로 증가하였다. 실로 그 수익률은 대단하며 이 게임은 반복하면 할수록, 그 금액이 엄청나게 증가할 것이다.

이 게임의 특징을 정리하면 다음과 같다.

첫째는 주사위를 한번 던졌을 때 수익이 날 확률(66.7%)이 손실이 날 확률(33.3%)보다 2배가량 높다는 것이다. 이유는 숫자 1이 나오는 확률보다 숫자 2가 나오는 확률이 2배 더 높기 때문이다. 그래서 주사위의 오류가 없다면 게임 횟수를 반복할수록 참여자는 엄청난 수익을 얻게 된다.

둘째는 숫자 2가 나왔을 때 수익금액 15%는 숫자 1이 나왔을 때 손실 금액 -6%보다 2배 이상 크다는 것이다. 숫자 2와 1이 나올 확률이 같다고 가정하더라도 수익금액이 손실 금액보다 2배 이상 크다면, 게임 횟수를 반복하면 할수록 게임참여자는 엄청난 수익을 얻게 된다.

위의 두 가지 특징 때문에 주사위를 던지는 횟수가 많아질수록 게임참여자의 수익은 〈표 1〉에서 보는 것처럼 기하급수적으로 늘어나게 된다. 과연 이런 게임이 존재할까? 아마도 현실 세계에서는 이런 게임이 존재하지 않을 것이다. 만약 이런 주사위 게임이 있다면 게임주관자는 얼마 지나지 않아 파산할 것이며, 게임참여자는 큰 수익을 얻을 것이다. 하지만 주식시장에서는 어떤가? 충분히 가능한 일이다. 왜냐하면 수없이 많은 투자기법이 존재하고, 실제 엄청난 수익률을 올리는 헤지 펀드(Hedge Fund)나 투자의 구루(Guru)들이 있기 때문이다. 그렇지만 그들의 투자 방법에 대해 알려진 바는 거의 없다.

만약 주식시장에서 이런 승률과 수익률을 올릴 수 있는 투자 방법이 있다면 어떨까? 어떤 사람이 이런 방법으로 주식투자에서 수익을 올리고 있다면, 사람들은 그 사람의 투자 방법을 알기 위해서 온갖 노력을 다할 것이다. 반대로 이런 투자 방법을 공짜로 알려준다고 하면, 아마도 대부분의 투자자는 그 투자 방법과 수익률에 오히려 의구심을 가지고 믿지 못할 것이다. 실제로 이런 투자 방법을 알려준다고 하면, 사람들은 그대로 투자해서 돈을 벌지 왜 그런 비법을 다른 사람에게 알려주려고 하냐면서 타박할지도 모르겠다. 어찌 되었든 간에 실제 이런 정도의 승률과 수익률을 올릴 방법이 있다면, 즉 주식시장에서 70%의 성공 확률로 매번 투자할 때마다 평균적으로 8%의 수익을 낼 수 있다면 누구나 주식투자로 엄청난 부를 얻을 수 있을 것이다.

필자는 지난 10년간 비교적 단순하면서도 주식의 본질에 입각한 투자 방법으로 1년에 4번 포트폴리오(Portfolio)를 변경하면서, 앞에 언급한 주사위 게임과 비슷한 승률과 수익률을 얻고 있고 지금도 그 방식으로 주식투자를 하고 있다. 물론 지난 10년간의 투자수익률이 향후 미래의 수익률을 보장하지는 않겠지만, 정말 복잡하고 어려운 주식시장에 참여하고 있는 투자자들에게 주식의 본질에 입각한 투자방법론을 제시하고 그에 기반한 투자를 진행하면서 얻은 결과를 공유하고자 한다.

이 책의 투자 방법은 필자가 1999년 증권회사에 입사해서 2024년 현재까지 25년 동안 주식시장에 참가하고 수없이 많은 시행착오를 겪으면서, 늘 가지고 있던 질문인 '과연 주식은 무엇인가?'와 '주식이 도대체 무엇인데 투자자들을 이렇게 힘들게 할까?'에서부터 시작되었다.

아마 주식투자자라면 한 번쯤 해보았을 질문일 것이고 어쩌면 날마다 하는 질문일 수도 있다. 그러나 이 질문에는 그 누구도 정답을 알려줄 수 없다. 왜냐하면 주식투자에는 정답이라는 것이 있을 수 없기 때문이다. 하지만 정답에 비슷한 해답은 제시할 수는 있을 것이다.

그 질문에 대한 해답으로 필자가 찾은 방법론이 제1장에서 설명하는 '종목선정기준'과 '포트폴리오 구성방법'이다. 이 책은 2010년부터 2014년까지 약 5년 동안 주식의 본질에 입각한 투자 방법을 고민하면서 만든 종목선정기준과 포트폴리오 구성방법에 대한 해설서이다. 그러므로 누구나 따라할 수 있고 누구나 동일하게 수익을 낼 수 있는 방법들이 설명되어있다. 하지만 쉽게 얻을 수 있는 것은 절대 아니다. 초보자가 따라하기에는 쉽지 않은 부분도 있다. 회계에 대한 기본개념을 알고 있어야 하고 기업의 재무제표도 잘 들여다볼 수 있어야 한다. 시간과 노력이 전제되어야 하는 부분이다.

실제로 필자는 2014년 5월부터 2024년 2월 말까지 9년 9개월 동안 이 기준에 따라 실제투자를 진행하면서 누적수익률 1,922%를 올리고 있으며, 2024년 4월 1일 현재에도 이 방법으로 투자를 진행하고 있다. 이 책은 그 결과를 기록한 기록서이기도 하다.

이 책의 본문은 다음과 같은 순서로 설명하고 있다.

제1장은 종목선정기준과 포트폴리오 구성방법을 중심으로 설명한다. 종목선정기준을 설명하기 위해서 주식의 시초와 본질에 대해 설명하였고 종목선정기준을 구성하는 재무제표의 항목은 어떤 것이 있고, 재무제표에 없는 항목은 어떻게 구하는지, 그리고 그 의미는 무엇인지, 포트폴리오를 어떻게 구성하는지, 그 방법에 대해 설명하고 있다.

제2장은 종목선정기준과 이를 기반으로 포트폴리오를 구성해서 실제투자한 결과에 대해 설명하고 있다. 실제투자 결과 없이 이론적인 부분만 언급하거나 가상 투자 결과만 놓고 얘기한다면 투자모델에 대한 신뢰성이 많이 떨어질 것이다. 실증적 검증을 위해 2014년 5월 16일부터 2024년 2월 29일까지 9년 9개월 동안의 누적수익률과 연도별 수익률 현황을 비교적 자세히 설명하고 있다.

제3장은 종목선정기준과 포트폴리오 구성방법에 대한 유효성 검증과 통계 결과에 어떤 의미를 부여하고 있다. 그러기 위해서 2001년부터 2023년까지 Back Test와 Forward Test를 진행한 결과에 대한 설명과 2020

년 6월 1일부터는 Website를 통해 포트폴리오를 공개하고 누적수익률을 기록하여 객관성을 확보하려 하고 있다.

주식투자는 늘 어렵다. 투자 경력이 많다고 쉬워지는 것이 절대 아니다. 관련업종에서 일한다고 해서 쉬워지는 것 또한 아니다. 주식투자는 과거에도 어려웠고, 현재도 어렵고, 미래에도 어려울 것이다. 그건 변하지 않는 사실이다.

제1장에서 설명하는 종목선정기준과 포트폴리오 구성방법이 완벽한 투자방법은 아니지만, 어렵고 힘든 주식시장에 참여하는 투자자에게 하나의 해답이 될 수 있다고 생각하여, 조금이라도 도움이 되었으면 하는 바람으로 글을 쓰게 되었다.

2024.4

양 성 영

A Way to Wealth FMWAY

chapter 01

종목선정기준

종목선정기준과 포트폴리오 구성방법을 중심으로 설명한다.
종목선정기준을 설명하기 위해서 주식의 시초와 본질에 대해 설명하였고 종목선정기준을 구성하는 재무제표의 항목은 어떤 것이 있고 재무제표에 없는 항목은 어떻게 구하는지, 그리고 그 의미는 무엇인지, 포트폴리오를 어떻게 구성하는지, 그 방법에 대해 설명하고 있다.

성공적인 투자를 위해 투자자들이 갖춰야 할 기본지식은 여러 가지가 있다. 투자에 대한 개념부터 기업의 재무제표에 대한 이해, 그리고 투자 원칙 수립에 대한 기본지식이 필요하다. 먼저 그 일반개념부터 살펴보자.

투자(Investment)

투자란 어떤 이익을 얻기 위해서 투자자들이 시간과 자본을 투입하는 행위를 뜻하는 말이다. 투자에 있어서는 시간과 자본은 반드시 있어야 하며, 두 가지 중 하나만 있어서는 목적하는 이익을 얻기 힘들다. 시간만 있고 자본이 없다면 가상투자가 되는 것이며, 시간이 없고 자본만 있다면 수익은 발생하지 않을 것이기 때문이다. 투자의 정의대로라면 도박도 일종의 투자라고 할 수 있다. 왜냐하면 도박도 어떤 이익을 얻기 위해서 시간과 자본을 투입하기 때문이다. 하지만 투자와 도박에는 분명히 개념의 차이가 존재한다. 이는 기대수익과 위험(Risk)과의 상관관계에 따라 투자와 도박을 구분할 수 있다.

투자와 도박(Gamble)

주식투자자들이 시장에서 흔히 저지르는 실수 중 하나는 검증되지 않은 정보에 의지해서 중요한 투자의사 결정을 내린다는 것이다. 다른 하나는 한 포지션(Position)에 너무 많은 금액을 투입한다는 것이다. 이런 경우 위험을 충분히 파악하지 못한 상태에서 의사결정을 하게 되는데 이때 투자에 실패한다면 돌이키기 어려운 손실이 발생할 수도 있다. 투자의 세계에서 오랫동안 성공할 수 있는 유일한 방법은 투자자가 취한 포지션에서 그 위험을 인지하고 만약 투자자가 선택한 판단이 틀렸을 경우 손실을 최소화한 후, 다음 기회를 노릴 수 있도록 미리 준비한 방안대로 행동해야 한다는 것이다.

어떤 사람들은 주식투자를 도박에 비유하곤 하는데, 도박과 투자는 그 개념부터 분명히 다르다. 두 개념을 정리하자면 도박행위(Gambling)는 이길 확률(승률)이 낮은데도 위험을 떠안는 행위이고, 투자 행위(Investing)는 이길 확률(승률)이 높을 때 위험을 떠안는 행위이다. 일반 투자자들이 투자와 도박을 혼동하는 이유는 수익을 낼 수 있는 확률(승률)과 그에 따른 리스크의 크기를 인지하지 못하는 상황에서 투자에 대한 의사결정을 하기 때문이다. 따라서 투자를 도박처럼 하는 투자자가 있을 수 있고 도박을 투자처럼 하는 도박사도 있을 수 있다.

이기는 확률에 따라서 투자도 도박이 될 수 있기 때문에 투자자 중에서 본인의 투자 결과를 따져보았을 때 수익 나는 확률이 낮다면 투자가 아닌 도박을 하고 있다고 생각해야 한다. 그럴 경우에는 더 이상 투자를 하지 말아야 한다. 그게 그나마 가지고 있는 원금을 지키는 방법이 된다.

투자 행위를 잘 하려면 이기는 확률을 인지하고 있어야 하고 한번 실패를 하더라도 그 실패로 인한 타격이 적어야 한다. 또한, 투자의사 결정이 실패로 확인되었을 때는 실패를 인지한 시점에 주저 없이 투자행위를 중지할 줄도 알아야 한다. 그렇게 하려면 투자자는 감정적인 판단이 아니라 이성적으로 판단해야 하고, 이길 확률이 높을 때만 투자를 진행하며 확률이 낮을 때는 투자를 하지 말아야 한다. 이렇게 확률적으로 유리한 경우에만 투자를 진행하면서 장기적으로 횟수를 반복하게 된다면, 지는 횟수보다는 이기는 횟수가 많아지게 되고 이것이 곧 성공투자로 이어지게 된다.

거의 모든 투자자들은 투자를 진행할 때, 자신이 옳다는 전제하에 의사결정을 내리지만 투자자들이 알아야 할 사실은 자신의 투자 판단은 시장에서 항상 틀릴 수 있다는 것이다. 다시 말해서 우리의 투자의사 결정은 시장에서 틀렸다고 확인될 때까지 한시적으로 옳다는 뜻이다. 따라서 투자자들은 본인이 바라는 낙관적 가정에 근거해서 혹은 순간적, 감정적 판단으로 의사결정을 내리는 것이 아니라, 확실한 투자 원칙에 근거해서 투자를 진행해야 한다.

투자자들은 투자할 때 언제나 이렇게 생각해야 한다. '시장에서 어떤 시점에 내 의사결정이 틀린 것으로 밝혀질 것인가?' 일단 그 시점이 되면 어떤 일이 있어도 해당 포지션은 정리해야만 한다. 이것이 손절(로스컷, Loss- Cut)에 대한 원칙이 필요한 이유이기도 하다. 예상하지 못한 금융위기나 팬데믹으로 인해 시장충격이 왔을 때 투자자들은 적정시점에 포지션 정리를 통해 손실을 최소화해야 한다.

투자대상

투자 행위의 대상은 시간과 자본의 투입으로 이익을 얻을 수 있는 모든 것이 될 수 있다. 은행의 예금부터 부동산, 주식, 채권, 외환(Currency), 상품(Commodity: 금, 은, 원유, 철광석, 옥수수, 곡물 등)을 비롯한 각종 금융상품(ELS, DLS, ARS 등)이 투자대상이 될 수 있다. 보통 사람들은 예금을 투자대상으로 생각하지 않는 경우가 많다. 투자자의 관점에서 본다면 예금도 투자대상이다. 앞서 언급한 투자의 정의에 비추어 본다면 예금 또한 투자자의 시간과 자본이 투입되서 이자라는 이익을 얻는 대상이 되기 때문이다. 이렇듯 투자대상은 매우 많아서 일일이 살펴보기 힘들지만 여기서는 그 범위를 주식에 국한해서 살펴보기로 한다.

먼저 주식이라는 대상을 알아보기 전에 채권을 살펴보고 채권과 주식을 비교하면서 주식에 대한 개념을 좀 더 구체적으로 알아보자.

채권(Bond)

채권은 이자 지급을 조건으로 필요한 자금을 차입하기 위해 발행하는 유가증권을 뜻한다. 쉽게 말해서 돈을 빌릴 때 쓰는 차용증이 채권이다. 은행으로부터 돈을 빌리면서 발행하면 대출채권이 되고, 채권자한테 돈을 빌리면서 발행하는 증서가 채권이 된다.

채권의 기원은 기원전 2400년이라는 설이 있지만 인류가 정착 생활을

하면서 어느 시점에 가치 있는 무언가를 빌려주고 대가를 받는 행위를 하면서 그 개념이 형성되었을 것으로 추정된다. 본격적으로 채권시장이 형성되기 시작한 것은 12세기 이탈리아 베네치아에서 전쟁자금을 조달하기 위해서 이율이 표시된 증서를 발행하면서부터이다. 처음에는 채권을 발행해서 자금을 조달하는 것이 주목적이었지만, 시간이 지나면서 채권이 시장에서 거래가 되기 시작했다. 그러면서 자연스럽게 채권시장이 형성되었다. 시장형성 초기에는 채권가격이 고정되어 있었지만 시간이 지나면서 채권에 표시된 이율과 시장금리에 따라서 채권가격이 변동하기 시작했다. 금리변화에 따라 채권가격이 변했고 금리와 채권수익률과의 관계가 형성되었다.

시간이 지나면서 채권투자 방법이 많이 바뀌었지만, 기본적으로 채권은 만기까지 보유하기만 하면 원금과 이자를 받는다는 개념에 큰 변화는 없다. 요약하면 채권은 다음과 같은 정리할 수 있다.

❶ 채권은 자금조달자가 이자 지급을 약속하고 돈을 빌리기 위해 발행하는 증서이다.
❷ 채권에 명시된 이자율이 중요하다.
❸ 돈을 빌리는 주체(채권 발행자)의 신용도가 중요하다.
❹ 채권에는 돈을 빌리는 기간(만기)이 명시되어 있다.
❺ 시장의 금리에 따라서 채권의 가격이 변동한다.
❻ 채권을 발행한 기업이 망하지 않는다면 만기까지 보유 시 원금과 이자를 받을 수 있다.

주식(Stock)

주식은 투자자(주주)가 회사에 출자한 자본을 나타내는 증서로 주식 수는 주식회사의 소유권 정도(지분율)를 나타낸다. 주주의 투자금 총액은 회사의 자본금과 같으며, 주식지분율이 높은 주주가 기업의 지배주주로 회사의 경영권을 비롯한 중요한 의사결정 권한을 가질 수 있다. 주식을 채권과 비교하면 다음과 같이 정리할 수 있다.

❶ 주식은 회사 설립을 위해 주주가 출자한 자본을 표시하는 증서이다.

❷ 주식 수를 소유한 정도에 따라 회사에 대한 지배력을 행사할 수도 있다.

❸ 주식은 회사의 경영 성과를 배당으로 받을 수 있고, 배당은 회사의 경영 성과에 따라 달라진다.

❹ 주식은 만기가 없으며, 경영 성과가 있는 한 지속된다.

❺ 주식의 가격은 경영 성과에 따라서 수시로 변한다.

❻ 주식을 발행한 기업이 망하면 주주는 투자한 금액만큼 손실을 보게 된다.

주식투자자라면 대부분 기본적으로 알고 있는 내용들이다. 투자대상을 주식에 국한했을 때 위의 내용처럼 일반적으로 알고 있는 사항 외에 좀 더 자세히 주식에 대해 알아야 한다. 막연하게 혹은 남들이 알고 있는 정도의 내용만 가지고 투자하기엔 주식이라는 대상이 수익을 내기가 너무 힘들다. 채권은 만기까지 보유하면 원금과 이자를 모두 받을 수 있는 것과는 다르게 주식은 만기도 없고 가격변동이 커서 보유하는 것 자체가 위험일 수 있다. 그래서 시장에서는 주식을 위험자산으로 분류하기도 한다.

주식의 기원

현대시대 거래되는 주식은 1608년 네덜란드 정부가 동인도회사를 설립할 때 국민으로부터 자본 참여를 받으면서 시작되었다. 당시 동인도회사는 네덜란드 정부의 주도하에 여러 사람의 자금을 모아서 설립되었으며 현재의 투자조합과 그 형태가 유사하다. 그 이전까지는 유럽에서 소수의 자본에 의해서 무역선이 만들어졌고 선장을 비롯한 선원을 고용하여 교역품을 구매해서 인도와 무역을 하였다. 무역선이 교역품을 가지고 인도에 도착하여 교역에 성공해 본국으로 돌아오면 원금의 4~5배 정도의 큰 수익이 났고, 그 수익금에서 선원들의 급료를 제외하고 남은 금액은 소수의 자본가가 독차지하였다. 1608년도에 네덜란드는 유럽의 후발 독립국으로 자본이 상대적으로 부족했기 때문에 국민을 상대로 대대적인 자본 참여를 독려했고, 그래서 모집된 자금으로 동인도회사를 설립하였다. 이로 인해 모집된 자금은 무역선 건조와 선원 고용, 교역품 구매에 사용되었고 이후 교역에 성공해서 남긴 이익금은 투자자들에게 배당으로 지급하였다.

이전의 소수 자본가에 의해서 시행되었던 교역선 투자와는 다르게, 네덜란드의 동인도회사는 국가 차원에서 일반 국민에게 자본 참여를 유도했으며, 그 투자 금액을 명시한 증서를 교부했던 것이 바로 현대사회 증권의 시초가 되었다. 이것을 시작으로 다른 유럽 국가에도 이와 유사한 형태로 자금을 모집하는 방법이 널리 퍼지게 되면서 주식은 일반화되었다.

주식은 투자자가 회사의 수익금을 나눠서 받는, 즉 배당을 받기 위한 투자 방법으로 시작되었다. 그리고 주식이 만들어진 이듬해 1609년에 네덜란드에서는 은행이 만들어지고 동인도회사의 증권이 시장에서 거래되기 시작했다. 동인도회사에 투자한 사람 중에는 회사의 수익금을 배당으로 받기 전에 자금이 필요한 사람들과, 미처 동인도회사 설립 시점에 자금을 투입하지 못한 사람들이 증권을 거래하기 시작했다. 이후 자연스럽게 동인도회사의 증권이 거래되는 시장이 형성되었고 시간이 좀 더 지나면서는 동인도회사와 유사한 방법으로 여러 다른 회사들이 설립되었으며, 다양한 형태의 증권들이 시장에서 거래되기 시작하였다. 1630년대 중반에는 증권거래를 위한 시장이 점차 활성화되면서 현대시대 선물과 옵션의 개념까지 등장하기도 하였다.

초창기 주식이 시장에서 거래되기 시작할 때는 투자금과 동일한 금액으로 거래하는 것이 일반적이었다. 즉 매수자는 원래 투자자가 투자한 원금을 주고 주식을 샀다. 요즘 표현으로는 액면가 거래인 것이다. 하지만 이후 회사의 성과가 나오기 시작하면서부터 주식의 가격이 변하기 시작하였다. 회사의 교역 성과가 좋을 때는 투자금에 웃돈을 받고 되팔기도 했고, 교역선이 유럽으로 돌아오다가 태풍을 만나 좌초라도 될 때는 최초 투자금보다 낮은 가격에 거래되기도 하였다. 이후 시장에서 주식의 가격이 형성되기 시작하면서 투자자들은 수익의 일부를 배당으로 받는 것보다 주식의 가격에 집중하게 되었다. 왜냐하면 배당은 일정 기간 회사의 성과가 나올 때까지 기다려야 했고 배당금이 많지도 않았지만, 주가 변동으로 인한 시세 차익은 배당보다 크기도 했으며 시간이 오래 걸리지도 않았기 때문이다. 그러면서 투자자들은 배당받는 것보다 주식거래로 생긴 시세 차익에 집중하기 시작했고 싼 가격에 주식을 사서 비싼 가격에 파는 방법에 몰두하게 되었다. 이후 시간이 흘러 주식투자가 대중화되면서 매매를 통한 시세 차익을 얻는 것만 부각되었고, 주식투자의 본래 목적인 배당은 상대적으로 그 중요성이 떨어졌다.

주식투자가 어려운 이유

주식이 어떻게 생겨났는지는 경제사를 찾아보면 그리 어렵지 않게 알 수 있다. 하지만 주식투자가 일반화되고 시장참여자가 많아질수록 투자자들이 시세차익에 집중하기 시작하였고, 그러면서 주식투자는 점점 더 어려워졌다. 시장참여자가 많아질수록 가격변동의 이슈가 많아지고 수시로 가격이 변하기 때문에 주가는 어떻게 될지 예측이 힘들어졌다.

그렇다면 주식투자가 왜 이렇게 어려울까? 정답은 너무 간단하다. 바로 가격 때문이다. 가격이 있는 대상에 투자하기는 모두 어렵다. 그게 주식이든, 부동산이든, 채권이든, 어떤 것이든 모두 어렵다. 채권을 시장에서 거래하는 사람들은 채권투자는 주식보다 더 어렵다고들 한다. 이유는 역시 가격 때문이다. 좀 더 정확하게 말하면 변동하는 가격 때문이다. 매순간 변동하는 가격을 예측하는 것은 사실상 불가능하므로 시세 차익을 얻는 것도 그만큼 힘든 것이다. 대부분 투자자는 미래 가격을 예측하려고 한다. 하지만 주가가 향후 어떻게 될지 예측한다는 것은 맞출 확률보다 틀릴 확률이 더 높다.

주식투자의 목적이 배당에서 시세 차익으로 그 중심이 옮겨가면서 대부분 투자자의 관심사는 어떻게 하면 주가를 잘 예측해서 시세 차익을 많이 얻는 것으로 바뀌었다. 이후 수많은 경제학자와 전문가들이 주식투자에 관해 연구했고 여러 가지 방법론이 나왔다. 1608년 주식이 만들어진 이후로 여러 가지 시도로 시세 차익을 얻기 위한 방법론이 만들어졌지만, 현재 가장 널리 통용되는 방법론은 크게 2가지로 정리될 수 있다. 첫 번째는 주가 변동을 차트로 기록하고 그 움직임을 분석하여 주가를 예측하는 기술적분석이고, 두 번째는 기업의 내재가치를 중심으로 주가를 분석하는 기본적분석이다.

기술적분석은 주가 움직임을 차트로 그려가면서 지지와 저항, 추세에 여러 가지 보조지표를 추가하여 분석하는 방법으로 발전되어 갔고, 기본적분석은 기업의 내재가치를 중심으로 PER, PBR, PSR 등 기업의 실적을 기반으로 분석하는 방법으로 발전되었다. 두 가지 방식 모두 주가를 정확하게 예측하거나 시세 차익을 얻는 절대적인 방법이 되지는 못한다. 왜냐하면 시장에서 거래되는 주식은 너무나 많은 요인으로부터 영향을 받게 되고 주가는 수시로 변동하기 때문이다. 그래서 주가는 아무도 어떻게 변할지도 모르지만, 그 누구도 절대적인 방법으로 정확하게 예측할 수도 없다. 그래서 주식투자가 힘들 뿐만 아니라 어렵다. 다르게 얘기하면 주식투자가 어려운 이유는 주가에 영향을 주는 요인이 너무 많아서 그 모든 요인을 반영한 투자 방법을 찾아내기가 힘들기 때문이다. 그러면 여기에서 주가에 영향을 미치는 요인은 어떤 것들이 있는지를 간단히 살펴보도록 하자.

주가에 영향을 미치는 요인

주가를 결정하는 데 영향을 주는 요인은 너무 많아 일일이 나열하기도 어렵다. 또한, 많은 변수가 매 순간 실시간으로 주가에 영향을 미치고 영향을 미치는 정도가 각각 다 다르므로 절대적으로 중요한 요인을 구별하기도 힘들다. 그래서 수많은 시장참여자의 의사결정이 모두 반영된 결과가 바로 주가라고 할 수도 있다. 여기에서 주가에 영향을 미치는 요인을 전부 다 나열하기는 어렵고 중요하게 영향을 미치는 몇 가지 요인들만은 살펴보도록 하겠다.

1. 기업의 본질가치

기업의 주가를 결정하는 가장 바탕이 되는 요인은 바로 해당 기업의 본질가치이다. 본질가치에는 자산가치, 영업 가치, 브랜드 가치 등 그 회사가 가지고 있는 유·무형 가치가 기본적으로 포함되어 있고, 시장에서는 기업의 본질가치 위에 시장에서 프리미엄을 받는 요인이나 할인되는 요인이 반영되어 주가가 결정된다.

기업의 본질가치는 일정 기간 발생한 기업의 실적에 따라서 변화한다. 본질가치는 특정 시점에 기업의 가치를 평가하는 것이고 기업의 실적은 일정 기간 영업활동으로 기업의 수익을 측정하는 것이다. 그래서 특정 시점 기업의 본질가치에 일정 기간 발생한 실적을 더하거나 빼게 된다. 그러므로 기업의 실적이 증가하면 본질가치도 늘어나게 되고, 기업의 실적이 감소하면 본질가치도 줄어들게 된다. 극단적인 경우로 기업의 실적이 장기간 적자 상태가 지속된다면 본질가치는 제로가 되거나, 혹은 마이너스 상태가 될 수도 있다. 따라서 기업의 실적이 증가하면 본질가치는 늘어나고 주가는 상승하게 될 것이며, 기업의 실적이 감소하면 본질가치는 줄어들게 되고 주가도 하락하게 될 것이다.

2. 업황(해당 기업이 속한 산업의 경기 상황)

기본적으로 기업의 실적은 그 기업이 속한 산업의 업황에 영향을 받는다. 반도체 업황에 영향을 받는 삼성전자나 SK하이닉스, 조선 업황에 영향을 받는 현대중공업이나 삼성중공업, 해운 업황에 영향을 받는 HMM, 건설 업황에 영향을 받는 현대건설 등 거의 모든 회사는 해당 산업의 경기에 많은 영향을 받는다. 그래서 증권사 리서치센터의 애널리스트들은 대부분 본인이 커버하는 기업의 실적을 전망할 때 해당 산업의 경기 사이클을 먼저 분석·전망한다.

애널리스트들은 기업의 실적을 예측할 때 해당 산업의 동향을 먼저 살피게 되는데, 전반적인 업황이 어떤지에 따라 산업 내에서 일정 시장점유율을 확보한 기업의 실적추정이 수월해지기 때문이다. 성장산업 내에 속한 기업은 좋은 실적을 기대할 수 있고, 업황이 좋지 않은 기업은 실적이 나빠질 것을 쉽게 예상할 수 있기 때문이다. 예를 들어 반도체 시장이 올해 30% 성장한다고 가정하면, 반도체 시장 내에서 M/S(시장점유율: Market Share) 1위 기업의 매출액은 전년 대비 30% 증가하리라는 것은 쉽게 예측이 가능하다.

업황으로부터 자유로울 수 있는 기업은 거의 없다. 주가에 영향을 미치는 주요 요인 중에 하나로 업황을 중요하게 꼽는 이유는 기업의 실적과 직접적으로 연관 되어 있기 때문이다. 물론 업황은 안 좋은데 실적이 증가하는 독보적 경쟁력을 갖춘 기업이 존재할 수도 있겠지만, 그건 굉장히 예외적인 경우이다. 업황은 해당 기업의 실적에 직접적이고 중대한 영향을 미치기 때문에, 업황은 실적을 떼어 놓고 얘기할 수 없다. 따라서 업황은 기업의 실적에 영향을 주고 주가에도 영향을 주게 된다.

3. 경쟁기업의 동향

기업의 주가에 영향을 미치는 주요 요인 중에 하나로 경쟁기업의 동향을 꼽을 수 있다. 경쟁기업의 시설투자나 제품의 가격결정, 시장에 대한 경영전략, 심지어는 경영자(CEO)가 누가 되느냐까지도 다른 기업의 주가에 영향을 미치기도 한다. 경쟁기업의 동향이 주가에 영향을 미치는 이유를 자세히 들여다보면 그건 해당 기업의 실적과 연결되기 때문이다. 경쟁기업이 시설투자를 늘려서 시장에 저가상품을 출시하거나 계약을 수주하기 위한 저가 입찰을 지속해서 하거나 시장에 신규로 진입하는 경쟁기업들이 많아진다면, 기존 기업들의 실적에는 부정적인 영향을 끼칠 것이다. 또한, 시장 지배력이 강한 기업이 어떠한 이유로 사업을 철수하거나 부도가 나서 사라진다면, 업종 내 다른 기업들은 수혜를 얻을 것이다. 경쟁기업의 동향이 산업 내 다른 기업의 주가에 영향을 미치는 이유는 해당 기업의 실적에 직·간접적으로 영향을 미치기 때문이다.

4. 환율

환율도 주가에 영향을 미치는 중요한 요인이다. 수출기업이 많은 국내 주식시장은 특히 환율의 영향을 많이 받는다. 환율은 그 자체가 국가 경제 전체에 영향을 미치기도 하고 개별기업의 주가에 영향을 미친다. 환율은 기업의 실적에 직접적인 영향을 미치기 때문이다. 그러므로 주가는 환율에 민감하게 반응한다. 원화 약세는 수출기업에 긍정적인 영향을, 외화부채가 많은 기업에는 부정적인 영향을 미친다. 반대로 원화 강세는 원재료를 해외에서 많이 수입하는 기업에 유리하게 작용하기도 한다. 원-엔 환율의 변화는 일본의 기업들과 경쟁 관계에 있는 국내 기업들의 주가에 영향을 미치기도 한다. 이는 환율의 변화가 곧 기업 실적의 변화에 직결되기 때문이다.

국내 상장된 주요 기업들은 매년 환율에 대해 예측을 하고 그 범위내에서 사업계획을 수립한다. 하지만 예측 범위를 넘어서는 환율의 급변동이 있으면 환율변동 자체가 국내기업은 물론 시장에 큰 충격을 주기도 한다. 환율변동을 예측한다는 것은 주가 변동을 예측하는 것만큼 어렵다. 왜냐하면 환율은 단순히 자국의 경제 상황만 반영해서 결정되는 것이 아니라, 상대 국가의 경제 상황까지 반영해서 결정되고, 나아가서는 글로벌 주요국의 경제 상황이 직·간접적으로 모두 연관되어 결정되기 때문이다. 이러한 이유로 환율 변동성을 예측하는 것은 사실상 불가능하며, 그로 인해 영향을 받는 주가를 예측하는 것은 더더욱 힘들다. 하지만 환율이 기업의 실적에 미치는 영향을 분석하고 그 실적이 주가에 반영된다고 생각하면 좀 더 수월하게 접근할 수 있다.

5. 금리

금리는 주식시장 전체에 중대한 영향을 끼친다. 미국과 같은 선진국의 금리정책은 자국뿐만 아니라 주변국의 경제와 금융시장에 큰 영향을 끼친다. 2022년 글로벌증시의 최대 화두는 미국의 금리인상 이슈였다. 팬데믹 시기에 경기부양을 위해 시중에 풀린 유동자금은 인플레이션을 초래했으며, 물가 인상률이 9%를 넘어서면서 미국 연준은 금리를 인상해 물가를 잡으려고 했다. 미국 연준의 금리인상 기조로 2023년 말 기준 금리는 5%대로 인상되면서 인플레이션율은 3%대로 하락했다. 결국 금리인상으로 단기적으로는 시장의 유동자금을 흡수하고 증시에서 자금이 빠져나오게 되면서 수급에 영향을 주며, 시장은 조정을 받거나 하락하게 된다. 또한, 금리인상은 개별기업의 실적에도 큰 영향을 미친다. 대출금리 상승은 기업의 자금조달 비용을 늘어나게 하면서 이자 부담을 가중하게 되고, 이는 기업의 순이익을 감소시키는 요인으로 작용하게 된다. 반대로 현금성 자산이 많은 기업은 금리인상으로 이자수익이 늘어나면서 영업외수익이 증가하게 되고 기업의 실적에 긍정적으로 작용하게 된다. 일반적으로 금리인상과 같은 큰 이슈는 부채비율이 높은 기업에는 기업의 신용위험 증가로 이어지게 하는데 이는 기업의 경영전략 수립에도 영향을 끼치며 중장기적으로 기업의 실적에 영향을 주게 된다.

6. 대내 변수(정부 정책)

주가에 큰 영향을 미치는 것 중에 대내적 요인으로 정부 정책이 있다. 정부가 어떤 정책을 취하느냐에 따라서 혜택을 받는 기업이 있고 제재를 받는 기업도 있다. 정부 정책의 혜택을 받는 기업들의 주가는 급등하기도 하고, 제재를 받는 기업의 주가는 급락하기도 한다. 과거 주식시장의 사례를 살펴보면, 2000년대 초반 정부의 벤처기업 활성화 정책에 따라 해당하는 중·소형주의 수혜가 예상되어 주가가 급등하는 때도 있었고, 바이오산업 육성 정책에 의해 바이오기업에 매수세가 집중된 때도 있었다. 정부 정책의 혜택을 볼 것이라는 내면을 자세히 살펴보면 그 속에는 실적에 대한 기대감이 반영되어 있다. 정부 정책이 발표될 때 기대감에 주가가 급등하는 경우에도 시간이 지나면서 기대한 만큼 실적이 나와주지 않으면 주가는 실망 매물로 급락하게 되고, 반대로 시장에서 기대한 만큼 실적으로 나오게 되면 주가는 추가 상승을 하기도 한다. 결국 정부 정책 또한 중장기적으로 기업의 실적과 연관되어 있다고 볼 수 있다.

7. 대외변수(미국, 중국, 일본, 유럽 등의 경제 상황/ 지정학적 변수)

미국과 유럽의 경제 상황, 중국의 경제성장률이나 산업생산지수, 일본의 금리정책, 러시아-우크라이나 전쟁 그리고 이스라엘-하마스 전쟁 등, 대외변수가 국내 주식시장에 큰 영향을 끼친다. 더군다나 수출기업이 많은 한국시장은 대외 변수에 민감하게 반응할 수밖에 없다. 또한, 국내기업들이 해외기업보다 저평가받는 이유로 지정학적 변수가 많이 꼽힌다. 남북 관계가 어떤 상황이냐에 따라 방산주와 남북경협주의 주가는 급등락을 거듭하기도 하고 북한의 갑작스러운 도발이나 핵실험 여부는 국내 증시뿐만 아니라 전 세계 증시에 영향을 미치기도 한다. 얼핏 보기에 대외변수가 기업의 실적과 직접적인 연관이 없어 보이기도 하지만, 이러한 대외변수 또한, 중장기적으로는 국내 경제 상황 및 기업의 실적에 중대한 영향을 미친다. 예를 들어 미국의 경기가 살아난다는 것은 국내 수출주 중 미국 소비와 연관된 업종에 긍정적인 영향을 미칠 것이며, 결국 수출 증가는 국내 기업의 실적증가로 이어진다. 또한, 미국경기의 회복은 달러가 강세로 되고 원화는 약세로 전환되어 국내 수출기업의 실적에 긍정적 영향을 줄 것이기 때문이다.

2023년 11월 현재, 이스라엘과 하마스와의 전쟁이 이란 등 주변국의 참전으로 확전이 된다면, 국제유가에 영향을 줄 것이고 그건 분명 국내물가를 상승시키는 부정적인 요인으로 작용할 것이다. 이러한 지정학적인 불확실성은 정치적인 결단이 필요한 이슈로 그 전망이 무의미할 때가 많다. 하지만 지정학적 불확실성의 결과가 국내외 경제 상황에 미치는 영향은 걷잡을 수도, 예측할 수도 없이 흘러갈 것이기 때문에 주가에 어떤 영향을 미칠지 예측이 힘들다. 하지만 이 또한 예측의 범위를 넘어서는 부분이지만, 그것의 결과는 시간이 지나서 기업의 실적이라는 숫자로 표현되기 때문에 우리는 그것을 지표로 삼을 수 있다. 즉 지정학적 변수를 포함한 대외변수가 주가에 많은 영향을 미치지만, 우리는 그것을 기업의 실적을 통해서 객관화할 수 있고 그 결과를 보고 투자 결정에 많은 참고를 할 수 있다.

8. 뉴스와 이벤트

현재 주식시장에는 하루에도 셀 수 없을 정도로 많은 기업과 관련된 뉴스가 나온다. 신규 계약에 관한 뉴스나 업황에 대한 뉴스, 경제 전반에 대한 뉴스, 정부 정책에 대한 뉴스 등 관련성을 파악할 수 없을 정도로 많은 뉴스가 매일 주식시장에 나오고 주가에 영향을 미친다. 또한, 기업의 액면분할, 유무상 증자, 감자, 제3자 배정, 인수 합병 등 기업에서 발생하는 이벤트도 주가에 영향을 미치게 된다. 같은 내용의 이벤트도 시기에 따라서 주가에 긍정적 영향을 주기도 하고 부정적 영향을 주기도 한다. 이러한 뉴스나 이벤트가 주가에 영향을 미치는 이유는 뉴스나 이벤트가 중장기적으로 회사 실적과 연관성이 높기 때문이다. 즉 뉴스나 이벤트가 단기적으로 혹은 중장기적으로 회사의 실적에 영향을 주기 때문에 그로 인한 기대감에 주가가 오르거나 내린다고 할 수 있다.

9. 수급(매수 세력과 매도 세력의 힘겨루기)

단기적으로 주가에 가장 크게 영향을 끼치는 것이 수급이다. 수급에 영향을 주는 것은 뉴스나 이벤트 등 여러 가지 요인이 있을 수 있다. 주식시장에는 수없이 많은 시장참여자가 매 순간 사고파는 의사결정을 하고, 그 결과가 주가로 나타내어지는 것이다. 그 수많은 시장참여자의 의사결정에 단기적으로 영향을 주는 요인들로 인해 나타나는 결과가 수급으로 표현되는 것이다.

단기적으로 주식시장에서 사는 세력과 파는 세력 간의 싸움으로 주가가 결정되기 때문에, 단기 매매 관점에서 본다면 수급이 제일 중요한 변수가 된다. 그래서 일각에서는 수급을 파악하기 위해 노력한다. 단기적으로 수급만 정확하게 파악할 수 있다면 단타 매매만으로도 엄청난 수익을 얻을 수 있을 것이다. 하지만 사는 세력이 왜 사는지, 파는 세력은 왜 파는지, 또 얼마큼의 수량을 사고팔 것인지에 대해서는 당사자 외에는 알 수 없으므로 시장에서 해당 종목의 수급을 예측한다는 것은 주가를 예측하는 것 이상으로 어려운 일이다. 그러므로 단기적으로 수급을 예측하기보다는 중장기적으로 수급을 불러오는 것이 무엇인지 파악하는 것이 더 중요하다.

수급을 발생시키는 요인은 주가에 영향을 미치는 요인만큼이나 다양하다. 해당 기업의 실적일 수도 있고 정부 정책, 환율 등의 외생변수일 수도 있으며, 경쟁기업이나 업황의 전망 등 대내적인 요인일 수도 있다. 수급을 예측하기가 힘든 이유는 주식시장의 참여자들이 너무 많고, 사고파는 이유와 목적이 모두 다르기 때문이다. 하지만 수급에 대해 아무리 복잡한 이유가 있을지라도, 중장기적으로 수급을 결정짓는 가장 중요한 요인은 바로 기업의 실적이다. 기업의 실적이 좋으면 주식에 대한 매수(수요)가 늘어나고, 기업의 실적이 나쁘면 시장 내에서 주식의 매도(공급)가 늘어난다. 결국 기업의 실적이 중·장기적으로 수급을 결정짓는 이유가 되며, 이는 주가에 큰 영향을 미치게 된다.

10. 기업의 실적

기업의 실적은 중장기적으로 주가에 영향을 미치는 가장 중요한 요인이다. 단기적으로 주가는 수급에 의해 영향을 많이 받지만, 장기적으로는 기업의 실적에 따라 수급이 결정되면서 주가는 실적에 따라서 상승 또는 하락한다. 중·장기적으로 지속해서 좋은 실적을 내는 기업은 시장 내에서 매수세(수요)를 불러오면서 주가를 상승시키고, 지속해서 좋지 않은 실적을 발표하는 기업은 시장 내에서 매도세(공급)가 몰리면서 주가는 하락하게 된다. 아무리 시장에서 장기간 소외되고 저평가된 기업도 지속해서 좋은 실적을 발표하게 되면 시장에서 시선을 끌게 되고 중장기적으로는 시장참여자 모두가 사고 싶어 하는 인기주가 된다. 단기적으로 주가를 예측하는 것은 굉장히 힘든 일이지만, 중장기적으로 실적에 기반한 투자를 한다면 주가의 상승이나 하락에 대해 예측하는 데 있어서 그 성공 확률을 상당히 높일 수가 있다.

지금까지 주가에 영향을 미치는 요인으로 몇 가지를 살펴보았는데 이 외에도 상당히 많은 요인이 주가에 영향을 미친다. 각각의 경우나 사유가 주가에 미치는 정도가 다 다르겠지만 그중에는 공통점이 한 가지 있다. 이러한 각각의 요인들이 결국에는 기업의 실적으로 이어진다는 것이다. 직접적 혹은 간접적으로 기업의 실적에 영향을 주면서 주가에 반영되어 나타난다는 것이다. 투자자들은 바로 여기에 주목해야 한다. 결국에 어떤 요인이든지 기업의 실적으로 연결되기 때문에 각각의 요인에 대한 개별적인 분석을 통해 기업 주가를 예측하기보다는 결과적으로 이 모든 것이 반영되어 나타나는 기업의 실적에 중점을 둔다면, 앞서 언급한 주가에 영향을 미치는 각각의 요인에 대해 포괄적으로 분석하는 효과를 볼 수 있다. 즉 주가에 영향을 미치는 각각의 요인들이 기업의 실적으로 수렴하기 때문에 기업의 실적분석에 중점을 두고 투자에 임한다면 수익을 낼 수 있는 확률이 훨씬 높아질 수 있다는 것이다.

주식투자의 목적은 배당을 받는 것

앞서 살펴보았듯이 채권이 이자를 받기 위한 투자 수단이었다면, 주식은 배당을 받기 위한 투자 수단이었다. 가격이 생긴 이후로 대부분 투자자가 주식투자 본래의 목적보다는 시세차익에 더 관심을 두게 되었는데, 어찌 되었든 주식의 본질적 목적은 배당받는 것이었다. 주식투자의 목적이 배당받는 것이라고 해서 주식투자를 단순한 배당투자로 한정 지어서는 안 된다.

채권의 이자와 주식의 배당은 개념상 비슷하다고 생각할 수 있으나, 근본적인 차이점은 채권의 이자는 발생 시점에 정해진 것이고 주식의 배당은 가변적이라는 것이다. 일반적으로 배당은 기업의 경영 성과에 따라 달라진다. 전년도에 비해 올해 기업의 경영 성과가 좋아지면 배당도 늘어나게 되고, 경영 성과가 부진하게 되면 배당도 줄어들게 된다. 그래서 투자자들이 주목해야 할 것은 현재 시점에 배당을 많이 주는 기업에 투자하는 것보다는 시간이 지날수록 미래에 배당을 더 많이 줄 기업에 투자해야 한다는 것이다. 물론 미래에 배당을 많이 줄 기업을 찾아내는 것은 주가상승을 예측하는 것만큼 힘들고 어려운 일이다. 하지만 곰곰이 생각해 보고 따져 본다면 그 둘 사이에는 미묘한 차이가 있다는 것을 알 수 있다.

단기적으로 주가상승이나 하락을 예측한다는 것은 주가가 수급에 따라 결정되기 때문에 신의 영역에 속할 만큼 어려운 일이다. 하지만 중장기적으로 기업의 실적이 좋아질 것을 예측한다는 것은 과거 실적과 현재 발표하는 실적을 비교하여 실적증가(감소)의 추세를 확인하고, 기업이 추진하는 사업 성과에 기반하여 미래 실적을 추정한다면, 실석의 증감과 그로 인한 배당이 어느 정도일지 충분히 예측할 수 있다.

그렇다면 어떤 기업이 미래에 배당을 많이 줄 수 있는 기업이 될 것인가? 이 질문에 대한 답은 비교적 간단하다. 미래에 배당을 많이 줄 수 있는 기업은 아래 세 가지 요건을 갖춘 기업이다.

첫째, 현재 시점에 돈을 많이 버는 기업이다.
둘째, 일시적으로 돈을 많이 버는 기업이 아니라 지속적으로 많이 버는 기업이다.
셋째, 시간이 흐를수록 돈을 버는 규모가 점점 더 커지는 기업이다.

이를 한마디로 정리하면 성장하는 기업이다. 현재도 성장하고 있으며, 앞으로도 성장할 기업인 것이다.

보통 배당투자라고 하면 매년 일정 금액 이상 수익을 내며 비슷한 수준의 배당을 꾸준히 하는 기업에 투자하는 것을 말한다. 대표적인 배당주로는 보험주나 은행주이다. 기업의 성장성보다는 사업의 안정성과 일정 금액 이상 꾸준히 돈을 버는 구조에 초점을 맞춘 것을 배당투자라고 할 수 있다.

여기에서 의미하는 미래에 배당을 많이 주는 기업이란 매년 비슷한 수준의 수익을 내는 것이 아니라 해를 거듭할수록 수익 규모가 점점 커지는 기업을 의미한다. 배당금은 결국 기업이 1년 동안 사업을 해서 벌어들이는 수익의 크기에 비례하기 때문에, 현재 일정 규모의 돈을 버는 것보다는 시간이 지날수록 돈을 버는 규모가 점점 더 증가하는 것이 핵심이다. 그것을 한마디로 표현하면 성장성이다.

삼성전자를 예로 들면 1999년 1주당 액면가 5,000원이던 시절에 삼성전자의 1주당 배당금은 2,000원이었다. 이것을 1주당 액면가 100원 기준으로 환산하면 40원에 해당하는 금액이다. 2018년도 액면가 5,000원이던 주식을 100원으로 액면분할을 하였고, 이후 2023년 1년 동안 삼성전자의 1주당 배당금은 1,444원이었다. 액면분할 이후 가격으로 1999년 40원에서 배당금이 무려 36배나 증가한 것이다. 만약 1999년에 투자금 1억 원으로 삼성전자 보통주를 8만 원에 1,250주를 매수했다고 가정하면, 2000년에 배당금을 약 250만 원을 받았을 것이다. 그리고 23년이라는 시간이 지나면서 2023년 기준 액면분할로 주식 수는 62,500주 가 되었고, 1년간 수령한 배당금 총액은 세전 금액 기준으로 90,250,000

원이 되었다. 매년 투자한 원금과 비슷한 수준의 현금을 배당금으로 받게 된 것이다. 이처럼 1주당 배당금이 증가한 이유는 1999년 삼성전자의 4.4조였던 영업이익이 2022년 51.6조로 11배나 증가하였기 때문이다.

시장에는 삼성전자처럼 장기간 성장추세가 지속되는 기업들이 많다. 다만 투자자들이 그런 기업들을 적시에 발견해서 투자하기가 어려울 따름이다. 많은 투자자가 지나온 과거를 돌아보며 그때 삼성전자와 같은 기업에 투자하지 못했던 아쉬움을 얘기하곤 한다. 하지만 그런 아쉬움을 토로하는 대부분 투자자는 지금도, 미래에도 똑같은 아쉬움을 얘기할 것이다. 왜냐하면 현재 주식시장에는 삼성전자와 같이 성장하는 기업은많이 존재하는데 그런 기업을 골라낼 수 있는 안목이 없기 때문이다. 설령 그런 안목이 생겼다 할지라도 해당 기업에 대해 자세히 알지 못한다면, 투자의 확신을 갖는다는 것이 매우 힘들 것이다.

그렇다면 지금도 성장하고, 앞으로도 꾸준히 성장할 가능성이 높은 기업은 어떻게 골라낼 수 있을까? 그리고 만약 그런 기업을 찾아냈다면 어떻게 투자에 대한 확신을 가질 수 있을까? 그 물음에 대한 해답은 기업의 실적에 있다. 즉, 매 분기 발표하는 기업의 실적을 토대로 과거 실적과 비교하면서 성장추세를 확인할 수 있고, 주식시장에서 평가되고 있는 기업가치를 파악할 수 있다면 기업의 사업 내용을 살펴보면서 미래 실적을 추정할 수 있다. 그러면 이제 기업의 실적을 통해서 성장하는 기업을 어떤 관점에서 확인해야 하는지를 알아보자.

기업의 성장성을 파악할 방법은 크게 두 가지가 있다. 하나는 기업의 외형성장을 측정할 수 있는 양적성장지표이고, 다른 하나는 기업의 내실을 얼마나 다지면서 성장하고 있는지를 파악할 수 있는 질적성장지표이다.

1. 양적성장지표

기업의 외형성장을 판단할 수 있는 주요 항목으로 재무제표의 매출액, 영업이익, 순이익을 꼽을 수 있다. 외형이 성장하는 기업은 매출액과 영업이익, 순이익이 전년동기 대비 증가하는 기업이다. 즉 양적성장지표는 작년 같은 기간의 매출액, 영업이익, 순이익 등과 비교해서 파악할 수 있는 매출액증가율, 영업이익증가율, 순이익증가율이 있다. 이런 양적성장지표는 일시적이고 짧은 성장추세를 보여주는 기업보다 최소 2분기 이상 성장추세가 유지되며 시간이 갈수록 증가율이 커지는 기업을 골라내는 것이 좋다. 그런 기업을 골라내기 위해서는 매 분기 증가율을 체크하며 성장추세를 확인해야 한다.

2. 질적성장지표

매출액, 영업이익, 순이익이 기업의 외형성장을 판단할 수 있는 기본항목이라고 한다면, 기업의 질적성장을 판단할 수 있는 항목은 영업이익률과 순이익률 등이 있다. 영업이익률은 매출액대비 영업이익의 비율, 순이익률은 매출액대비 순이익의 비율이다. 일반적으로 매출액이 증가하면 어느 시점까지는 영업이익도 비슷한 비율로 증가한다. 이는 영업이익률의 변화가 거의 없는 구간이다. 하지만 그 특정 구간을 지나서 매출액이 큰 폭으로 증가하는 구간에 진입하면, 영업이익은 매출액증가폭 이상으로 크게 증가하는 모습을 보이는데 이때 영업레버리지(Operation Leverage) 효과가 나타나는 구간이라고 한다. 성장하는 기업은 영업레버리지 효과로 인해 영업이익률이 과거 평균치와 비교해서 상당히 높아진다. 예를 들면 과거 4개년 평균적인 영업이익률이 10%였던 기업이 특정 분기에 갑자기 이익률이 20% 이상 높아졌다면, 이는 영업레버리지 효과가 나타난 것이라고 할 수 있다. 이 효과는 일시적으로 나타나기보다는 성장추세가 이어지는 동안 지속되기도 한다. 물론 예외적인 경우로 성장하지 않은 기업에도 구조조정이나 경비 절감 등의 이유로 이익률이 높아질 수도 있다.

투자자가 주목해야 할 것은 매출액증가가 지속되면서 영업이익률이 높아지는 것으로, 기업의 성장추세로 이익률이 높아지는 시점이다. 영업이익률이나 순이익률도 1~2개 분기를 비교하는 것이 아니라 과거 3~4년 정도 이익률이 변화하는 추세를 파악하는 것이 중요하다.

투자자 입장에서 성장하는 기업을 고를 때 단순히 외형이 증가하는 기업만 찾아서는 안 되며 외형성장과 함께 질적성장이 동반되는 기업을 선택해야 한다. 분기매출액이 100억 하던 회사가 갑자기 500억으로 증가하였다면 분명 외형이 커졌을 것이다. 하지만 매출액증가폭만큼 영업이익과 순이익 증가가 동반되지 않았다면 진정한 의미에서 그 회사가 성장했다고 보기는 힘들다.

이 부분에 대해서는 뒤에 나오는 성장성지표 사례들을 비교해 보면서 좀 더 구체적으로 살펴보기로 하자.

주식이 시장에서 거래되면서 가격이 형성

주식은 시장에서 거래가 되면서 가격이 형성되었고, 여러 가지 요인에 의해 주식의 가격이 수시로 변화하기 시작하였다. 그러면서 주식투자가 어려워지기 시작했다. 주식의 적정가격을 판단하기란 미래주가를 예측하는 것만큼 어렵다. 또한 적정주가에 대해서는 학자나 전문가별로 다양한 의견이 있지만, 사실상 적정주가에 대한 논쟁에는 정답이 없고, 앞으로도 그 논쟁은 계속될 것이다. 학문적 논쟁과는 별개로 투자자 입장에서 주가에 대한 기준을 세울 때, 가장 중요한 것은 현재 시장에서 거래되는 가격보다는 그 기업의 가치를 포함해 따져봐야 한다는 것이다. 그런 의미에서 주식의 가격은 현재가격과 상대가격으로 분류할 수 있다.

1. 현재가격

주식시장에서 실시간으로 거래되는 가격을 말한다. 현재가는 1주의 주식을 사기 위해서 주식시장에서 지불해야 하는 현금의 크기를 말한다. 예를 들어 2023년 12월 12일 종가 기준으로 삼성전자 1주의 가격은 73,500원이다. 삼성전자의 현재가는 시장이 열려 있는 장중에는 실시간으로 바뀌며, 시장이 끝나면 종가를 말한다. 주식시장에서 거래되는 현재가는 단편적이기 때문에 이 주식의 가격이 싼지 혹은 비싼지를 판단하기가 힘들다.

2. 상대가격

주식의 상대가격은 주식시장에서 거래되는 현재가격과는 다른, 주가에 기업의 가치가 내포된 개념으로 시장과 비교했을 때 혹은 업종 내 경쟁기업과 비교했을 때 그 기업의 가치가 고평가되었는지 아니면 저평가되었는지를 판단하는 기준이 되는 가격이다. 예를 들면 반도체 업종의 삼성전자와 SK하이닉스의 기업가치를 비교할 때 실적에 비해 삼성전자가 SK하이닉스에 비해 싼지, 비싼지를 판단할 때 사용하는 개념이다. 상대가격은 주로 업종 내 경쟁 관계에 있는 기업들의 가치를 비교할 때, 혹은 시장평균과 비교할 때 주로 사용하는 개념으로 시가총액과 기업의 이익으로 구할 수 있다.

투자자는 주가를 판단할 때 현재가격이 아닌 상대가격에 초점을 맞춰야 한다. 이때 주식의 상대가격을 수치화한 것을 흔히 기업의 가치평가, 즉 밸류에이션(Valuation)이라고 한다.

지금까지 주식투자의 목적인 배당에서 성장성지표에 대한 개념과 주식의 가격, 즉 상대가격에서 기업의 가치평가 밸류에이션지표를 도출해 냈다.

투자대상이 되는 기업을 선택할 때는 성장성지표와 밸류에이션지표를 모두 따져봐야 한다. 이 두 지표는 마치 수레의 두 바퀴와도 같다. 두 지표 중에 하나만 작동해서는 목표하는 이익을 꾸준히 얻을 수 없다. 성장성지표 위주로 투자대상을 선정한다면 상승장에서는 시장대비 높은 수익률을 올릴 수 있겠지만, 조정 국면에서는 시장보다 큰 손실을 얻을 수 있다. 반대로 밸류에이션지표 위주로 투자한다면 가치투자가 되어버린다. 가치투자 방법이 나쁜 방법은 아니지만, 가치투자는 주가가 상승할 때까지 기약 없이 기다리다 주가가 상승하기 전에 지쳐서 주식을 매도

하는 경우가 많다. 두 지표를 모두 만족시키는 기업을 찾았을 때 시장대비 초과수익과 높은 수준의 절대 이익을 꾸준히 얻을 수 있을 것이다.

기업의 성장성과 가치평가를 따져볼 때 사용하는 가장 기본적인 데이터가 그 기업의 실적, 즉 재무제표이다. 투자자에게 정확한 정보제공을 위해 전 세계 모든 상장기업은 정기적으로 기업의 실적을 발표하게 되어있다. 한국의 경우 분기실적 공시가 의무이며, 금융당국은 상장기업의 분기실적을 정해진 기간까지 발표하도록 강제하고 있다. 우리는 매 분기실적을 발표하는 기업의 재무제표를 통해서 기업의 성장성을 파악할 수 있고, 시장에서 거래되는 가격을 통해서 기업의 상대가치를 구할 수 있다.

기업의 실적체크 시 전제조건

투자자가 기업의 실적을 체크할 때 바라보는 관점에 따라 같은 실적을 다르게 해석할 수 있다. 예를 들면 어떤 기업의 2023년 2분기 매출액이 120억, 2023년 3분기 매출액은 100억이고, 1년 전 실적인 2022년 3분기 매출액은 80억이라고 하자. 이 기업의 2023년 3분기 매출액은 지난 분기에 대비해서 20억 감소했지만, 전년동기 대비해서는 20억 증가했다. 매출액을 판단하는 기준을 '직전 분기 대비'를 기준으로 하면, 20억 감소한 것이고 '전년동기 대비'를 기준으로 하면 20억 증가한 것이다. 어떤 기준으로 바라보느냐에 따라서 같은 실적을 다르게 평가할 수 있다는 것이다. 이 부분에 있어서 정답은 없다. 투자자 입장에서 바라보는 관점의 문제이기 때문에 누가 옳고 누가 그르다고 할 수도 없다. 그래서 절대적으로 옳은 기준을 세운다는 것은 사람들의 의견이 다 다르므로 사실상 불가능하다. 다만, 좀 더 합리적이고 투자자의 목적에 부합하는 결과를 끌어낼 수 있는 기준을 세워서 기업의 실적을 판단하는 것이 중요하다. 그런 측면에서 기업의 실적을 체크할 때 몇 가지 전제조건을 깔고 가야 한다.

1. 분기 단위

상장기업은 매 분기 실적을 발표하기 때문에 기업의 실적 체크는 분기 단위를 기본으로 한다. 일부 기업들은 투자자들에게 정보제공 목적으로 매월 실적과 관련된 정보를 제공하기도 하지만, 이런 정보를 월 단위로 제공하는 기업은 일부 대기업에 국한되고 정보의 범위도 제한되기 때문에 그냥 참고만 하면 된다. 모든 상장기업은 3개월에 한 번씩 투자자들에게 실적을 발표하게 되어있다. 투자자가 공식적으로 기업의 실적에 대한 정보를 확인할 수 있는 기간이 3개월이기 때문에 투자자들은 해당 기업의 분기실적을 반드시 체크해야 한다.

분기 단위 실적 체크가 필요한 이유는 정확성과 적시성이다. 대부분 시장참여자는 기업의 전망이나 기대감에 무게중심을 두고 투자의사를 결정한다. 하지만 이런 전망이나 기대감은 수치화할 수 없고 정량화할 수도 없을 뿐 아니라 이런 전망이 정확하지도 않기 때문에 저마다 판단기준이 달라질 수 있다. 그런 측면에서 회사가 발표하는 분기 단위의 실적은 가장 정확한 정보라고 할 수 있다. 그리고 매 분기 시장에 발표하는 기업의 실적 데이터는 적시성에서도 그 의미가 크다. 현재 시점에 바로 반영시켜 그 기업의 가치를 산정할 수 있고, 과거 실적과 비교함으로써 기업의 현재 위치를 적시에 판단할 수도 있기 때문이다. 혹여 아주 장기로 투자하는 사람들에게는 분기실적을 체크하는 것이 별로 의미가 없을 수도 있겠지만 여기서는 분기실적을 체크하는 것을 기본으로 한다.

2. 실적 비교 기준

주식투자자들은 분기마다 발표되는 기업의 실적을 확인하면서, 직전 분기와 비교(QoQ)하기도 하고, 전년동기와 비교(YoY)하기도 한다. 이 책에서는 실적 비교기준을 전년도 같은 분기(YoY)로 하며, 직전 분기와 비교한 데이터는 참고만 하기로 한다. 직전 분기실적도 비교하긴 하지만 그것보다는 전년동기 실적과 비교해서 분기실적이 얼마나 증가했는지에 더 무게중심을 둔다. 이유는 기업의 실적에는 계절성이 있기 때문이다. 계절성을 고려한 실적의 성장성을 비교하자면 전년동기 대비가 좀 더 객관적이고 정확한 판단을 할 수 있다.

3. 애널리스트의 추정치 기준 또는 실제 발표된 실적 기준

시장에서 적정주가 혹은 목표주가를 제시할 때 두 가지 부류로 나뉘는데, 첫 번째는 애널리스트들이 미래 실적을 추정해서 기업가치를 판단하는 것이고, 두 번째는 매 분기 발표되는 실적을 기준으로 현재의 기업가치를 판단하는 것이다. 이 부분에 있어서는 의견이 극명하게 나뉜다.

대부분 전문투자자들은 애널리스트의 실적추정치를 근거로 해서 기업가치를 평가하는 방법을 따른다. 왜냐하면 주식은 미래 성장 가치를 반영하여 6개월 선행지표로 생각하기 때문이다. 또한, 이미 발표된 실적을 기반으로 기업가치를 평가하는 의견에는 다소 부정적이다. 그 이유는 이미 시장에 공개된 정보는 주가에 모두 반영되었다고 생각하기 때문이다. 금융경제학의 효율적 시장 가설에 따르면 모든 시장참여자가 완벽한 정보를 가지고 있을 때 자산 가격이 균형에 도달한다고 했다. 그래서 거의 모든 시장참여자들은 공개된 실적정보가 이미 주가에 반영되어 있다고 생각한다. 하지만 아무리 노출된 정보라고 하더라도, 모든 시장참여자가 특정 시점에 정보를 다 알기도 어려울 뿐만 아니라, 시장 또한 완벽하게 효율적이지도 않다. 그러므로 여기서는 비록 소수의 의견이지만 애널리스트의 추정치보다는 발표된 실적 기준으로 기업을 평가하는 것을 기준으로 한다. 시장은 생각보다 비효율적이라는 이유도 있지만 애널리스트의 실적추정치가 그렇게 정확하지 않고, 상장기업 중에 애널리스트가 분석하는 기업의 숫자가 매우 제한적이기 때문이기도 하다. 그래서 여기서는 실제 발표하는 실적을 그 기준으로 삼기로 한다.

4. 개별기준 또는 연결기준

기업이 재무제표를 발표할 때 개별기준 혹은 연결기준에 따라서 실적 차이가 크다. 기준을 어디로 두느냐에 따라서 실적이 달라지고, 실적이 달라지면 그 데이터를 기반으로 분석한 결과도 달라진다. 종목선정기준으로 사용하는 기업의 실적은 개별기업기준이 아닌 연결기준을 우선으로 하며, 자회사 및 지배력을 행사할 수 있는 회사가 없을 때는 개별기준 재무제표의 데이터를 사용하도록 한다. 해당 기업의 가치를 평가할 때 그 회사가 보유한 모든 자산을 대상으로 평가하는 것이 좀 더 객관적이고 정확하기 때문이다.

지금까지 언급한 4가지 전제조건은 이 책에서 언급하는 주요 개념에 대해 사전에 한 약속 같은 것으로 생각하면 되겠다.

기업의 재무제표체크 시 주요 항목

기업의 분기실적을 확인할 때 체크해야 할 주요 항목인 재무제표에는 재무상태표, 손익계산서, 현금흐름표, 자본변동표 4가지가 있으며, 손익계산서와 재무상태표, 현금흐름표상에서 체크해야 하는 항목은 다음과 같다.

1. 손익계산서에의 주요 항목

❶ 매출액은 기업의 주요 영업활동에서 얻는 수익으로 상품 등의 판매 또는 용역의 제공으로 실현된 총합산 금액을 말한다. 즉 일정 기간 기업이 영업활동을 하면서 발생하는 계약 상대방과의 거래 총액이다.

❷ 영업이익은 기업의 주된 영업활동에 의해 발생한 이익으로 매출액에서 매출원가와 판매관리비를 제외한 금액이다.

(※영업이익 = 매출액 – 매출원가 – 판매관리비)

❸ 순이익이란 기업이 벌어들인 모든 이익에서 기업이 쓰는 모든 비용과 손실을 빼고 남은 순수이익으로 영업이익에서 이자비용, 세금 그리고 감가상각비 등을 제외한 금액이다.

(※순이익 = 영업이익 + 영업외수익 – 영업외비용 + 특별손익 – 법인세)

❹ 영업이익률은 매출액에 대한 영업이익의 비율로 순수한 영업활동에서 얻어지는 실적을 파악할 때 사용하는 질적성장지표이다.

(※영업이익률 = 영업이익/매출액)

❺ 순이익률은 매출액에 대한 순이익의 비율로 매출액 중 각종 비용을 제외하고 남은 순이익의 매출액에 대한 비율로 질적성장지표이다.

(※순이익률 = 순이익/매출액)

2. 재무상태표에서의 주요 항목

❶ 총자산은 기업이 보유하고 있는 자산의 총합으로 자본총계와 부채총계, 둘로 나뉜다.

(※자산총계 = 자본총계 + 부채총계)

❷ 자본총계는 기업이 사업을 시작할 때 주주들이 납입한 자금의 총합과 주식 발행 시 액면가를 초과해서 발행할 경우 초과 금액을 합산한 금액, 그리고 기업의 정상적인 영업활동을 통해 발생한 이익을 합산한 금액을 총합산한 금액이다.

(※자본총계 = 자본금 + 자본잉여금 + 이익잉여금)

❸ 부채총계는 기업이 제3자에게 지고 있는 금전상 의무의 합계 금액으로 1년 이내 상환해야 하는 유동부채와 상환기일이 1년 이상 남아있는 비유동부채로 나뉜다.

(※부채총계 = 유동부채 + 비유동부채)

3. 현금흐름표에서의 주요 항목

❶ 영업활동 현금흐름은 기업이 본업을 하면서 발생하는 현금의 유입과 유출을 합산한 금액으로 기업의 주요 수익 창출 활동이 잘 되고 있는지를 현금흐름의 지표로 판단할 수 있는 지표이다.

❷ 투자활동 현금흐름은 기업이 투자 목적으로 운용하는 현금의 유입과 유출을 합산한 금액으로, 미래에 더 많은 현금유입을 위해 본업 확장을 위한 유형자산의 취득이나 기존의 생산설비 매각 등으로 발생한 현금의 유입이 해당하며, 회사의 여유자금을 투자상품으로 운용할 때 금융상품 매입과 처분도 투자활동 현금흐름으로 분류된다.

❸ 재무활동 현금흐름은 기업이 자금조달을 위해 증자나 차입, 자기 주식의 처분 등 재무적인 활동을 통해 현금의 유입, 유출을 합산한 금액을 말한다.

4. 자본변동표에서의 주요 항목

❶ 납입자본금은 기업이 사업을 시작할 때 주주들이 납입한 자금의 총합을 말한다.

기업의 시장가치를 평가하기 위한 밸류에이션 주요 항목

기업의 시장가치를 평가하기 위한 밸류에이션 주요 항목인 EPS(주당순이익), BPS(주당순자산), SPS(주당매출액), PER(주가수익비율), PBR(주가순자산비율), 시가총액, 주식 수, 수정주가 등 11가지 주요 항목은 다음과 같다.

1. EPS(주당순이익, Earning Per Share)

기업이 1년간 벌어들인 수익에 대한 주주의 몫을 나타내는 지표로 기업이 벌어들인 순이익을 그 기업이 발행한 총주식 수로 나눈 값이다(※당기순이익/총발행 주식 수).

2. BPS(주당순자산, Book value Per Share)

총자산 중에 부채를 제외한 순자산을 총발행 주식 수로 나눈 값으로 주당순자산은 기업의 청산을 가정할 경우 채무변제 후 주주들에게 나눠줄 수 있는 주당 분배금 또는 청산가치라고도 한다(※순자산/총발행 주식 수).

3. SPS(주당 매출액, Sales Per Share)

주당 매출액은 주식 1주당 얼마의 매출액을 벌어들이는가를 나타내는 지표로 기업의 성장성을 나타내는 지표로 사용된다.

4. PER(주가수익비율, Price Earnings Ratio)

주가를 주당순이익(EPS)으로 나눈 값으로 기업의 수익성을 나타내는 지표로 주로 사용된다.

5. PBR(주가순자산비율, Price Book value Ratio)

주가를 주당순자산가치(BPS)로 나눈 값으로 기업의 가치평가(Valuation)를 나타내는 지표로 주로 사용된다.

6. 시가총액(Market Capitalization)

기업의 상장주식 수를 현재가격으로 곱한 금액으로 기업이 현재 시장에서 얼마로 평가받고 있는지를 나타내는 지표이다.

7. 발행 주식 수

기업의 납입자본금을 1주당 액면가격으로 나눈 값이다.

8. 수정주가

일반적으로 주가는 시장에서 거래되는 현재가격을 쓰지만 주식가격의 일관성을 위해 과거 데이터를 확인할 때는 유무상 증자나, 액면분할, 배당락 등이 있었던 경우가 반영된 수정주가를 주로 사용한다.

9. 부채비율(Debt Ratio)

기업의 부채총액을 자기자본 금액으로 나눈 값으로 기업의 재무 현황 중에서 안정성지표로 사용되고 있다. 업종에 따라서 평균이 다르지만 한국 주식시장에 상장되어 있는 기업의 평균 부채비율은 150% 정도이다.

10. 밸류에이션지표 1

영업이익을 시가총액으로 나눈 값으로 실적 발표 시점에서의 영업이익기준으로 시장에서 얼마의 가치로 거래되는지를 확인할 때 주로 사용한다(※영업이익/시가총액).

11. 밸류에이션지표 2

순이익을 시가총액으로 나눈 값으로 실적 발표 시점에서의 순이익 기준으로 시장에서 얼마의 가치로 거래되는지를 확인할 때 주로 사용한다(※순이익/시가총액).

기업의 실적을 체크해야 할 항목들이 엄청 많아 보이지만 처음에 주요 항목들을 잘 정리해 놓고 반복하다 보면 눈에 쉽게 들어온다. 어떤 특정 기업을 분기마다 발표하는 실적을 업데이트하면서 히스토리를 정리하다 보면, 반복할수록 시간은 단축되고 그 과정도 줄어든다. 하지만 처음에 주요항목의 개념을 머릿속에 잘 넣고 있지 않으면 거기에서 파생되어 나오는 의미를 제대로 파악하지 못할 때가 있다. 따라서 회계를 처음 접하는 사람의 경우 그 기본 개념부터 정확하게 머릿속에 넣고 있어야 한다.

성장성지표

기업의 실적을 체크한다는 것은 단순히 매 분기 발표되는 매출액이나 영업이익, 순이익의 숫자를 확인하는 것과는 다르다. 투자자가 기업의 실적을 체크한다는 것은 과거의 실적과 비교해서 얼마나 성장했는지를 확인하는 것이고, 그 실적이 반영된 시장에서 주식이 어떤 가치로 평가받으며 거래되고 있는지를 확인하는 것이다. 즉 실적을 통해서 그 기업의 성장성과 밸류에이션을 모두 확인하는 것이다. 우선 성장성지표에 대해 살펴보자. 앞서 언급했듯이 성장성지표에는 양적성장지표와 질적성장지표가 있다. 양적성장지표는 매출액증가율, 영업이익증가율, 순이익증가율이 있다.

1. 매출액증가율

성장하는 기업의 첫 번째 요건은 매출액이 증가하는 것이다. 매출액증가 없이 성장하는 기업이 없고, 외형이 확대되는 기업도 없다. 기업이 성장하기 위해서는 반드시 매출액부터 증가해야 한다. 매출액증가율은 과거 3~4년(12~16개 분기) 분기평균매출액 혹은 전년동기 매출액과 비교해서 해당 분기 매출액이 얼마나 증가했는지를 파악하는 수치로 기업의 외형성장을 파악하는 지표이다. 기업의 매출액증가를 판단할 때 두 가지를 체크해야 한다. 첫째는 과거 12~16개 분기평균매출액대비 30% 이상 증가하는 기업이고, 둘째는 전년동기 대비 매출액증가율이 30% 이상인 기업이다. 과거 3~4년 분기평균매출액대비 갑자기 매출액이 증가하는 회사의 경우는 산업의 구조조정이 끝나고 이제 막 턴어라운드

(Turnaround)하는 기업의 경우에 주로 나타나며, 전년동기 대비 매출액증가율이 30% 이상인 기업은 이미 성장 궤도에 올라간 기업의 경우에 주로 나타난다. 두 가지 경우 모두 성장하는 기업으로 분류하기 위한 1차 요건으로 반드시 두 가지를 동시에 만족할 필요는 없다.

투자자는 해당 기업의 매출액이 왜 30%씩이나 증가했는지 그 이유를 살펴봐야 한다. 아래 언급한 매출액증가 이유의 5가지 경우 중에 어떤 상황에 해당하는지 살펴보고 향후 이 매출액이 꾸준히 증가할지 그 가능성에 관해서 확인해야 한다.

(1) 매출액증가의 이유

재무제표를 통해 기업의 매출액이 증가하는 것은 정량적인 데이터 확보로 쉽게 확인이 가능하다. 하지만 투자자들은 어떤 이유로 기업의 매출액이 증가하는지 정성적인 부분까지 체크해야 한다. 기업의 매출액이 증가하는 이유를 살펴보고 투자자 입장에서 어떤 경우가 가장 유리한 경우인지를 살펴보자.

❶ 신제품 출시로 인한 매출 증가

기존에 없던 새로운 제품 출시로 인해 매출이 증가하는 경우로 신제품의 매출액만큼 작년과 비교해서 매출액이 증가하는 경우다. 이전에는 없던 새로운 제품이 시장에서 좋게 반응하고, 이로 인한 시장에서의 새로운 수요가 곧바로 매출액증가로 이어지는 경우이다. 우리 주변에서 쉽게 찾아볼 수 있는 예로는 스마트폰이다. 2009년 애플이 아이폰이라는 것을 시장에 내놓으면서 기존에 피처폰 위주의 시장은 빠르게 스마트폰 시장으로 재편되기 시작했다. 물론 이전에 블랙베리의 스마트폰이 있긴 했지만, 본격적인 대중화가 시작된 것은 애플의 아이폰 출시 이후였다. 이전에 없던 시장을 만들고 스마트폰 시장이 성장해 가는 과정에서 애플의 매출액은 급증하게 되었고, 새로운 시장을 만들어가는 기업으로써 애플의 주가는 급등하게 되었다. 국내 사례를 살펴보면, 2014년 해태제과가 출시한 허니버터칩이 있다. 기존 제과시장에 감자칩은 여러 종류로 존재해 왔었다. 하지만 새로운 맛의 허니버터칩이 시장에 출시됨과 동시에 품절 현상이 생길 정도로 인기가 좋았다. 허니버터칩의 인기는 오랫동안 지속되었고, 2014년 8월 출시 이후 3개월 만에 단일 제품으로 50억 원의 매출을 올릴 정도로 선풍적인 인기를 끌었다. 그로 인해 상장되어 있던 해태제과의 모회사인 크라운해태홀딩스의 주가는 2014년 6월부터 11월까지 5개월 동안 50% 이상 상승하였다.

당시 신상품 허니버터칩은 상당 기간 시장에서 품절 현상이 지속되었고 구하기 어렵다는 인식 때문에 생산되자마자 팔려 나가는 것은 물론, 일부 물량은 소비자가격보다 몇 배나 되는 가격으로 되팔리는 현상까지 나타났었다. 이에 따라 매출액증가는 물론 영업이익도 큰 폭으로 증가하여 주가는 단기간에 급등하게 되었다. 이처럼 신제품이 시장에서 선풍적인 인기를 끌 경우 해당 기업의 매출액이 그전과 비교해서 갑자기 증가하게 된다.

〈그림 1-1〉은 크라운해태홀딩스의 매출액 추이를 나타낸 것으로, 허

니버터칩이 출시된 이후 2014년 1분기를 저점으로 2분기부터 2015년 2분기까지 6개 분기 연속으로 매출액이 꾸준히 증가하였다. 신상품을 출시한 기업은 시장에서 신규 수요를 만들어가는 기업이기 때문에 경쟁자들이 거의 없고, 후발 경쟁자들이 유사 상품을 출시하더라도 시장 내에서 독점적 지위를 인정받기 때문에 이익률이 높은 경우가 많다. 산업 내 선도기업은 비슷한 제품을 만드는 추격자들보다 시장점유율이 높고, 제품가격에도 웃돈이 붙으면서 이익률도 높게 된다. 이로써 기업가치평가 측면에서도 프리미엄을 받게 된다.

<그림 1-1> 허니버터칩 출시 이후 크라운해태홀딩스 매출액 추이

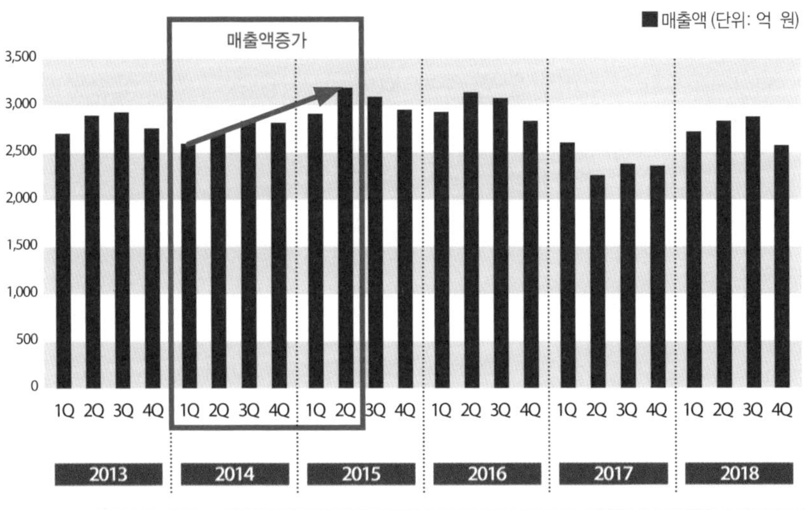

❷ 신규 매출처 확보

기업이 기존의 거래처 이외 신규 매출처를 확보하면서 매출액이 늘어나는 경우이다. 앞서 언급한 신제품 개발로 시장을 만들어가는 경우와는 약간 다르지만, 기존에 없던 신규 매출처를 확보하는 측면에서 긍정적으로 평가할 수 있다. 예를 들어 자동차 부품 업체가 기술력을 인정받아 기존에 거래하던 국내 완성차업체 외에 해외 자동차 메이커에 새롭게 부품을 납품하게 되었다면, 기존에 없던 매출이 생기게 되고 과거 분기매출액보다 증가하게 된다. 또 다른 예로 최근 K-Food 열풍으로 해외에서 한국산 라면이 인기다. 그래서 라면 업체의 수출 물량이 급증하면서 매출액이 매 분기 증가하고 있다. 과거에 라면 업체는 수출이 미미해서 내수기업으로 분류되기도 했었다. 라면 업체 입장에서는 기존에 국내 물량만 생산하다가 최근에 수출로 매출처가 다변화된 것이라고 볼 수 있다. 일반적으로 내수시장만 놓고 영업하던 회사가 수출을 시작하여 매출처가 다변화되기 시작하면, 기업의 가치평가 측면에서 프리미엄을 더 주게 되어 주가가 큰 폭으로 상승하게 된다. 투자자 입장에서는 매출처 다변화로 인해 매출액이 증가하는 회사를 눈여겨봐야 하는 대목이다.

❸ 해당 산업의 성장

산업 자체가 성장하는 경우이다. 예를 들면 2023년도에 성장하는 산업은 2차전지이다. 전기차에 대한 시장의 수요가 증가하면서 관련된 2차전지부터 원자재를 납품하는 회사들의 매년 성장 폭이 엄청나다. 이렇듯 산업 내에서 일정한 시정점유율을 가지고 있는 기업이라면 산업이 성장하면서 매출액이 동시에 증가하는 경우가 이에 해당한다. 세계 반도체 D램 시장은 삼성전자, SK하이닉스, 미국의 마이크론테크놀러지 등이 전체시장의 80% 이상을 차지하고 있다. 만약 반도체 D

램 시장이 이전에는 평균적으로 매년 5%씩 성장하다가 갑자기 급격한 수요 증가로 산업 자체가 30% 이상 성장한다고 하면, 일정한 시장을 점유하고 있는 위의 3개 기업은 산업성장률만큼 그대로 매출액증가로 이어질 것이다. 이 경우는 산업 자체적인 성장으로 인해 해당 기업의 매출액이 증가하기 때문에 그 비율만큼 그대로 이익의 증가로 이어진다. 이때 시장 내에서 선도기업의 경우 산업이 성장할 때 해당 기업의 가치에 프리미엄을 더 주기도 한다.

<그림 1-2> 2차전지 기업의 매출액 추이

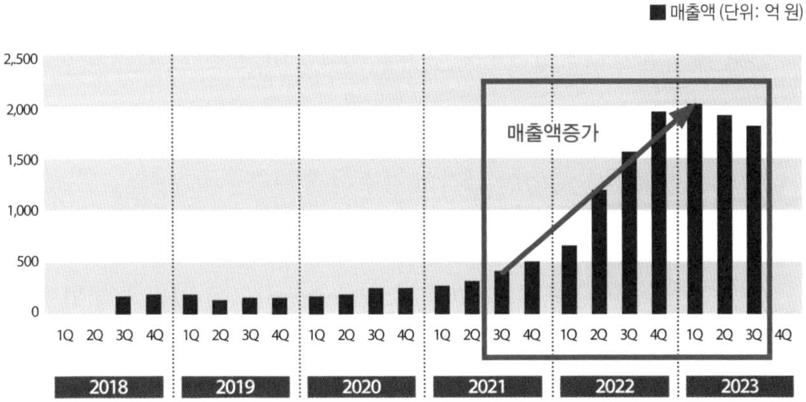

〈그림 1-2〉는 한국의 대표적인 2차전지 업체의 분기매출액 추이를 나타낸 것이다. 2018년 3분기부터 2021년 2분기까지는 분기평균매출액이 비교적 일정하고 별다른 변화가 없었다. 하지만 2021년도 3분기부터 매출액이 전년동기 대비, 과거 3개년 분기평균매출액 대비 큰 폭으로 증가하였는데 이는 2차전지 산업이 본격적으로 성장하였고 업종

내 선도기업인 해당 기업의 분기매출액은 위와 같이 이전의 매출액 대비 4~5배 이상 증가한 모습을 보여주고 있다.

산업이 큰 폭으로 성장할 때 업종 내 선도기업에 투자하는 것도 주요 투자전략의 하나이다. 하지만 성장률을 판단할 때는 막연한 기대감이 아니라 〈그림 1-2〉와 같은 성장하는 내용을 구체적인 숫자를 직접 눈으로 확인해야 한다. 그래야만 실패 확률을 줄일 수 있다.

❹ 구조조정 이후 경쟁기업의 퇴출로 남은 기업이 반사이익을 얻는 경우

기존 산업 내에서 경쟁이 치열해지거나 업황이 안 좋아져서 상당 기간 시장 내에서 구조조정이 이루어지는 경우가 생긴다. 이런 구조조정 시기에는 경쟁력이 뒤떨어지는 회사는 문을 닫고 사라지게 되고, 경쟁력이 있는 기업들도 수익이 급격히 감소하게 된다.

예를 들어 시장 내에서 10개의 기업이 경쟁하고 있었는데 업황이 안 좋아져서 장기간 구조조정 시기를 겪으면서 7개의 기업이 문을 닫고 시장에서 사라졌다면, 남은 3개의 기업이 시장전체의 수요를 감당하게 된다. 구조조정이 끝나고 업황이 다시 살아나는 시기가 도래하면 살아남는 기업들이 시장전체의 수요를 감당하면서 매출액이 증가하게 된다. 구조조정 기간에는 기업 입장에서 버티기가 매우 힘들고 어렵지만, 그 시기를 잘 버티고 살아남는 기업엔 엄청난 기회가 주어지기도 한다. 이후 업황이 회복되어 시장 내에서 수요가 증가하면서 살아남은 기업들의 매출은 엄청나게 늘어나게 된다.

산업 내 구조조정이 진행 중인 업종을 살피고 업황이 회복하는 것을 조기에 찾아낸다면 좋은 투자대상을 찾을 수 있다. 이런 경우에는 무조건 업종 내 선도기업을 선택하는 것이 투자 수익과 안정성 측면에서 유리하다.

<그림 1-3> 팬데믹 전후 국내 항공업체의 매출액 추이

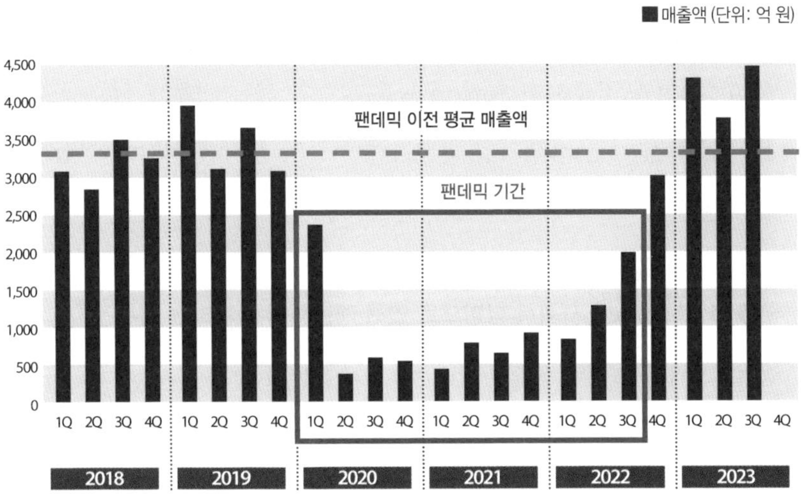

〈그림 1-3〉은 코로나19 팬데믹 전후 국내 항공업체의 분기매출액을 나타낸 차트이다. 팬데믹이 본격적으로 시작된 2020년 1분기 실적부터 감소하기 시작하여 팬데믹 기간 매출액이 급감하면서 산업 내 구조조정이 진행되었다. 살아남은 기업은 2022년 3분기부터 실적 회복을 시작하여 2023년 1분기부터는 팬데믹 이전의 실적을 초과하는 매출액 성과를 나타내고 있다. 이 경우의 특징은 업황이 턴어라운드하는 초기에는 매출액이 증가하는 만큼 영업이익이 증가하지 않을 수도 있

다는 것이다. 이유는 구조조정의 과정을 거치면서 시장에서 살아남기 위해 저가 수주를 하기 때문이다. 저가 수주가 매출로 인식되면서 판가보다 원가가 높은 경우가 많고 이런 경우에는 이익률이 낮거나 마이너스가 되기도 한다. 하지만 저가 수주 물량이 매출로 인식되는 기간이 지나고, 업황이 회복된 후에 발생하는 매출은 그 증가 폭만큼 영업이익도 증가하게 된다. 일반적으로 구조조정 이후 살아남은 기업들의 턴어라운드가 확인되면, 주가 측면에서도 엄청나게 상승하는 경우가 있다. 이전과 비교해서 훨씬 더 높은 상승을 하는 경우도 있는데 이유는 구조조정 기간 경쟁기업 숫자가 줄어들어 시장의 성장률 이상으로 살아남은 기업들이 성장하면서 그 수혜를 누리기 때문이다.

❺ 그 외 M&A나 자회사 합병으로 인해 매출액이 증가하는 경우

시장 내에서 경쟁기업을 인수하거나 사업영역 확장을 위한 새로운 기업을 인수합병하는 경우에도 매출액은 증가한다. 독자적으로 사업을 영위하던 어떤 기업이 사업 확장을 위해 다른 기업을 인수하면 합병까지 하지 않더라도 연결기준 재무제표를 작성할 때, 재무제표에 자회사의 실적을 인식하게 되고 매출액이 증가하는 경우이다. 두 회사 간 시너지효과가 충분하다면 시장에서는 인수한 기업의 가치를 평가할 때 프리미엄을 줄 것이고, 시너지효과가 없는 경우로 평가된다면 인수 비용 등의 이유로 시장에서 저평가의 요인으로 작용할 수도 있다. 또는 인수합병의 효과가 즉시 나타나는 경우도 있고, 시장에서 제대로 평가받기까지는 얼마 정도의 시간이 필요한 때도 있다. 표면적으로는 인수합병 이후 매출액과 영업이익 등이 증가하지만 구조적으로 합병 효과가 제대로 나타나기까지는 시간이 걸리게 되고, 그럴 경우에는 꽤 오랜 시간 동안 실적 확인이 필요하게 된다.

<그림 1-4> M&A 전후 기업의 매출액 추이

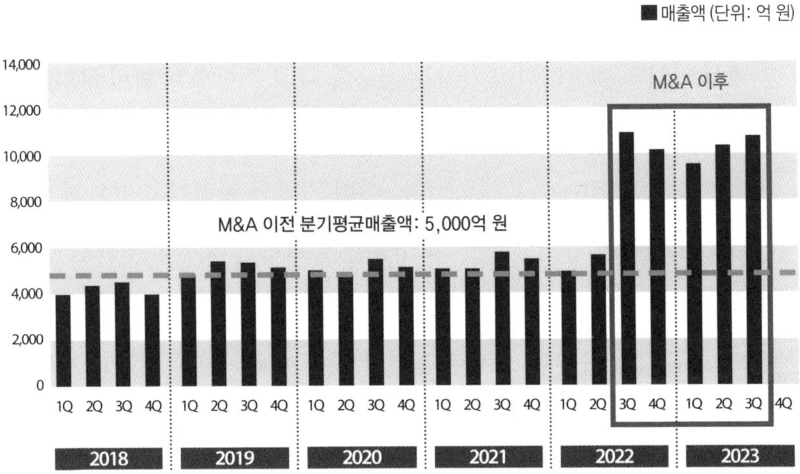

〈그림 1-4〉는 상장기업이 사업영역 확장을 위해 기업을 인수한 이후 매출액이 급증하는 경우를 나타낸 것이다. M&A를 통해 자회사로 편입해서 연결재무제표로 실적을 인식하는 경우나 실제 합병을 통해 하나의 법인으로 실적을 나타내는 경우 모두 표면적으로는 위와 같게 나타난다. 위의 차트와 같이 2022년 3분기 매출액이 갑자기 증가할 경우 투자자는 기업의 사업보고서를 통해 그 이유와 전망 등을 면밀하게 살펴봐야 한다.

일반적으로 동종업종 내 기업 인수합병은 인수하는 기업이나 피인수

기업에 유리하게 작용한다. 고정비 절감이나 시장점유율 확대 등을 호재로 인식하기 때문이다. 하지만 서로 다른 업종에 속한 기업을 인수하게 되면 시장에서의 평가는 엇갈리게 된다. 그 엇갈린 평가는 인수합병 효과가 실적으로 나타날 때까지 시간이 필요하게 된다.

앞에서 기업의 매출액이 증가하는 경우를 다섯 가지로 나눠서 살펴보았는데, 투자자가 매 분기 기업의 실적을 확인한다는 것은 단순히 재무제표의 숫자를 확인하는 것이 아니라, 어떤 기업의 실적이 증가하면 어떤 이유로 매출액이 증가했는지 그 내용을 살펴보는 것까지를 포함한다. 투자자는 본인이 투자하는 기업의 양적, 질적성장스토리를 알고 있어야 하며, 기대감만이 아닌 숫자로 증명될 때까지 확인하는 시간과 노력을 기울여야 한다. 그렇게 했을 때 꾸준한 수익을 얻을 수 있다.

(2) 매출액증가의 사례

기업의 성장성을 체크하기 위해 재무제표의 매출액 항목을 전년동기와 비교하거나 과거 3~4년 치의 분기매출액과 이번 분기의 매출액을 비교하다 보면 갑작스럽게 분기의 매출액이 급증하는 경우를 발견할 수 있다. 정량적인 실적 체크 단계에서는 매출액이 어떤 이유로 증가했는지 정성적인 이유까지는 알 수 없다. 이는 별도의 기업을 연구하면서 파악해야 한다. 〈그림 1-5〉는 매출액이 증가하는 기업의 사례로, 현재 한국 주식시장에 상장 되어있는 기업이다. 이 기업은 2018년에서 2020년 1분기까지 분기평균매출액이 190억 내외였는데, 2020년 2분기에 분기매출액이 280억으로 급증하더니 2023년 3분기까지 매출액이 꾸준히 증가하여 2023년 3분기에는 분기매출액이 690억까지 증가하였다.

<그림 1-5> 매출액증가 사례

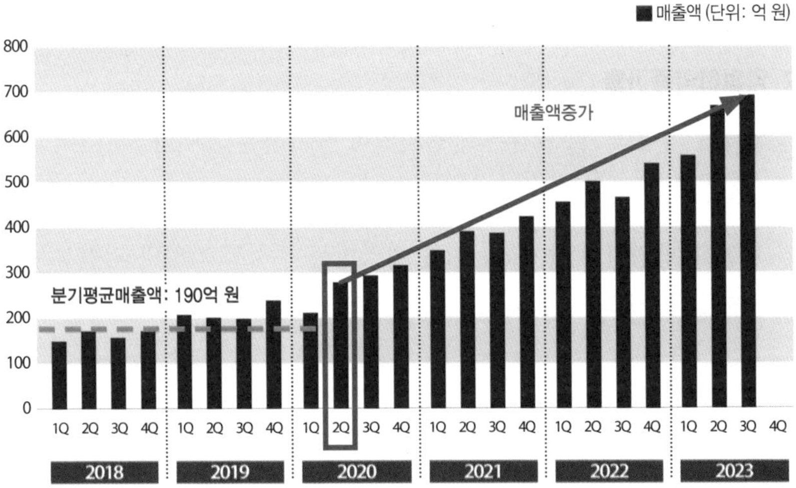

만약 투자자가 2020년 2분기에 갑자기 실적이 급증한 이 기업을 당시에 알게 되었다면, 이 기업에 관심을 갖고 해당 기업에 대해 조사를 시작해야 한다. 기업을 조사할 때 가장 중요한 것은 앞에서 언급한 것처럼 분기매출액이 갑자기 증가한 이유를 체크해야 한다는 것이다. 이때 매출액증가가 다음 분기 혹은 내년에도 이어질지 그 연속성을 파악하는데 초점을 맞추면서 매출액증가의 이유를 살펴봐야 한다. 상장기업은 IR 팀을 두고 투자자에게 정보를 제공할 의무를 가지고 있고, 갑자기 실적이 증가하면 투자자에게 정보제공뿐만 아니라 기업홍보 차원에서도 매출액증가 사실을 널리 알리려고 할 것이다. 매출액증가의 이유가 합당하고 그 연속성이 있을 것으로 판단이 되면, 매수 관점으로 지켜볼 필요가 있다. 2020년 3분기 실적 또한 전년동기 대비 증가하는 것이 확인되고, 이후 성장추세가 계속되고 있는 것을 차트를 통해 확인 할 수 있다.

2. 영업이익증가율

성장하는 기업의 제2요건은 영업이익이 증가하는 것이다. 영업이익증가율은 과거 4년(12개 분기) 분기평균영업이익 혹은 전년동기 영업이익과 비교해서 얼마나 증가했는지를 파악하는 수치로 기업의 외형성장을 파악하는 양적성장지표이다.

성장기업의 조건은 영업이익증가율이 전년동기 대비 혹은 과거 3~4년 분기평균영업이익 대비 20% 이상 증가하는 것이다. 일반적으로 특정 분기의 매출액이 전년동기 대비 큰 폭으로 증가한다면, 영업이익도 비례해서 증가하게 된다.

예를 들어 어떤 기업의 매출액증가율이 전년동기 대비 30% 증가했다면, 영업이익증가율도 비슷한 수준인 30% 증가하게 된다. 하지만 앞서 언급했듯이 구조조정의 끝자락에 있는 기업들이나 신제품 출시로 인해 판관비를 많이 쓴 기업들은 매출액이 증가한 만큼 영업이익이 증가하지 않는 경우도 있다. 그래서 기업의 성장성을 판단할 때는 매출액증가만큼 영업이익이 증가하는지 여부도 반드시 확인해야 한다.

<그림 1-6> 매출액증가율이 30%, 영업이익증가율 30% 이상인 기업의 사례

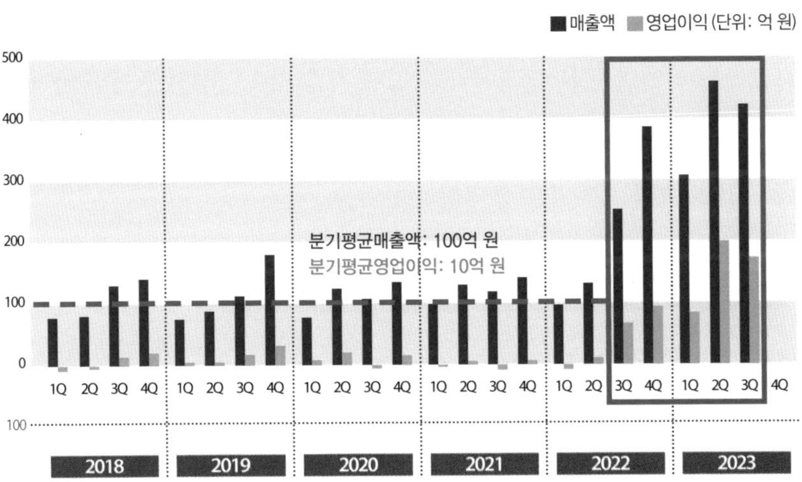

〈그림 1-6〉은 일반적인 경우로 매출액이 전년동기 대비 30% 이상 증가하면서 영업이익도 30% 이상 증가하는 기업의 사례이다. 이 기업은 2022년도 2분기까지 분기평균매출액은 100억 원 내외, 분기평균영업이익은 10억 원 내외였다. 그랬던 기업이 2022년 3분기부터 분기매출액이 250억으로 증가하기 시작하였고, 영업이익은 70억으로 급증하였다. 분기매출액과 분기영업이익 둘 다 전년동기 대비, 과거 4년 분기평균매출액대비 100% 이상 증가한 사례이다. 이후 분기매출액과 분기영업이익은 꾸준히 증가하여 성장추세가 숫자로 확인되고 있다. 특히 2023년 2분기는 분기매출액이 460억, 분기영업이익은 200억대로 영업레버리지 효과가 나타나고 있는 것을 확인할 수 있다. 2022년 2분기 이전의 기업과는 전혀 다른 기업으로 탈바꿈한 것이다. 이 기업의 2023년 3분기 실적을 보면 이전의 분기매출액보다 3배 이상 증가하였고 분기영업이익은

15배 이상 증가하였다. 이런 기업의 주가는 과거와는 완전히 다른 양상으로 움직인다. 주가상승은 성장추세가 얼마나 오래 지속되느냐에 따라 다르기는 하지만, 실적성장추세가 상당 기간 지속된다면 주가는 바닥에서 5~10배까지 상승하기도 한다. 투자자는 이렇게 실적성장추세가 오랜 기간 지속되는 기업을 선택해야 한다.

<그림 1-7> 매출액증가율이 30%, 영업이익증가율 5% 내외 경우

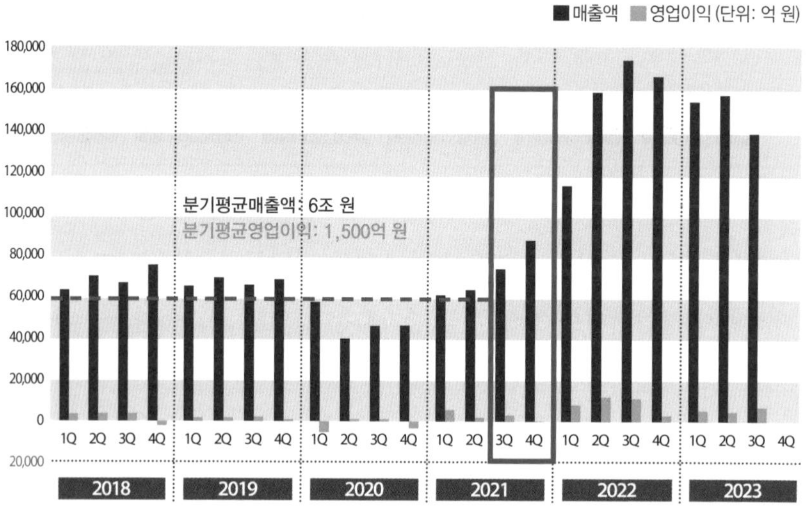

〈그림 1-7〉은 약간 예외적인 경우로 매출액이 전년동기 대비 30% 이상 증가했지만, 영업이익은 그만큼 증가하지 않는 기업의 사례이다. 이 기업의 경우 2021년도 2분기까지는 분기평균매출액은 6조 원, 분기평균영업이익은 1,500억 원대 기업으로 2021년 3분기부터는 분기매출액이 7조 원대로 증가하였으나, 영업이익은 2,000억 원대로 소폭 증가에 그치고 있다. 또한, 2021년 4분기에는 매출액이 8.3조 원까지 증가하였

으나 영업이익은 오히려 감소하였다. 자세한 이유는 살펴봐야 알겠지만 저가 수주로 매출액은 증가했어도 수익성이 악화되었을 가능성이 크다. 2022년 1분기 이후부터 비로소 매출액증가와 더불어 영업이익도 증가하고 있고, 수익성이 올라오는 것을 확인할 수 있다. 이후 실적이 꾸준히 증가하여 2022년 3분기에는 분기매출액이 17조 원을 돌파하였고, 분기영업이익은 1조 2,000억 원대로 증가한 것을 확인할 수 있다. 이렇듯 특정 분기에 매출액이 급증하여도 이에 비례하여 영업이익이 곧바로 증가하지 않고 시간이 지나면서 천천히 증가하는 사례도 있다는 것을 알고 있어야 한다.

(1) 영업이익 증가의 이유

일반적으로 기업들의 매출액이 증가하게 되면 매출액이 증가한 만큼 영업이익도 함께 증가하게 된다. 하지만 과거 3~4년 동안 분기평균매출액이 일정하다가 갑자기 큰 폭으로 증가하는 경우라도 반드시 영업이익이 함께 증가하지는 않는 경우도 있다. 앞서 언급한 허니버터칩은 굉장히 예외적인 경우로 신제품이 출시되자마자 시장 내에서 선풍적인 인기를 끈 경우이고, 대부분의 경우는 신제품 출시로 매출액이 증가하더라도 새로운 영업망 확보나 마케팅 비용 증가 등으로 판관비가 상승하면서 수익성은 떨어지게 된다. 그렇기 때문에 매출액은 증가하지만 영업이익은 그만큼 증가하지 않을 수도 있다. 또는 구조조정을 통해 턴어라운드하는 기업의 경우에는 이전의 어려운 시기에 받아 놓은 저가 수주 물량을 매출로 인식하면서 매출액은 증가하지만 영업이익은 적자가 나는 경우도 있다. 그런데도 매출액이 꾸준히 증가하게 되면 결국에는 영업이익도 증가하게 되는데, 그 영업이익이 증가하는 경우를 살펴보면 다음의 유형으로 정리할 수 있다.

❶ 매출액증가가 영업이익 증가로 이어지는 경우

가장 일반적인 경우로 매출액의 증가가 영업이익 증가로 이어지는 경우이다. 앞서 매출액증가의 원인 중 산업이 성장하면서 업종 내 일정한 시장 점유를 하는 기업의 경우, 산업이 성장하는 만큼 매출액이 증가하게 되고 매출액이 증가하는 만큼 영업이익도 증가하게 된다. 신규 매출처를 확보하는 경우에도 매출액이 증가하면 영업이익도 증가하게 된다. 물론 매출액이 증가하는 폭만큼 영업이익이 그대로 증가하지 않을 수는 있지만 대략 증가 추세는 비슷하게 유지된다. 또한, 타법인 지분 취득(인수)으로 인한 연결기준 재무제표에서 자회사의 매출액과 영업이익을 인식할 경우에도 매출 증가가 영업이익 증가로 바로 이어지는 경우가 될 수 있다.

❷ 원자재 가격 하락으로 인한 생산원가 하락으로 영업이익이 증가하는 경우

약간 특이한 경우로 매출액은 전년동기 대비 소폭 증가하는데, 영업이익은 큰 폭으로 증가하는 경우도 있다. 혹은 매출액은 증가하지 않지만 영업이익만 증가하는 경우도 있다. 이 경우는 제품의 원재료 가격 하락이 제품 생산 비용의 하락으로 이어져 영업이익이 증가하는 경우이다. 예를 들면 2018년 폐지의 가격 하락으로 제지주들의 영업이익이 급증했던 때가 있었다. 홈쇼핑과 온라인쇼핑으로 인한 택배 시장이 커지면서 박스 포장 수요는 점진적으로 증가했는데, 원재료라고 할 수 있는 박스 폐지는 2017년에 비해 50% 폭락했던 시기이다. 이때 국내 제지 관련주들의 매출액은 소폭 증가한 데 반해, 영업이익은 큰 폭으로 증가하면서 제지업종 내 기업들의 수익성이 급증했었다. 영업이익이 증가하여 수익성이 좋아지는 것은 기업 입장에서는 물론 좋은 일이지만 투자자 입장에서 엄격히 따진다면 매출 증가 없이 영업이익만 증가하는 것은 성장이라고 할 수는 없다. 수익성이 개선되기 때문에 주가는 상승할 수 있지만 오래 지속되기는 힘들 수 있다.

<표 1-1 > 연도별 폐지 가격추이

(단위: 원 / kg)

구분	수도권	강원	충북	충남	전북	전남	경북	경남
2017(평균)	130	123	132	129	131	130	134	130
2018(평균)	82	76	74	81	78	81	79	77
2019(평균)	75	71	57	72	67	78	68	64
2020(평균)	69	60	59	63	62	62	67	61
2021(평균)	123	120	118	119	118	127	128	125
2021.09	149	146	144	141	143	153	153	154
2021.10	147	148	149	146	147	159	155	154
2021.11	147	148	153	151	147	159	157	154
2021.12	142	148	153	152	147	159	160	159
2022.01	140	141	152	151	143	157	151	158
2022.02	138	138	152	152	143	157	149	158
2022.03	138	137	151	151	143	149	144	149
2022.04	138	136	148	146	139	141	143	147
2022.05	138	139	148	145	140	141	145	142
2022.06	133	140	142	143	134	134	135	136
2022.07	133	139	141	145	134	136	129	132
2022.08	117	128	130	131	124	126	118	127
09	97	96	106	115	119	106	110	114

※조사가격 선정방법: 각 권역 내 품목별 조사업체 가격의 평균. 업체별 가격은 상이할 수 있음.
※자료조사 기준: 중간 가공 업체의 미압축 고지 매입가격 ▶골판지: 중간급 품질

〈표 1-1〉은 2017년부터 2022년도까지 연도별 폐지 가격을 나타낸 것이다. 2017년 수도권의 폐지 평균 가격이 1kg당 130원에서 2018년

82원, 2019년 75원, 2020년 69원으로 하락한 것을 확인할 수 있다.

매출액은 일정한데 생산단가 하락으로 수익성이 개선되어 영업이익이 증가한 것이다. 흔한 경우는 아니지만 가끔 생기는 케이스이긴 하다. 만약 이런 상황에서 매출액도 함께 큰 폭으로 증가한다면 이 기업은 슈퍼 성장사이클로 접어들 수도 있다.

<그림 1-8 > 매출 증가율보다 영업이익증가율이 더 큰 경우

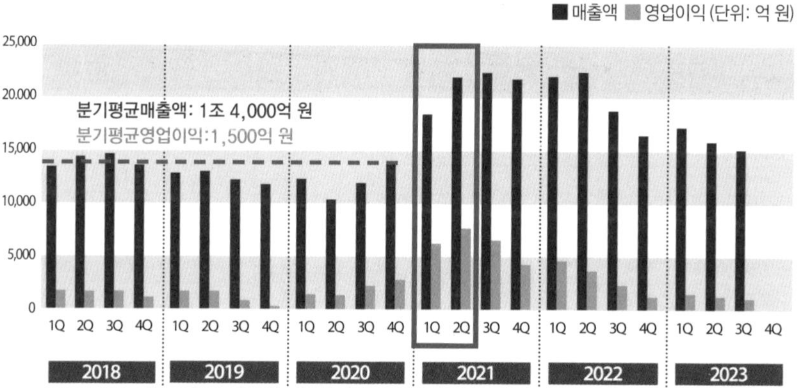

〈그림 1-8〉은 화학업종 내 어떤 기업의 매출액과 영업이익을 나타낸 것이다. 이 기업은 2020년 4분기까지 분기평균매출액이 1조 4천억 원대, 분기평균영업이익은 1,500억 원대를 유지하고 있었다. 그러다가 2021년 1분기에 갑자기 분기매출액이 1조 8천억 원대로 전년동기 대비 35% 증가하였고, 영업이익은 6,000억 원대로 전년동기 영업이익 대비 400% 이상 증가하였다. 화학업종 특성상 원자재인 원유 가격이 급등하면서 이전에 싸게 매입한 원유를 가공하여 고가 제품으로 판

매하면서 수익성이 큰 폭으로 개선되었고 매출액증가보다 영업이익이 큰 폭으로 증가한 모습을 보여주고 있다.

이와 비슷한 경우로 해외에서 원자재를 수입하는 기업은 원-달러 환율의 변화, 즉 원화 강세의 경우에 수입 단가 하락으로 인해 수익성이 개선되는 경우도 있다. 이 경우에도 매출액은 크게 변화하지 않지만 영업이익은 증가하는 경우이다. 영업이익 증가의 이유가 매출액증가를 동반하지 않고 개별적인 이슈로 인해 증가한다면 투자자 입장에서는 좀 더 객관적으로 바라봐야 한다.

❸ 기업 내 구조조정으로 판관비 하락으로 인한 영업이익 증가

기업의 내부적인 요인(경영쇄신이나 구조조정 등)으로 인건비나 판매관리비 등의 비용하락으로 영업이익이 증가하는 경우도 있다. 대규모 명예퇴직으로 인원 감축을 한 경우나 임금동결 등으로 고정비용을 줄인 경우에는 판관비의 하락으로 인해, 다음 분기매출액증가와는 별개로 영업이익이 증가할 수 있다. 대규모 명예퇴직은 주로 금융권 특히 은행에서 많이 나타나며 구조조정 이후 기업 실적 특히 영업이익이 개선되는 모습이 나타난다.

〈그림 1-9〉는 금융업종 내 어떤 기업의 매출액과 영업이익을 나타낸 것이다. 2022년 4분기에 대규모 구조조정(명예퇴직)을 진행하면서 매출액은 분기평균매출액 수준인 6조 원보다 약간 미달하다가 2023년 1분기부터 매출액이 큰 폭으로 감소했다. 그렇지만 영업이익은 오히

려 증가한 모습을 확인할 수 있다. 인원이 줄어들면서 매출액은 감소하는 것이고, 고정비인 인건비를 비롯한 판관비의 하락으로 수익성이 개선되어 영업이익은 증가한 것이다. 이런 경우 매출액의 증가 없이 수익성만 개선되었기 때문에 엄격한 의미에서 성장이라고 할 수는 없다. 그렇기 때문에 주가에 일시적으로 반영은 되겠지만 주가상승의 연속성은 떨어지게 된다.

<그림 1-9> 매출액은 감소하나 영업이익이 증가하는 경우 - 구조조정

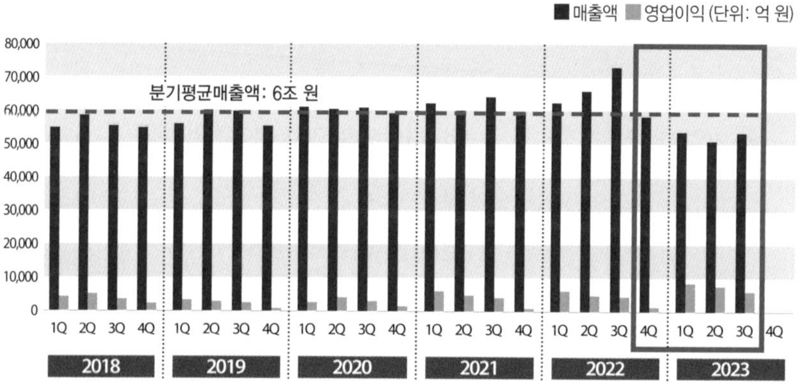

❹ 영업레버리지가 본격적으로 나타나는 경우

매출액의 증가폭보다 영업이익이 훨씬 큰 폭으로 증가하는 경우가 있다. 앞의 ❶의 경우가 가장 일반적인 경우이지만 영업레버리지가 나타나는 경우는 앞의 ❶과는 약간 다르다. 매출액이 증가하는 만큼 추가로 소요되는 비용 없이 영업이익이 더 큰 폭으로 증가하는 경우이다. 혹은 규모의 경제가 본격적으로 나타나는 경우가 이에 해당한다. 대표적인 예로 온라인 게임을 들 수 있다. 온라인 게임업체는 게임 개발시에는 많은 비용이 들지만, 출시 이후에는 관리 비용 외에는 추가 개발비용이 들지 않는다. 이런 상황에서 게임에 대한 수요가 커질수록 매출액이 증가하게 되고 매출액증가는 고스란히 영업이익으로 이어지는 경우이다. 이럴 때 영업레버리지가 극대화된다고 할 수 있다. 예를 들면 매출액이 10% 증가하면 영업이익은 50~100% 이상 증가하는 경우이다. 이때는 투자자 입장에서 가장 눈여겨봐야 할 시기로 영업레버리지 효과가 나타나는 시기에 주가는 가장 큰 폭으로 상승한다.

<그림 1-10> 게임업체의 매출액과 영업이익

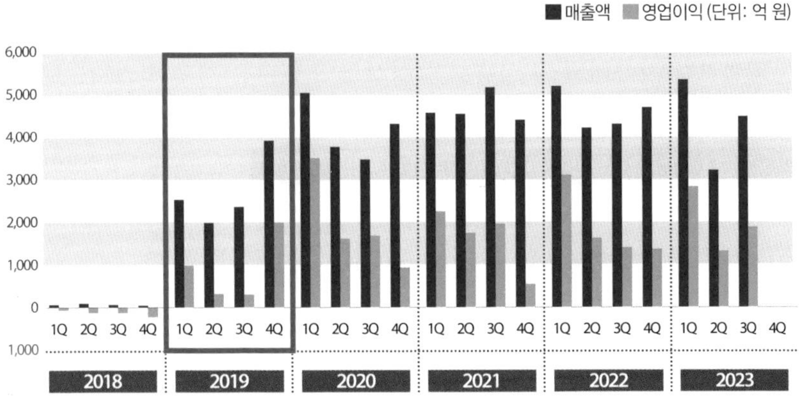

〈그림 1-10〉은 국내 게임업종 내 어떤 기업의 매출액과 영업이익을 나타낸 것이다. 이 기업은 2018년까지는 매출액이나 영업이익이 거의 없는 상태에서 2019년 1분기 게임 출시 후 매출액과 영업이익이 급증한 것을 볼 수 있다. 2019년 1분기매출액이 2,500억인데 영업이익은 1,000억 원이다. 영업이익률이 40%에 육박한다. 게임업체는 게

임을 개발할 때는 매출 없이 비용만 많이 쓰지만, 일단 개발이 완료되고 시장에 출시된 이후에는 영업이익률이 굉장히 높게 나온다. 위의 게임업체도 2019년과 2020년에 이르는 기간 매출액증가율보다 영업이익증가율이 훨씬 높게 나오는데 이는 영업레버리지 효과가 나타나기 때문이다.

(2) 영업이익 증가 사례

투자자 입장에서 영업이익이 증가하는 기업 중에 가장 긍정적으로 평가할 만한 기업은 매출액이 증가하는 기간이 장기간 이어지면서 영업레버리지 효과가 극대화되고 있는 기업이다. 이런 기업은 주가상승이 오랜기간 지속되고 그 상승폭도 상상을 초월하는 경우가 많다.

<그림 1-11 > 매출액과 영업이익이 꾸준히 성장하는 기업

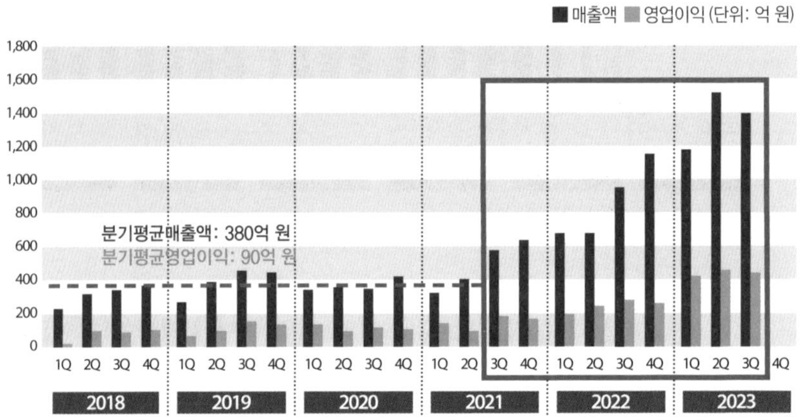

〈그림 1-11〉은 가장 일반적인 경우인 매출액과 영업이익이 꾸준히 증가하는 기업의 사례이다. 매출액과 영업이익이 동시에 일정한 비율을

유지하면서 꾸준히 증가하는 것을 볼 수가 있다. 이 기업은 2021년 2분기까지는 과거 4년 분기평균매출액이 380억, 분기평균영업이익은 90억을 기록하다가, 2021년 3분기부터 실적이 급증하는 모습을 나타내고 있다. 그리고 그 상승률은 2023년 3분기까지 9개 분기 동안 지속되고 있다. 매출액과 영업이익이 〈그림1-11〉에서 보는 것 같이 비슷한 비율로 오랜 기간 꾸준히 증가하는 기업의 주가는 바닥으로부터 큰 폭으로 상승하게 된다.

3. 순이익증가율

성장하는 기업의 제3요건은 순이익이 증가하는 것이다. 순이익증가율은 과거 3~4년(12~16개 분기) 분기평균순이익 혹은 전년동기 순이익과 비교해서 얼마나 증가했는지를 파악하는 수치로 기업의 외형성장 정도를 파악하는 양적성장지표이다.

성장기업의 조건으로 순이익증가율이 전년동기 대비 혹은 과거 3~4년 분기평균순이익 대비 20% 이상 증가하는 것이다. 일반적으로 성장하는 기업의 경우 매출액이 증가하는 만큼 영업이익도 증가하고, 영업이익이 증가하는 만큼 순이익도 증가한다. 순이익은 영업이익에서 세금과 이자비용, 감가상각비 등을 제외한 것으로, 순이익은 영업이익의 80~85% 선에서 결정된다. 예외적인 경우로 투자자산이 많거나 영업외수익이 많을 경우에는 순이익이 영업이익보다 큰 경우도 있다. 또한, 일시적인 요인으로 영업이익보다 순이익이 큰 경우도 있는데, 이는 부동산 등 기업이 그동안 보유하던 자산을 매각하여 차익이 발생한 경우이거나 환율의 변화로 외화자산의 평가이익이 생긴 경우이다.

이와는 반대로 매출액과 영업이익은 증가하는데 순이익은 그만큼 증가하지 않는 경우도 있다. 이 경우는 영업이익과 순이익 간에 차이가 발생하는 다른 이유가 있는 경우인데, 투자자는 해당 기업의 영업이익과 순이익 간의 차이가 클 경우에는 반드시 그 이유를 살펴보고 확인해야 한다. 만약 차이가 발생하는 이유가 일시적인 요인이면 성장기업으로 분류하고, 차입금 증가로 인한 이자비용이 증가하는 등의 구조적인 요인이라면 성장기업에서 제외해야 한다. 대표적인 예로 앞서 영업이익에서 언급한 금융권의 인력구조조정이다. 특정 기업이 대규모 구조조정 차원에서 직원들 대상으로 명예퇴직을 실시한 분기의 실직을 들여다보면, 매출액이나 영업이익은 전년동기 대비 증가했지만, 구조조정 비용(명예퇴직금, 위로금) 등의 지급으로 순이익은 감소하게 된다. 또 다른 경우로는 매년 4분기에는 기업이 성과급 등을 일시에 지급하다 보니 매출액과 영업이익은 전년동기 대비 증가하지만 순이익은 일회성 비용처리로 인해 감소하는 경우가 있기도 하다. 이런 일시적인 경우 기업의 실적을 파악하는데 참고는 하되, 성장추세가 유지된다면 성장기업에서 제외할 만큼 중요한 사항은 아니다.

(1) 순이익 증가의 이유

순이익이 증가하는 이유도 함께 살펴보면 아래 4가지 유형으로 정리할 수 있다. 매출액증가가 성장을 위한 가장 기본적인 요건이라면 순이익 증가는 양적성장성을 마무리하는 필수요건이다. 연간 실적을 마감할 때 순이익이 확정되면 재무상태표의 이익잉여금으로 이동하게 되고 이익잉여금을 주주들에게 배당할 재원으로 사용하게 된다. 이는 프롤로그에서 설명한 주식의 본질적인 부분과도 직접적으로 연관되어 있는 부분이기도 하다. 그렇기 때문에 순이익이 증가하는 것은 양적성장지표의 마지막 완성 요건이 된다.

❶ 매출액증가, 영업이익 증가가 순이익 증가로 바로 이어지는 경우

가장 일반적인 경우로 매출액증가가 영업이익 증가로 이어지고, 영업이익 증가가 순이익 증가로 이어지는 경우이다. 매출액과 영업이익이 동시에 증가하는 대부분의 경우에는 순이익도 함께 증가한다. 앞서 살펴본 것처럼 영업이익에서 법인세와 감가상각비, 이자금액 등을 제외하면 순이익이 되기 때문에, 일반적인 기업은 영업이익이 증가하면 순이익도 증가한다. 하지만 아래 ❷처럼 예외적인 경우도 있다.

❷ 자산 처분으로 일시적 순이익이 급증하는 경우

매출액이나 영업이익 증가와는 무관하게 순이익만 갑자기 증가하는 경우로 예를 들면 기업이 보유하던 자산을 처분을 한 경우이다. 매출액이나 영업이익과는 무관하게 기업이 보유하던 부동산이나 타법인 주식을 처분하는 경우에 발생한 시세차익을 영업외이익으로 인식하고, 이는 순이익으로 연결된다. 이 경우에는 일시적인 요인으로 인해 순이익이 증가한 것이기 때문에 주가에 미치는 영향은 제한적이며, 만약 주가가 상승하더라도 오래가지 않는 경우가 대부분이다.

〈그림 1-12〉는 매출액이나 영업이익과는 무관하게 순이익이 급증한 기업을 나타낸 것으로 2023년 1분기의 실적을 보면 매출액이나 영업이익은 과거 분기평균매출액이나 영업이익 대비 현저하게 낮은데 순이익만 전년동기 대비 급증한 것을 볼 수 있다. 순이익 급증의 이유를 파악해서 그 내용을 확인해야 한다. 아래 기업은 특이하게도 2023년 1분기뿐만 아니라 2분기, 3분기에도 영업이익보다 순이익이 더 큰 것을 알 수 있다. 정확한 이유는 사업보고서를 살펴봐야 알겠지만 1분기에는 자산 처분으로 인한 일시적 이익으로, 2분기와 3분기는 이자나 배당 수입으로 인한 영업외이익이 더 있었을 것으로 추정할 수 있다. 이렇게 매출액이나 영업이익의 증가가 동반되지 않고, 일시적으로 순이익만 증가하는 경우에는 기업의 재무상황에 긍정적이지만 투자자 입장에서 볼 때는 지속적인 성장의 이유가 아니기 때문에 그렇게 중요하게 생각할 필요는 없다.

<그림 1-12> 매출액과 영업이익과 무관하게 순이익만 증가하는 기업

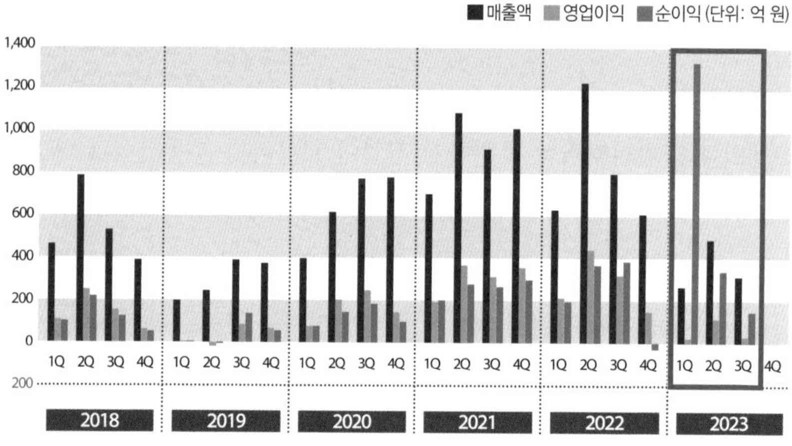

❸ 환차익을 보는 경우

매출액증가나 영업이익 증가와는 무관하게 순이익이 갑자기 증가하는 또 다른 경우로 보유 중인 외화자산이 많을 경우 환율의 변동에 따라 대규모 환차익을 순이익으로 인식하면서 장부상 순이익이 증가하는 경우이다. 이 경우는 외화자산을 처분하지 않고, 평가이익을 장부에 반영하기 때문에 일시적이기도 하고, 환율의 변동에 따라 다음 분기에 손실로 인식할 수도 있어서 단기적으로는 투자자 입장에서 그렇게 중요한 이슈는 아니다. 하지만 환율 이슈가 장기간 한쪽 방향으로 쏠림 현상이 있을 때는 유불리를 자세히 따져봐야 할 수도 있다.

❹ 비용 절감 등으로 인한 비용 감소로 순이익 증가하는 경우

매출액과 영업이익은 전년동기 대비 큰 변화가 없는데 비용 절감 등으로 인해 순이익이 증가하는 경우도 있다. 물론 비용 절감 효과로 인한 순이익 증가폭이 그리 크지 않기 때문에 의미 있는 숫자의 증가로 보기는 힘들고, 본질적으로 기업의 성장과 동반된 순이익 증가가 아니기 때문에 투자자 입장에서 그렇게 중요하게 생각하지 않아도 된다.

투자자 입장에서 가장 유리한 경우는 ❶의 경우로 매출액증가가 영업이익 증가로 이어지고 순이익 증가로 이어지는 경우이다. 영업이익 증가의 경우에는 영업레버리지 효과가 나타나는 시기가 있지만 순이익의 경우에는 딱히 그런 구간은 없고 영업레버리지 효과가 나타나면 순이익 증가로 자연스럽게 연결된다.

또한, 순이익이 영업이익보다 더 큰 것이 주가에 긍정적인 효과가 있긴 하겠지만 본질적으로는 그렇게 중요한 이슈는 아니다. 반면에 영업이익보다 순이익이 큰 폭으로 적다면, 그리고 그 기간이 오랜 기간 지속된다면 그건 기업 내 특별한 이슈가 있는 것이기 때문에, 이는 부정적으로 봐야 하고 그 이유를 반드시 확인해야 한다. 투자자 입장에서는 성장국면에 있는 기업의 영업이익과 순이익이 적절하게 증가하는 것이 가장 좋다.

(2) 순이익증가 사례

〈그림 1-13〉은 매출액과 영업이익이 증가하면서 순이익도 함께 증가하는 기업을 나타낸 것이다. 2020년도 3분기부터 분기매출액과 영업이익이 전년동기 대비 큰 폭으로 증가하는 모습이 나타나고 있다. 2020년 3분기, 2020년 4분기, 2021년 1분기, 2021년 2분기 이렇게 4개 분기 동안 매출액과 영업이익은 전년동기 대비 큰 폭으로 증가하고 있는데 비해서 순이익은 소폭 증가한 것을 확인할 수 있다. 이는 2018~ 2019년 영업이익과 순이익이 계속 적자 상태를 이어오면서 차입금이 증가했을 것이고, 2020년 3분기부터 큰 폭으로 증가하는 영업이익 중에 일부를 급증한 이자비용으로 사용했을 것으로 추정할 수 있다. 이후 2021년 3분기부터는 매출액과 영업이익 증가폭 이상으로 순이익도 함께 증가하는 것을 확인할 수 있다.

2020년 3분기에 성장초기의 모습을 보이고, 이후 본격성장추세가 나타나면서 기업의 실적이 급증하고 있다. 이후 성장추세가 꾸준히 유지되다가 2022년 4분기부터 실적이 감소하기 시작하면서 기업의 성장 사이클 중 쇠퇴기로 접어들고 있다.

<그림 1-13> 매출액과 영업이익, 순이익이 꾸준히 증가하는 기업

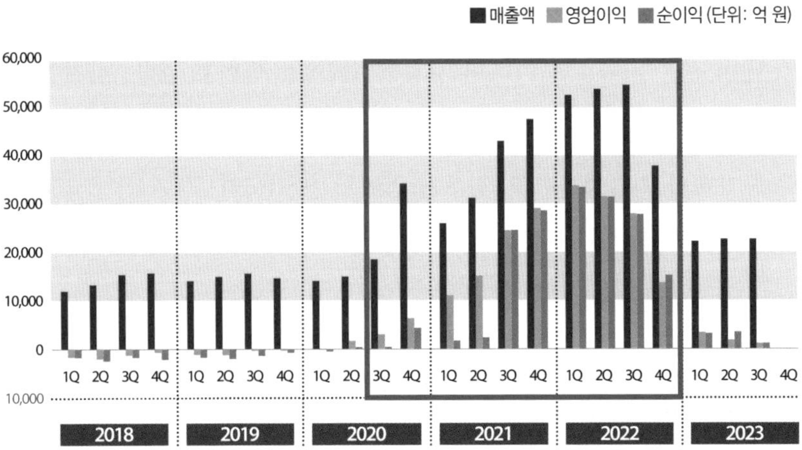

4. 영업이익률

성장하는 기업의 제4요건은 영업이익률이 과거 평균 수준 대비 상승하는 것이다. 영업이익률은 '영업이익/매출액'으로, 기업의 질적성장을 나타내는 지표이다.

성장하는 기업으로 분류되기 위한 요건으로는 영업이익률이 과거 4년(16개 분기) 분기평균 수준보다 높은 수준을 나타내는 것이다. 매출액이나 영업이익이 증가하는 첫 번째 분기에 영업이익률이 동시에 올라오기는 힘들다. 왜냐하면 매출액과 영업이익이 같은 비율로 증가한다면 영업이익률은 동일하기 때문이다. 예를 들어 2022년 1분기매출액이 100억, 영업이익이 10억이고, 2023년 1분기매출액이 200억, 영업이익이 20억이라고 하자. 매출액증가율과 영업이익증가율은 모두 100% 증가했다. 하지만 영업이익률은 2022년 1분기 10억/100억=10%이고, 2023년 1분기 20억/200억=10%이다. 그래서 매출액과 영업이익이 전년동기 대비 같은 비율로 증가하면 영업이익률에는 변화가 없다. 하지만 매출액이 100억에서 200억으로 증가할 때, 영업이익은 10억에서 60억으로 증가했다고 가정하면 이 경우 영업이익률은 60억/200억으로 30%가 된다. 이렇게 영업이익률이 과거 평균치보다 높게 되면, 질적성장이 나타나고 있다는 것이다.

<그림 1-14> 영업이익률이 증가하는 기업

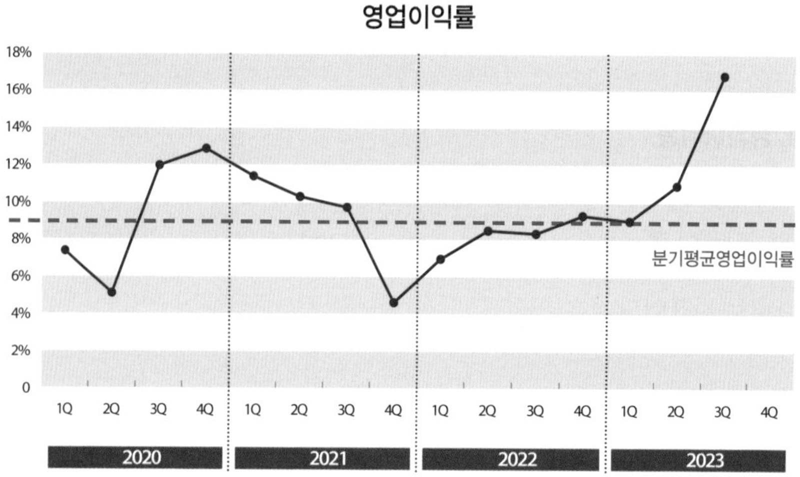

〈그림 1-14〉는 어떤 상장기업의 4년간 16개 분기 동안 영업이익률을 나

타낸 것이다. 이 기업의 과거 4년 분기평균영업이익률은 9%이다. 2023년 2분기영업이익률이 11%로 상승하더니 2023년 3분기에는 17%까지 상승하였다. 매출액과 영업이익이 증가하면서 영업레버리지 효과가 나타나면 〈그림 1-14〉와 같이 영업이익률이 사상 최고 수준으로 상승하게 된다. 이처럼 영업이익률이 최고 수준으로 상승한다는 것은 기업이 구조적으로 회사의 내실을 다지면서 질적으로 성장한다는 것으로 판단할 수 있다. 성장하는 기업의 경우 시간이 흐르면서 매출액과 영업이익이 증가하는 성장추세가 지속되는 시기에 영업이익률도 과거 평균 수준 이상으로 높이 상승하는 것이 확인되어야 한다.

5. 순이익률

성장하는 기업을 판단하는 마지막 요건은 순이익률이 과거 평균 대비 상승하는 것이다. 순이익률은 '순이익/매출액'으로 쉽게 구할 수 있으며, 매출액에서 순이익이 차지하는 비율이다. 영업이익률과 마찬가지로 기업의 질적성장을 나타내는 지표이다. 영업이익률과 순이익률을 각각 따져보는 것은 앞서 언급한 것과 같이 영업이익과 순이익 사이에 다른 이슈가 없는지를 확인하기 위해서이다.

순이익률이 과거 4년(16개 분기) 분기평균순이익률 대비 높은 수준으로 상승하는 기업이다. 매출액이나 영업이익이 증가하는 첫 번째 분기에 순이익률이 동시에 올라오기는 힘들다. 하지만 시간이 흐르면서 매출액과 영업이익이 증가하는 성장추세가 지속되고, 영업이익률이 올라오면서 순이익률도 과거 평균 수준 이상 높이 올라오는 것이 확인되어야 한다.

<그림 1-15> 영업이익률과 순이익률이 증가하는 기업

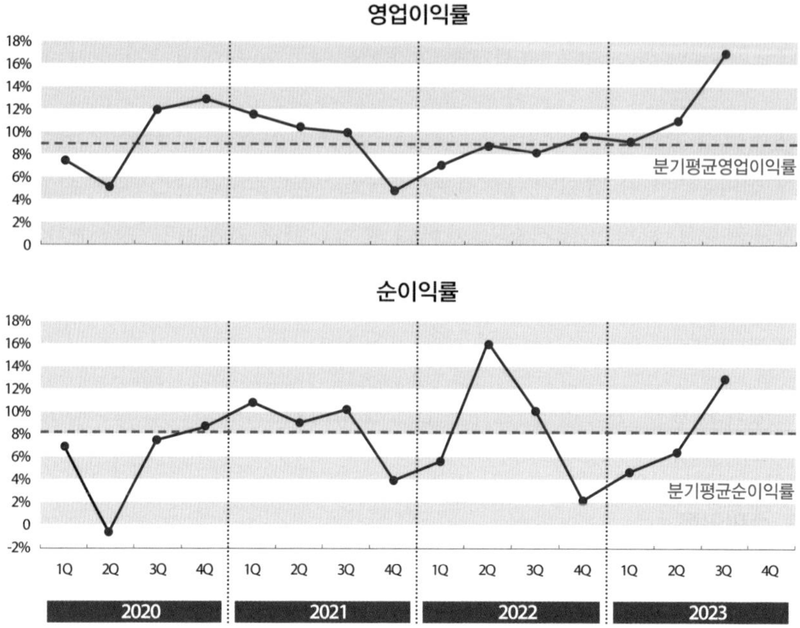

〈그림 1-15〉는 앞의 〈그림 1-14〉 기업의 영업이익률과 순이익률을 나타낸 것이다. 위 차트에서 보는 바와 같이 2023년 3분기에 영업이익률은 사상 최고 수준을 기록하고 있지만, 순이익률은 최고 수준이 아니다. 하지만 순이익률을 자세히 들여다보면 2022년도 2분기 16%는 영업이익률과 상관없이 순이익률만 일시적으로 높았던 시기였고, 그때를 제외하면 2023년 3분기순이익률은 13%로 최고 수준이다. 2023년 3분기 실적을 기준으로 질적성장성을 판단한다면 영업이익률과 순이익률 모두 과거 평균 수준을 뛰어넘는 최고 수준으로 기업이 내실을 다지면서 질적 성장이 동반된다고 할 수 있다.

지금까지 성장하는 기업을 골라내기 위해서 기업의 실적에서 어떤 항목 위주로 체크해야 하는지를 살펴보았다. 정리하면 성장하는 기업의 1~ 3번째 요건인 매출액증가율, 영업이익증가율, 순이익증가율은 기업의 양적성장지표로 기업의 외형이 확대 혹은 축소되는 것을 판단할 수 있는 지표이고, 4~5번째 요건인 영업이익률과 순이익률은 기업의 질적성장지표로 기업의 내실을 얼마나 다지면서 성장하는지를 판단할 수 있는 지표이다. 투자자 입장에서는 양적성장지표와 질적성장지표를 모두 중요하게 체크해야 한다.

기업의 성장사이클

지금까지 성장하는 기업의 요건들을 살펴보았는데 이는 기업의 성장사이클을 설명하기 위한 것이었다. 기업은 법인설립 후 사업을 시작하고 흥망성쇠의 사이클을 그리면서 살아남아 성장하거나 아니면 사라진다. 그 흥망성쇠의 사이클을 여러 가지 기준에 의해 구분할 수 있겠지만 여기서는 기업의 실적, 즉 재무제표로 성장사이클을 구분하는 것에 대해 살펴보도록 한다. 기업의 성장사이클은 성장초기, 본격성장기, 성장정체기, 쇠퇴기 4가지 단계로 구분할 수 있다.

1. 성장초기

첫 번째 단계인 성장초기는 기업의 성장사이클이 시작되는 단계로 기업의 실적 측면에서 이전 과거와 매출액 측면에서 다른 양상이 나타나는 시기이다. 성장초기에 해당하는 경우는 크게 두 가지로 구분할 수 있다.

첫 번째는 법인을 설립한 후 사업 토대와 영업 기반을 만들어 매출이 이제 막 나타나기 시작하는 경우이다. 이 경우는 사업을 시작하는 단계로 비교할 수 있는 과거의 데이터가 없기 때문에 투자자의 관심 대상에서 제외가 된다. 상장기업의 경우로는 지주회사와 사업회사로 분사해서 동시 상장을 할 때 신설 법인이 이에 해당한다. 혹은 상장기업의 어느 한 사업부를 별도 법인으로 분리해서 상장시키는 경우도 이에 해당하기도 한다. 예를 들면 LG화학 2차전지 부문을 LG에너지솔루션으로 분사해서 상장시킨 경우이다.

<그림 1-16> LG에너지솔루션 매출액추이

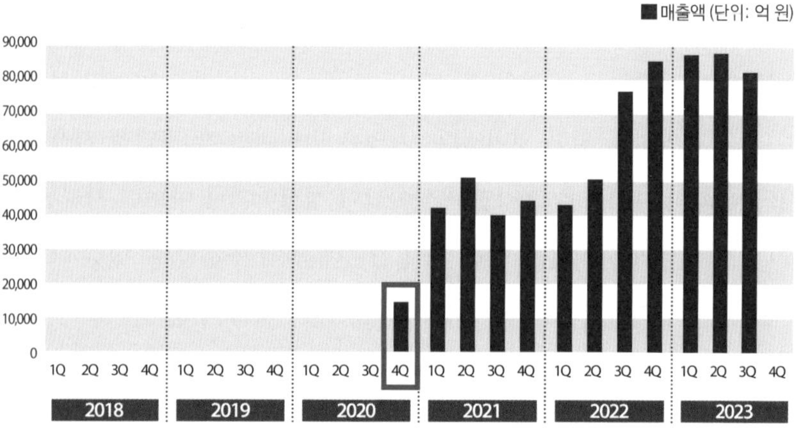

〈그림 1-16〉은 LG에너지솔루션의 매출액을 나타낸 것이다. 2020년 4분기에 LG화학에서 분사 후 신규 상장하여서 그 이전의 실적은 없다. 신규법인이지만 LG화학의 기존 사업부를 분사해서 만들었기 때문에 출범 첫 분기부터 매출액이 존재하고 이후 큰 폭으로 늘어나는 것을 확인

할 수 있다. 이런 경우에는 과거 데이터가 없기 때문에 비교를 위해서 최소 1~2년 정도는 실적 추이를 지켜보는 것이 필요하다. 신규상장의 경우 기대감에 주가가 단기에 급등했을 수도 있기 때문에 시간을 두고 충분히 기업의 실적을 확인할 필요가 있다.

두 번째는 기존 사업을 지속하면서 어떤 특별한 이유로 인해, 과거와는 다르게 매출액이 급증하는 경우이다. 앞서 매출액증가의 경우를 예로 들면 신상품을 출시한 경우이거나, 산업 내 구조조정을 끝내고 이제 막 턴어라운드를 시작했거나, 새로운 거래처를 확보하여 기존 매출처 이외 추가 매출이 확보되는 경우로 투자자가 관심을 가지고 눈여겨봐야 하는 시기이다. 일단 성장초기로 분류되기 위해서는 매출액이 급증하는 모습이 숫자로 나타나야 한다. 기존과 비슷한 수준의 매출액 규모나 소폭 증가하는 경우는 흔히 있을 수 있기 때문에 이런 경우는 제외한다.

기업을 성장초기로 분류할 수 있는 기준은 분기매출액이 과거 3~4년(12~16개 분기) 분기평균매출액대비 30% 이상 증가하는 경우이다. 막연하게 생각했을 때 이렇게 성장초기에 해당하는 기업이 과연 몇 개나 있을지 의문을 제기하는 투자자도 있겠지만, 실적발표 후 찾아보면 의외로 많다. 2000년도부터 현재까지 **금감원 공시 시스템(www.dart.or.kr)**에서 제공하는 공시 정보를 전수 조사 해보면, 통계적으로 성장초기에 해당하는 기업은 평균적으로 매 분기 100~200개 정도 발생한다. 매 분기에 전년동기 대비 성장하는 기업이 그만큼 많고 업종도 다양하다.

성장초기로 분류되는 기업의 경우 투자자들은 해당 기업의 매출액이 왜 증가하는지를 살펴보고 기업의 정성적인 부분을 체크하면서 성장의 연속성을 판단해야 한다. 물론 실적증가의 이유를 정확하게 알기 힘든 경우도 있다. 그럴 경우는 다음 분기 발표하는 실적을 체크하면서 기업의 성장추세를 확인해야 한다. 성장초기의 기업들이 다음 단계인 본격성장기로 진입 여부에 대한 판단 기준은 실적증가의 연속성에 있다.

성장초기에 해당하는 기업은 매출액증가뿐만 아니라, 영업이익과 순이익 증가도 함께 체크해야 한다. 일반적으로 성장초기에 해당하는 기업은 매출액, 영업이익, 순이익이 전년동기 대비 혹은 과거 3~4년 분기평균매출액대비 최소 10% 이상 증가해야 한다. 하지만 상장기업의 분기실적을 살펴보면 판단하기가 약간 애매한 경우가 있다. 예를 들면 매출액은 전년동기 대비 30% 이상 증가했는데 영업이익과 순이익의 증가율은 이에 못 미치거나 마이너스가 나는 경우이다. 이럴 경우에는 성장초기로 분류하기보다는 성장초기 예비 기업으로 분류해서 실적을 지속적으로 모니터링하는 것이 필요하다.

앞서 성장하는 기업의 제1요건에서 언급했듯이, 성장초기로 분류하는 기업의 첫 번째 요건은 매출액의 증가이다. 매출액이 증가하지 않고 영업이익이나 순이익이 증가하는 것은 엄격한 의미에서 성장이라고 할 수가 없다. 그래서 전년동기 대비 매출액증가율이 30% 이상 증가하는 기업을 먼저 분류하고 나서, 영업이익과 순이익도 함께 증가하면 성장초기로 분류하고, 영업이익과 순이익이 증가하지 않는 기업들은 성장초기 예비 기업으로 분류해서 실적을 지속해서 모니터링할 필요가 있다. 일반적으로 성장초기의 기업들에 대해서는 신규 매수를 진행하지 않고 꾸준히 모니터링만 하면 된다. 그렇기에 성장초기나 성장초기 예비 기업으로 구분하는 것도 크게 의미는 없다. 하지만 예외적으로 실적증가의 이유가 명확하고 그 연속성이 확인된다면, 일부 수량을 신규 매수할 수도 있다.

<그림 1-17> 성장초기에 해당하는 기업의 경우

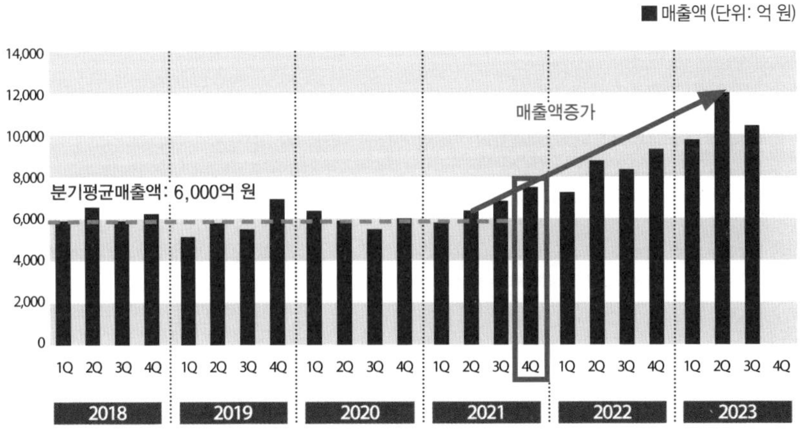

〈그림 1-17〉에서 보는 바와 같이 성장초기는 비교적 구별하기가 쉽다. 이 기업은 과거 4년 분기평균매출액이 6,000억 원대였던 회사였다. 2018년에서 2021년까지 분기매출액을 살펴보면 소폭 등락이 있는 것을 확인할 수 있다. 2021년 4분기부터 분기매출액이 전년동기 대비, 과거 16개 분기평균매출액대비 30% 이상 증가한 7,800억을 기록하면서 성장초기로 접어들었다. 물론 영업이익과 순이익도 함께 증가하는지

여부를 체크해야 한다. 차트에서 보는 바와 같이 2021년 4분기 이후에도 분기매출액이 꾸준히 증가하는 모습을 보이면서 성장초기에서 본격성장기로 이어지고 있고, 2023년 2분기에는 분기매출액이 1조 2,000억 원을 달성하면서 2020년까지 분기매출액 6,000억의 2배 이상 성장한 회사가 되었다.

성장초기의 회사를 처음 발견하게 되면 기업의 사업 내용은 물론, 이후 분기마다 기업의 실적을 체크하면서 성장추세를 이어가는지 확인해야 한다.

성장초기에 해당하는 기업의 주가에는 다음과 같은 주요 특징이 있다. 어느 특정 분기에 갑자기 매출액이 전년동기 대비 급증한 것이 주가에 큰 영향을 미치지는 않는다. 매출액이 급증하면 일시적으로 주가가 상승할 수는 있지만 그 상승세가 오랜 기간 지속되지는 않는다. 다음 분기실적 발표까지는 3개월의 시간이 필요하고, 일시적으로 상승한 주가는 오래 지나지 않아 차익매물로 상승폭을 반납하며 하락하게 된다. 만약 매출액과 영업이익, 순이익이 모두 시장 예상치를 뛰어넘는 어닝서프라이즈(Earning Surprise)가 나올 경우에는 일시적으로 강한 주가상승으로 이어질 수도 있다. 하지만 한 번의 실적증가가 장기간의 주가상승으로 이어지기는 힘들며, 실적증가의 연속성이 확인되기 전에는 주가상승폭 이상으로 하락하는 경우도 있다. 즉 한 번의 실적개선이 주가에 어느 정도 영향을 주기는 하지만 그 상승이 오랜 기간 이어지지는 않는다는 것에 유의해야 한다. 성장초기 기업의 주가가 본격적으로 상승하기 시작할 시기는 기업의 성장사이클 2단계인 본격성장기로 진입하면서부터이다.

2. 본격성장기

기업의 성장사이클의 두 번째 단계인 본격성장기는 기업의 실적 측면에서 이전과는 전혀 다른 기업으로 변화하는 단계이다.

본격성장기에 해당하는 기업은 2개분기 연속으로 전년동기보다 30% 이상 매출액증가가 이어지면서 영업이익과 순이익도 20% 이상 증가하는 경우이다. 앞의 성장초기에는 매출액증가율에만 초점을 맞췄다면, 본격성장기는 매출액뿐만 아니라 영업이익과 순이익도 함께 증가하는시기이다.

성장초기에 해당하는 기업의 매출액증가 이유를 살펴보았던 것처럼 본격성장기에 해당하는 기업도 실적개선이 지속되는 이유를 확인해야 한다. 그래서 2개 분기 연속 실적증가가 이어지는 것이 일시적인 것이 아니라 연속성이 있는지를 확인해야 한다. 2개 분기 연속 매출액이 전년동기 대비 30% 이상 증가했다면 분명히 실적개선의 이유가 있다. 기업이 분기실적을 발표할 때, 실적개선의 이유를 간단하게 언급하긴 하지만 투자자 입장에서는 좀 더 구체적이고 정확한 이유를 확인해야 한다. 통계적으로 본격성장기에 해당하는 기업을 살펴보았을 때 매 분기평균 50~70개 정도 발생한다. 직전 분기에서 성장초기에 해당하는 기업 중에서 2개 분기 연속으로 실적이 증가하는 기업들이 본격성장기로 분류되기 때문에 성장초기보다는 그 숫자가 적지만, 지금까지 분기실적 발표 때마다 평균적으로 50여 개의 이상의 본격성장기에 해당하는 기업들이 존재해 왔다. 본격성장기에 해당하는 기업들은 크게 두 부류로 나뉜다.

첫째는 이제 막 본격성장기로 접어드는 기업이다. 앞에 언급한 것처럼 지난 분기실적에서 성장초기의 기업으로 분류된 기업 중에서 2개 분기 연속으로 성장률이 확인된 기업들이다. 매출액증가율은 2개 분기 연속으로 전년동기 대비 30% 이상 증가하고, 영업이익률과 순이익률도 전년동기 대비 20% 이상 증가하기 시작한 기업들이 이에 해당한다. 투자자들은 본격성장기로 이제 막 접어드는 기업들을 주목해야 한다.

〈그림 1-18〉은 이제 막 본격성장기로 접어드는 기업의 실적을 표시한 것이다. 2023년 1분기까지는 매출액이나 영업이익, 순이익이 과거 평균과 비슷한 수준이었지만 2023년 2분기에 매출액, 영업이익, 순이익이 전년동기 대비 과거 4개년 분기평균매출액에 대비하여 500% 이상 급증하여 성장초기로 판단할 수 있다. 2분기에 이어 3분기 실적도 급증한 것이 확인되어 본격성장기로 진입한 것을 알 수 있다. 만약 투자자가 2023년 12월 말 시점에 이런 기업을 찾아냈다면 실적은 확인됐고 기업내용을 좀 더 면밀하게 살펴보면서 실적성장추세가 계속 이어질지 여부를 살펴봐야 한다. 〈그림 1-18〉과 같이 매출액이 급증하는 기업 중에 사업 내용을 파악했을 때 확실한 실적증가의 이유가 있다면, 성장초기에 일부 수량에 대한 매수 검토를 해도 된다.

<그림 1-18> 본격성장기로 막 접어드는 기업

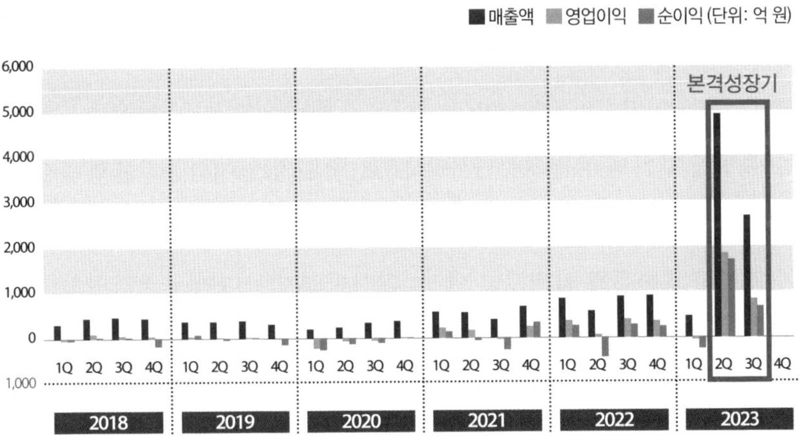

두 번째는 본격성장기가 장기간 이어지는 기업들이다. 실적을 확인했을 때 전년동기 대비 혹은 과거 4년 분기평균매출액대비 30% 이상 매출액이 증가하는 분기가 3개 분기에서 길게는 10개 분기 이상 지속되는 기업의 경우이다. 물론 매출액뿐만 아니라 영업이익과 순이익도 두 자릿수 이상으로 함께 증가하는 기업들이다. 3개 분기 이상 장기간 실적증가가 이어지는 기업들이 많지는 않지만 매 분기 꾸준히 존재해 왔다.

투자자 입장에서는 이미 본격적인 성장기가 지속되고 있고, 주가는 바닥에서 이미 큰 폭으로 상승한 기업들이기 때문에 선뜻 매수하기가 망설여지는 경우이다. 하지만 이런 장기간 본격성장기에 해당하는 기업들이 주가 조정을 받을 때 매수하는 것도 방법이 된다.

본격성장기가 장기간 지속되는 기업의 경우 투자자가 유의해야 할 부분은 성장추세가 지속되는 도중에도 일시적으로 그 성장추세가 정체되거나 멈추는 기간이 존재할 때다. 예를 들면 어떤 기업이 5개 분기 연속으로 매출액, 영업이익, 순이익이 전년동기 대비 30% 이상 성장을 지속하다가, 6개 분기째 매출액증가율은 10% 이내, 영업이익증가율과 순이익증가율은 5% 이내로 성장이 정체된 모습을 보일 때이다. 이때 성장추세가 둔화하는 이유를 살펴보고 나서, 일시적인지 아니면 구조적인지를 파악해야 한다. 일시적인 이유로 성장성이 둔화한 경우에는 보유 주식을 그대로 가져가고, 구조적인 이유로 성장추세가 훼손된 경우에는 보유 주식을 매도할 준비를 해야 한다.

<그림 1-19> 본격성장기가 장기간 이어지는 기업

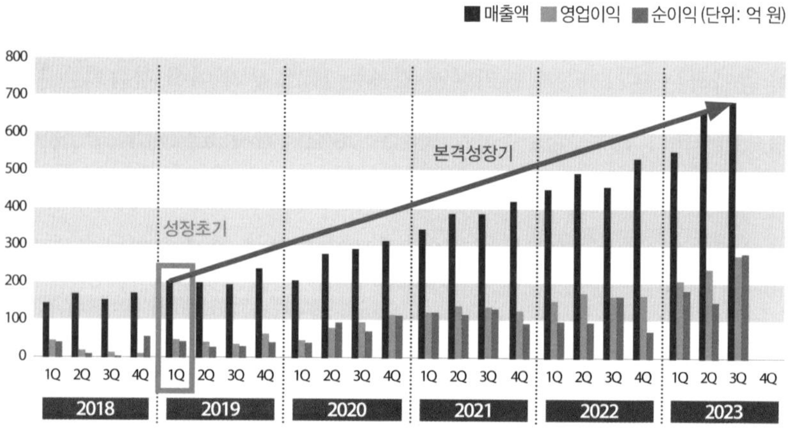

〈그림 1-19〉는 본격성장기가 장기간 지속되는 기업을 나타낸 것이다. 이 기업은 2018년 4분기까지 분기평균매출액이 180억 남짓이었다.

2019년 1분기매출액이 200억을 넘고 영업이익과 순이익도 분기평균치를 크게 초과하면서 성장초기로 진입하였다. 이후 분기매출액과 영업이익, 순이익이 지속해서 증가하면서 본격성장기가 5년 동안 지속된 것을 확인할 수 있다. 또한, 이 기업은 2020년 2분기부터 매출액증가율보다 영업이익, 순이익증가율이 더 큰 폭으로 증가하여 영업레버리지 효과가 나타나고 있는 것을 확인할 수 있다.

<그림 1-20> 본격성장기 기업의 영업이익률과 순이익률

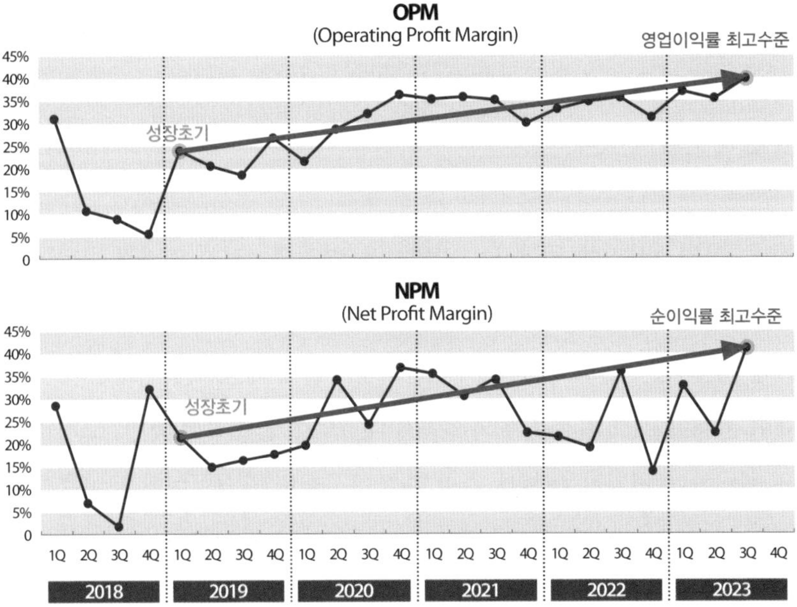

〈그림 1-20〉은 〈그림 1-19〉 기업의 영업이익률과 순이익률을 나타낸 것이다. 성장초기로 진입하던 2019년 1분기영업이익률은 24% 순이익률은 21%이다. 중간에 등락을 거듭하긴 하지만 영업이익률은 우상향 패

턴을 보이면서 상승하고 있다. 순이익률은 영업이익률보다 등락폭이 더 크긴 하지만 저점을 높이면서 올라가고 있다. 2023년 3분기 영업이익률과 순이익률은 과거 평균 수준 대비 최고 수준에 이르고 있다. 양적 성장과 더불어 질적성장이 동반되는 것이 확인되며, 이는 기업이 본격성장기가 상당 기간 지속되고 있을 때 나타나는 현상이다. 본격성장기의 기업에서는 〈그림 1-20〉과 같이 영업레버리지 효과가 나타나는데, 기업의 사업 특성에 따라서 두 번째 분기부터 바로 그 효과가 나타나는 기업도 있고 몇 개 분기 후에 나타나는 기업도 있다. 그래서 투자자들은 재무제표의 숫자와 실적 증감을 체크하면서 사업의 특성을 비롯한 정성적인 부분도 반드시 함께 체크해야 한다. 본격성장기에 해당하는 기업은 다음과 같은 특징이 있다.

첫째, 본격성장기에 해당하는 기업들은 영업레버리지 효과가 나타나면서 수익성지표가 눈에 띄게 좋아진다. 제품을 생산하는 제조업이나 서비스를 제공하는 서비스업의 경우, 손익분기점에 해당하는 최소한의 매출액이 존재하고 그 지점을 초과하면서 매출액이 급증하게 되면, 고정비용을 제외한 나머지는 대부분 수익으로 인식되면서 영업이익은 매출액증가폭보다 훨씬 큰 폭으로 증가하게 된다. 즉 이는 영업이익증가율이 매출액증가율보다 크다는 것이다.
(※영업레버리지 효과 = 영업이익증가율 〉 매출액증가율)

둘째, 본격성장기의 기업은 질적성장지표인 영업이익률과 순이익률이 과거 평균치보다 높은 수준을 유지하게 된다. 본격성장기의 영업이익률과 순이익률은 주로 과거 평균 수준과 비교해서 높고 낮음으로 판단한다. 본격성장기로 접어드는 기업은 과거 3~4년 분기평균영업이익률, 순이익률보다 높은 수준을 유지하고, 기업이 성장 측면에서 본격성장기의 정점에 이르렀을 때 영업이익률, 순이익률은 최고 수준에 이른다. 본격성장기가 장기간 지속될 때 영업이익률, 순이익률 수준은 고점을 갱신하면서 최고 수준을 유지하게 되고, 성장이 정체되기 시작하면 이익률은 가장 먼저 떨어지게 된다.

셋째, 본격성장기에 해당하는 기업의 주가 움직임을 분석해 보면 두 가지로 나뉜다. 이제 막 본격성장기에 접어든 기업의 경우는 바닥에서 20~50% 이상 상승 후에 가격조정을 받고 있거나 실적증가에 대한 이유를 정확히 알고 있는 선도 세력의 매수로 주가가 바닥에서 50% 이상 상승 후에 횡보하는 경우이다. 다른 경우로는 4~5개 분기 본격성장기가 지속되는 경우로 기업이 실적 측면에서 최고의 성과를 나타내고 있기 때문에 주가는 이미 큰 폭으로 상승하는 구간이 나타나는 시기이다. 여기서 관건은 '본격성장기가 얼마나 오랫동안 지속되는가?'이다. 본격성장기에 해당하는 기간이 얼마나 오랫동안 지속되느냐가 주가상승 기간을 결정짓는다. 본격성장기가 2~3개 분기로 짧은 경우에는 30~50% 내외로 주가가 상승하는 것에 반해, 10개 분기 이상 장기간 본격성장기가 이어진다면 주가는 바닥에서 10배 이상까지 상승하기도 한다. 본격성장기에 해당하는 기업의 주가는 이미 바닥에서 큰 폭으로 상승했거나 52주 최고가 부근에 머무는 경우가 많다. 기업이 지속해서 실적성장세를 이어갈 경우 주가는 고점을 뚫고 새로운 영역으로 접어들게 된다.

정리하면 본격성장기가 길면 길수록 주가상승 기간도 길어진다. 물론 중간에 주가의 등락은 거듭할 수도 있지만 중장기적으로 주가는 우상향 패턴으로 움직인다. 따라서 투자자는 기업의 성장사이클 측면에서 본격성장기에 해당하는 기간에는 반드시 해당 주식을 보유해야 하고, 해당 기업의 사업 내용과 경쟁기업, 업황까지도 자세히 알고 있어야 한다.

〈그림 1-21〉은 앞의 〈그림 1-19〉 기업의 주가 차트다. 앞서 성장초기로 분류된 2019년 1분기실적의 발표 시점인 2019년 5월 중순 주가는 40,000원대이다. 2019년 1분기실적 발표 이후 주가가 50,000원으로 소폭 상승하였다가 다시 35,000원대로 하락하게 된다. 일반적으로 성장초기로 접어드는 기업의 주가 움직임이 실적 발표 시점 전후로 소폭 등락을 반복하는 것을 확인할 수 있다.

<그림 1-21> 본격성장기 기업의 주가 차트

1분기에 이어 본격성장기로 접어드는 2019년 2분기 실적이 성장추세가 지속되는 것이 확인되었고, 2분기 실적 발표 시점인 2019년 8월 중순 32,000원대에서 2023년 8월에 150,000원대까지 상승하였다가 2023년 12월 말에는 현재 100,000원대에서 거래되고 있다. 2023년 3분기까지 성장추세가 지속되고 있어 성장성측면만 놓고 본다면 아주 매력적으로 보인다. 물론 주식 매수에 대한 판단은 밸류에이션 측면도 고려해야 하므로 투자자 관점에서는 좀 더 보수적으로 접근해야 한다. 밸류에이션지표는 뒤에서 좀 더 자세히 설명하기로 한다.

기업이 본격적으로 성장하는 이유가 앞서 언급한 신제품 출시이거나, 시장 내에서 지위가 확고하고 본격적인 경쟁체계가 이루어지기 전이라면 주가상승 기간은 오랫동안 지속된다. 반대로 경쟁자가 신규로 시장에 진입하여 경쟁이 본격화되면 본격성장기가 오래 지속되기는 힘들 수도 있다. 해태제과의 허니버터칩의 경우 매출액증가가 6개 분기 동안 지속되었지만, 이후 시장에서 유사한 상품의 등장과 시장 내의 지위가 흔들리면서 더 이상 성장추세가 이어지지 못했다. 이런 경우 주가도 일정 기간 상승하다가 성장추세가 둔화하면서부터는 조정 구간으로 접어들게 된다.

만약 본격성장기의 실적증가 이유가 산업의 구조조정을 끝내고 살아남은 기업들이 시장의 넘치는 수요를 감당하면서 매출액이 급증하는 턴어라운드 경우라면 주가상승은 장기간 이어질 가능성이 높다. 기존의 치열했던 산업 내에서의 경쟁은 오랜 구조조정 기간 많은 기업을 사라지게 만들며, 산업 내에서 공급자가 줄어들게 되고 넘치는 수요를 감당하기 힘들게 되면서 매출은 급증하게 된다. 산업의 구조조정이 끝난 뒤 살아남은 기업들의 본격성장기는 짧게는 4개 분기부터 길게는 10개 분기를 넘는 경우도 있다. 앞의 〈그림 1-19〉 기업의 경우는 5년 동안 20분기째 성장추세를 이어가고 있는 기업이다. 투자자들은 이 모든 실적을 확인하는 것에서부터 시작하여 기업, 업황 등에 대한 연구까지 꾸준히 했을 때 높은 수익률을 얻을 수 있다.

이와 반대로 본격적으로 기업이 성장하는 기간이 3~4개 분기로 짧은 경우도 있다. 매출액증가의 이유가 두 번째 신규 매출처 확보인 경우를 생각해 보면, 산업에 따라 다르지만 신규 매출처에는 이미 기존의 다른 공급자가 있고 경쟁 구도에서 추가 진입한 상황이기 때문에 성장초기에 매출액증가율이 그대로 영업이익, 순이익의 증가율로 이어지기가 힘들 수도 있다. 그런 상황에서 신규 거래처에서의 주문으로 인해 매출액이 증가하고 어느 정도 영업이익과 순이익이 증가할 수는 있지만, 산업 내에서 경쟁이 치열해지기 시작하면 실적증가의 시기가 오랫동안 지속되기 힘들 수도 있다. 또는 매출액은 증가하지만 업종 내에서 가격경쟁으로 납품처로부터 단가 인하 압력을 받기도 한다. 이럴 경우에는 매출액만큼 영업이익과 순이익이 증가하지 않으면서 본격성장기가 짧게 끝날 수도 있다. 본격성장기가 짧게 끝나게 되면 성장추세가 둔화하면서 상승했던 주가는 조정을 받거나, 상승폭을 반납하면서 하락하는 경우가 많다.

투자자 입장에서는 본격성장기가 가장 중요한 시기이다. 이제 막 본격성장기로 접어든 경우이거나, 아니면 한창 본격성장기가 지속되는 경우라도 투자자는 해당 기업의 주식을 보유해야 하는 시기이다. 가장 좋은 경우는 성장초기에서 본격성장기로 진입하는 순간에 주식을 매수하는 것이다. 그리고 매 분기실적을 체크하면서 본격성장기가 유지되는 동안은 주식을 보유하는 것이다. 만약 장기간 지속되는 본격성장기에 해당하는 기업을 중간에 알게 되었다면, 바로 매수하는 것보다는 주가가 일시적으로 조정을 받을 때까지 기다렸다가 조정 시점에 저점매수 전략으로 접근하는 것이 좋다.

3. 성장정체기

기업의 성장사이클의 세 번째 단계는 그동안 높은 성장추세를 이어가던 기업의 성장성이 둔화하는 단계이다. 즉 기업의 성장추세가 끝나가는 시기이다. 본격성장기의 마지막 구간에서는 매출액증가율이 전년동기 대비 5~10%로 둔화하고 영업이익증가율은 -10%에서 +10% 사이로 둔화한다. 이는 기업의 성장추세가 정체되는 신호이다. 본격성장기의 실적증가율이 두 자릿수 이상이었던 것과는 다르게 정체기에서는 매출액, 영업이익, 순이익은 전년동기와 비교해서 소폭 증가하거나 아니면 감소하기도 한다. 기업의 성장이 정체되는 시기의 신호로는 수익성지표가 먼저 악화되는 것이다. 산업 내에서의 경쟁이 치열해지면서 가격경쟁과 단가 인하 압력을 받게 되고, 이런 상황에서는 시장 내 선도기업까지 매출액 유지를 위해서 저가경쟁에 동참하게 된다. 그렇기 때문에 매출액은 소폭 증가하지만 수익성지표가 둔화 또는 악화하는 것을 신호로 포착할 수 있다. 또한, 질적성장지표인 영업이익률, 순이익률은 과거 분기평균이익률보다 낮은 수준으로 하락하는 모습이 나타나기 시작한다. 〈그림 1-22〉는 화학업종 내 어떤 기업의 분기실적을 나타낸 것이다. 2020년 4분기에 매출액과 영업이익이 전년동기 대비 큰 폭으로 증가하면서 성장초기로 접어들었다. 이후 성장추세가 지속되면서 2022년 1분기까지 5개 분기 동안 본격성장기가 지속되었다. 이후 2022년 2분기에 전년동기 대비 성장률이 둔화하면서 정체기로 진입하였다. 이때 더욱 정확한 신호로 확인할 수 있는 것이 영업이익이 전년동기 대비 감소한 것이다. 매출액은 2조 3,000억 원대로 전년동기와 비슷한 수준이지만 영업이익은 2021년 2분기 7,500억 원에서 2022년 2분기 3,900억 원대로 48% 감소하였다. 2023년 3분기 이후 이 기업은 매출액과 영업이익이 동시에 감소하는 쇠퇴기로 접어들었고 현재까지 쇠퇴기가 지속되고 있다.

<그림 1-22 > 성장정체기로 접어든 기업

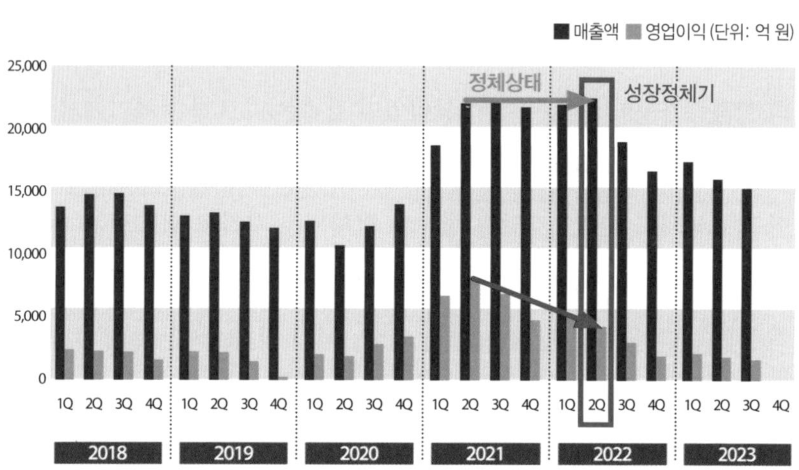

여기서 한가지 투자자가 유의해야 할 사항은 분기매출액이 2021년 2분기부터 2022년 2분기까지 5개 분기 동안 최고 수준을 유지하고 있다는 것이다. 2021년 1분기까지 매출액은 전년동기 대비 큰 폭으로 증가하지만 2022년 2분기는 전년동기와 비슷한 수준이다. 즉 성장이 둔화하고 정체된 것이다. 또 한 가지 성장이 둔화할 것으로 예견할 수 있는 부분은 2021년 2분기 영업이익이 고점을 찍고 점차 낮아지고 있다는 것이다. 투자자는 기업의 실적을 체크할 때 표면적인 것만 확인하는 것이 아니라 그 속에서 미묘한 차이까지 포착해야 한다. 물론 예외적으로 실적이 둔화하는 모습이 일시적으로 나타났다가 다음 분기에 다시 30~40% 이상 증가하는 경우도 있다. 일반적인 경우이든 예외적인 경우이든 투자자들은 성장이 정체되는 이유를 살펴봐야 한다.

성장초기부터 본격성장기, 성장정체기에 이르기까지 투자자들은 지속해서 해당 기업의 사업구조와 산업 내 경쟁 상황 등의 정성적인 내용을 파악하고 있기 때문에, 정체기에 이를 때는 비교적 수월하게 해당 기업의 변화된 내용과 수익성이 악화하는 이유를 확인할 수 있을 것이다. 그러므로 성장이 정체되는 것이 확인되면 투자자 입장에서는 상황을 주시하면서 보유하고 있는 주식을 매도해야 한다.

기업의 경쟁 구도 측면에서 살펴보면 산업이 본격적으로 성장하는 시기, 즉 시장에서 수요가 큰 폭으로 증가하고 높은 이익을 내는 구간이 지속되면, 기존의 기업들도 시장의 수요를 감당하기 위해 설비를 증설하게 되고 신규 시장 진입자들도 우후죽순으로 새로 생겨나기 시작한다. 이 시기에 선제 대응을 준비하지 않은 기업들은 매우 어려운 시기를 맞이하게 된다. 산업 내 주도권을 가지고 성장하던 기업들도 경쟁이 치열해지면서 이전처럼 성장추세가 더 이상 나타나지 않게 된다.

산업이 한창 성장할 때 수요를 맞추기 위해 동시다발적으로 진행한 시설투자가 완공되고, 상당 기간 공급 부족이었던 산업 내 시장상황은 얼마 지나지 않아 공급과잉 시장으로 바뀌게 된다. 산업 내 경쟁이 치열해지면서 시장상황은 가격경쟁과 출혈경쟁으로 바뀌게 된다. 후발주자들은 매출 확보를 위해서 낮은 가격을 제시하게 되고 본격적인 가격경쟁을 하게 된다. 시장 내에서 수요가 한없이 증가할 수는 없으며, 수요보다 공급이 대규모로 늘어나면서 시장은 수요중심에서 공급중심으로 바뀌게 된다. 이전에 늘어나는 수요를 감당하기 위해 설비와 인력을 대규모로 증가시켰다면 문제는 더욱 심각해진다. 이전보다 고정비가 훨씬 큰 폭으로 증가하게 되는데, 기업의 실적은 그만큼 늘어나지 않기 때문이다. 급격히 증가한 고정비를 감당하지 못하게 되면서 수익성은 순식간에 악화하고 영업이익률과 순이익률은 급격하게 하락한다.

이 시기에는 기존 시장점유율이 높은 기업들도 어쩔 수 없이 낮은 가격에 물량을 공급하면서 수익성이 악화된다. 산업 내에서 선도사업자들은 어느 정도 시장을 점유하고 있기 때문에 그나마 매출액이 유지되기는 하지만 이전처럼 큰 폭의 성장을 하지는 못하게 된다. 또한, 가격경쟁으로 인해 영업이익과 순이익은 감소하게 된다. 그래서 성장추세를 이어가던 기존 기업들의 매출액은 소폭 증가하지만 수익성은 악화되면서 영업이익증가율과 순이익증가율은 전년동기 대비 감소하게 된다.

앞에서도 잠깐 언급했지만 투자자가 주의해야 할 점은 매출액증가율이 둔화하는 것을 매출액이 감소하는 것으로 착각해서는 안 된다는 것이다. 이 시기는 기업의 성장률이 둔화되었지만 분기에 발표하는 실적의 절대 금액은 사상 최고치에 근접한다. 그렇기 때문에 주가는 고공행진을 계속 이어갈 수 있다. 주가는 이미 바닥에서 크게 상승했기 때문에 시장에서 관심을 받는 주식이 되었으며, 이 시기에 기관, 외국인, 개인들의 매매가 가장 활발하다. 특히 대형주의 경우 증권사 애널리스트의 매수 보고서가 가장 많이 나오는 시기이기도 하다.

현명한 투자자는 산업 내에서 경쟁 정도를 파악하며 기업의 성장이 정체된 것과 수익성지표가 하락하는 것을 보면서 보유 주식을 매도하겠지만, 대부분 일반투자자는 사상 최대 실적에 현혹되어 고가 부근에서 주식을 매수하는 경우가 많다. 이 시기는 이전의 본격성장기와는 확연히 다른 상황이기 때문에 투자자들은 주식매매에 대한 의사결정에 매우 주의를 기울여야 한다.

성장정체기는 두 가지 사항으로 확인이 가능하다. 첫 번째는 매출액, 영업이익, 순이익증가율이 둔화하는 것이며, 두 번째는 영업이익률, 순이익률이 과거 평균치보다 급격히 떨어진다는 것이다. 〈그림 1-23〉은 〈그림 1-22〉 기업의 영업이익률과 순이익률 추이를 나타낸 것이다. 2021년 2분기와 3분기에 영업이익률과 순이익률의 정점을 찍고 나서, 이후 지속해서 하락하는 것을 확인할 수 있다. 성장성이 둔화하는 것을 이익률의 감소로 체크할 수 있다는 것이다. 영업이익률과는 다르게 순이익률은 2021년도 3분기에 정점을 찍었지만 추세적으로 2021년 3분기 이후에는 이익률이 급격하게 하락하는 것을 확인할 수 있다. 앞에서도 언급했듯이 영업이익과 순이익은 둘 다 실적 체크에 중요한 항목이지만 두 항목 중에 좀 더 중요한 것은 영업이익이다. 순이익은 자산매각으로 인한 시세차익이 반영되어 영업외수익이 발생할 수 있기 때문에 영업이익에 좀 더 무게중심을 둬야 하며, 마찬가지 이유로 영업이익률 변화를 좀 더 중요하게 생각해야 한다.

<그림 1-23> 성장정체기 이후 이익률이 급격하게 떨어지는 기업

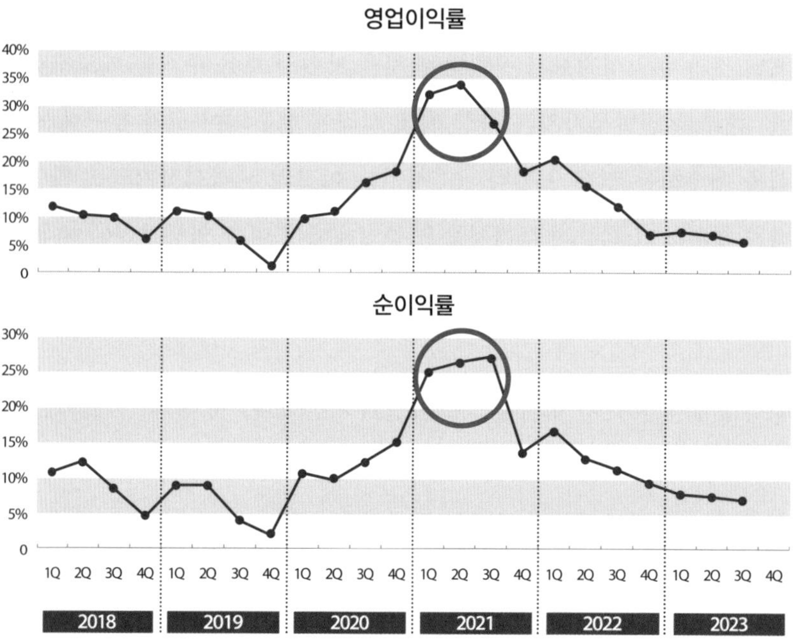

현명한 투자자들이 주식을 매수해서 보유하는 기간은 본격성장기가 시작되는 시점에서 정체기로 접어드는 구간까지임을 잊어서는 안 된다. 성장정체기가 확인되면 투자자는 보유 주식을 전량매도하는 결정을 해야 한다.

최근에 산업 전체가 정체기와 쇠퇴기로 접어든 예로 2020~2021년도 마스크 산업과 진단키트 산업을 들 수 있다. 코로나19가 확산하던 초기에 공급 부족으로 마스크가 없어서, 요일별로 마스크를 구매할 수 있는 수량을 제한하기까지 했었다. 다른 산업으로 코로나19 기간 국내 공급이 부족한 상황에서 수출까지 하느라 물량을 대지 못해서 24시간 공장을 풀가동하던 진단키트 산업이 있다. 하지만 2022년에 들어서면서 코로나19의 확산이 정체되고 점차 일상생활 재개 시기에 접어들면서 더 이상 마스크를 착용하거나 코로나 진단키트를 사용하지 않게 되면서 수요가 급감하게 되었다. 짧은 2~3년 동안 성장과 정체, 쇠퇴 과정을 겪은 업종들이다.

4. 쇠퇴기

기업의 성장사이클의 마지막 단계는 기업의 성장추세가 마이너스로 전환하는 쇠퇴기이다. 쇠퇴기 구간에서는 기업의 실적이 전년동기 대비 역성장하는 시기이다. 기업의 실적증가가 둔화하면서 정체기에 접어든 이후 성장추세가 점점 더 악화되면서 전년동기 대비 마이너스로 전환되고 실적이 전년 대비 감소하는 시기이다. 쇠퇴기에는 영업이익증가율, 순이익증가율이 먼저 마이너스로 전환하고, 곧이어 매출액증가율도 한두 분기 후에 마이너스로 전환된다. 그리고 질적성장지표인 영업이익률과 순이익률은 과거 3~4년 분기평균 수준보다 훨씬 아래로 떨어지게 된다.

<그림 1-24 > 성장정체기와 쇠퇴기가 지속되는 기업

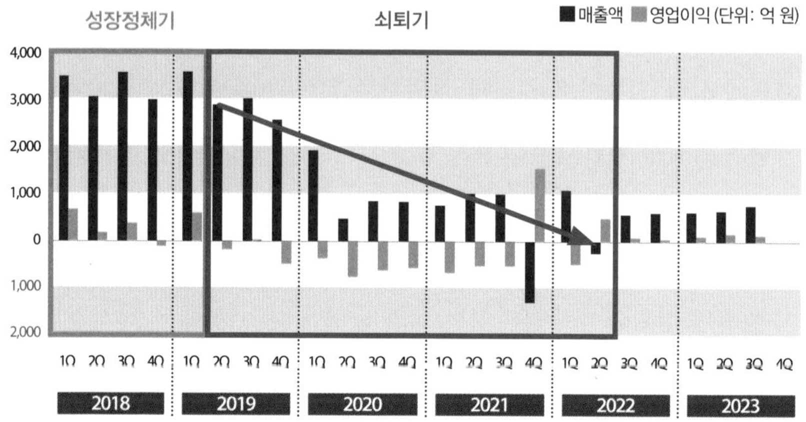

〈그림 1-24〉는 운송업종 내 어떤 기업의 분기매출액과 영업이익을 나타낸 것이다. 2019년 2분기부터 매출액이 전년동기 대비 감소하기 시작했고 영업이익은 적자로 전환하였다. 이후 3분기부터 2022년 2분기까지 4년 동안 매출액과 영업이익이 큰 폭으로 감소하기 시작하여 쇠퇴기가 지속되는 것을 확인할 수 있다. 쇠퇴기는 이렇듯 비교적 명확하게 구분된다. 일반적으로 성장이 정체되기 시작하면 머지않아 쇠퇴기로 접어들게 된다. 주식의 본질적 특성상 투자자는 성장이 정체된 기업이나 역성장하는 기업의 주식은 절대 보유하면 안 된다. 어떤 기대감에 주가가 급등하더라도 추격매수를 하거나 뇌동매매를 해서도 안 된다. 주가 변동성이 커지면서 예측 가능성이 떨어지게 되고 이렇게 되면 수익을 낼 확률보다 손실을 볼 확률이 훨씬 더 커지기 때문이다.

정체기에 이어 쇠퇴기로 진입하는 기업 중에 일시적으로 실적이 증가할 때도 있다. 〈그림 1-24〉 기업의 경우에도 2018년 4분기에 매출액은 3,000억 수준이고 영업이익은 적자로 전환하였는데, 2019년 1분기에 다시 실적이 회복하면서 쇠퇴기 판단이 불분명해진 경우이다. 이럴 경우에는 그 다음 분기실적을 통해서 확인해야 한다. 2019년 2분기에 매출액이 전년동기 대비 감소하였고 영업이익이 적자로 전환했기 때문에 쇠퇴기로 진입한 것으로 판단해도 된다. 또한, 2022년 3분기부터는 매출액과 영업이익이 좀 안정화되긴 했지만 2018년과 비교했을 때 절대적인 금액이 적기 때문에 쇠퇴기가 끝나고 성장초기로 진입한다고 보기는 힘들다.

물론, 앞의 경우처럼 재무제표상 일시적으로 매출액이나 영업이익이 전년동기 대비 감소하는 경우라 하더라도, 일단 업황이나 기업 내용을 살펴보고 매출액이나 영업이익이 전년동기 대비 감소하는 타당한 이유가 없다면 쇠퇴기로 판단해야 한다. 여기서 타당한 이유에 해당하는 경우로는 일부 사업부를 매각해서 매출이 감소하는 경우이거나, 수익성이 없는 사업부의 사업중단으로 매출이 감소하는 경우, 또 대규모 구조조정으로 인한 영업이익, 순이익 감소 등이 있다. 예를 들면 2021년 4월 LG전자는 26년간 지속했던 휴대전화 사업을 접기로 했는데 수익성 없는 사업부 중단으로 매출액감소로 이어졌지만 성장사이클상 쇠퇴기에 해당하지는 않았다. 일부 사업부가 없어지면서 분기매출액이 줄어들긴 하지만 구조적으로 실적감소로 이어지지는 않기 때문이다. 오히려 적자 사업부의 중단으로 기업의 내실을 다지는 측면에서 긍정적으로 평가할 수 있다. 또한, 시장에서는 구조조정 차원에서 부진한 사업부 정리를 호재로 인식하여 주가는 상승하기도 하였다.

쇠퇴기의 업황 측면을 살펴보면, 시장 내에서 신규 시장 진입자들의 저가 물량공세와 가격경쟁으로 인한 수익성 하락이 더 심해지는 상황이다. 이전 본격성장기나 성장정체기에 증설했던 시설투자로 시장 내에서는 공급 물량의 증가 등 여러 부분에서 기업 입장에서는 굉장히 힘든 시기로 다가온다. 쇠퇴기가 장기간 유지되는 산업에서는 경쟁이 치열해지면서 혹독한 구조조정이 진행된다. 이 구조조정의 기간은 쉽게 예측할 수가 없고, 동종업계에 속한 기업들의 실적을 모두 합산하여 추이를 확인하는 것이 방법이 된다. 쇠퇴기로 접어드는 기업의 질적성장지표인 영업이익률과 순이익률은 과거 평균 수준보다 아래로 떨어지거나 마이너스가 되기도 한다.

〈그림 1-25〉는 〈그림 1-24〉 기업의 영업이익률과 순이익률을 나타낸 것이다. 쇠퇴기에 해당하는 2019년 2분기부터 줄곧 영업이익률과 순이익률은 마이너스를 기록하고 있다. 영업이익률은 마이너스권에서 등락이 크지만 순이익률은 상대적으로 변동성이 적다. 하지만 둘 다 과거 분기평균이익률 대비 낮은 수준이기 때문에 쇠퇴기에 해당한다. 2022년 1분기에 이르러서야 이익률이 플러스로 전환했지만 〈그림 1-24〉의 매출액과 영업이익 차트를 보면, 매출액이 2018년 수준으로 회복이 더디고 영업이익도 크지 않은 상태에서 이익률만 회복하는 것이 확인되는데 이는 크게 의미가 없다. 이렇듯 양적성장지표와 질적성장지표를 비교해 가

면서 양쪽 지표 모두를 확인해야 한다. 어느 하나만 보고 판단해서는 정확한 진단과 평가가 이루어지지 않을 수 있기 때문이다.

<그림 1-25> 성장정체기와 쇠퇴기가 지속되는 기업의 이익률

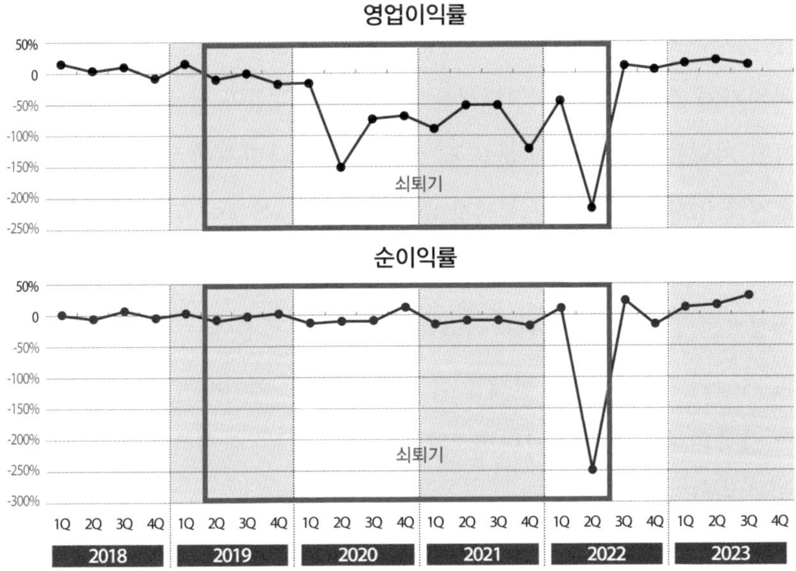

기업이 쇠퇴기로 접어들 때 주가 측면을 보면, 본격성장기 동안 큰 폭으로 상승한 주가는 정체기로 접어들면서 조정을 거치기 시작한다. 이후 쇠퇴기로 접어들면 본격적으로 하락하기 시작한다. 쇠퇴기가 길어질수록 주가는 장기간 우하향하는 모습을 나타낸다. 물론 중간에 기술적 반등 구간이 있긴 하지만 장기적으로 하락하게 된다. 이런 상황은 대형주나 중·소형주 구분 없이 비슷하게 나타난다. 쇠퇴기가 지속되는 기간에는 작은 이슈에도 주가가 반응하는 경우가 있다. 예를 들면 산업 내에서 구조조정이 한창 진행되는 기업이 그동안의 저조한 매출과 수익성 회복을 위해 사업 다각화를 추진하거나 인수합병을 통해 신사업에 진출한다고 할 때, 장기간 횡보한 주가는 즉각적으로 쉽게 반응하기도 한다. 하지만 실적이 동반되지 않은 기대감만으로 상승한 주가는 그 지속성이 떨어지기 때문에 투자에 주의해야 한다.

쇠퇴기가 지속되는 동안 산업 내에서는 구조조정이 진행되고 경쟁력이 약한 기업들이 하나둘씩 문을 닫고 시장에서 사라지게 된다. 이런 구조조정은 업황이 반등하거나 시장 내 공급자가 줄어들어 수요가 공급을 초과할 때까지 상당 기간 지속된다. 상당수의 경쟁력 없는 기업들이 구조조정으로 문을 닫게 되면서 구조조정이 끝날 즈음에는 살아남은 몇 개의 기업이 시장의 수요 전체를 감당하게 된다. 여기서 업황이 반등하면서 시장의 수요가 살아난다면 살아남은 기업들은 다시 성장초기로 접어들게 된다.

투자자 입장에서는 성장정체기가 확인되면 보유 주식을 전량매도하고, 절대로 주식을 신규 매수하면 안 된다. 또한, 정체기에서 쇠퇴기에 이르는 기간은 해당 기업들을 관심종목에서 제외해야 한다. 구조조정이 끝나고 살아남은 기업들을 다시 관심을 두게 되는 시점은 매출액이 전년동기 대비 30% 이상 증가하는 성장초기로 진입할 때이다.

지금까지 기업의 실적을 통해서 재무제표로 알아보는 기업의 성장사이클에 대해 살펴보았다. 재무제표로 분석하는 기업의 성장사이클에는 다음과 같은 특징이 있다.

첫째, 기업의 실적이라는 객관적인 데이터를 활용하여 일정한 기준에 의해 각 단계를 비교적 명확하게 구분할 수 있다.
둘째, 단계별로 해당 기업들의 뚜렷한 특징들이 있다.
셋째, 기업을 성장사이클로 구분하고 이를 근거로 종목선정기준을 수립할 수 있다.

기업의 성장사이클 4단계를 정리하면 다음과 같다. 〈그림 1-26〉은 기업의 성장사이클을 그린 것인데, 기간을 달리하면서 수없이 성장사이클을 반복하게 된다. 어떤 기업이든지 성장초기를 한번은 겪게 된다. 법인은 설립되면서부터 바로 성장초기로 접어든다. 그러다가 본격성장기로 접어드는 기업이 있고, 성장초기에서 허들을 넘지 못하고 문을 닫는 사례도 많다. 일단 본격성장기로 접어드는 기업은 비즈니스 모델의 경쟁력이 있는 것으로 판단해도 된다. 그것이 경쟁이 치열한 산업 내에서 가격 경쟁력이든 아니면 신제품 출시 등을 할 수 있는 기술 경쟁력이든 어떠한 경쟁력을 가지고 있는 기업이다.

<그림 1-26> 기업의 성장사이클

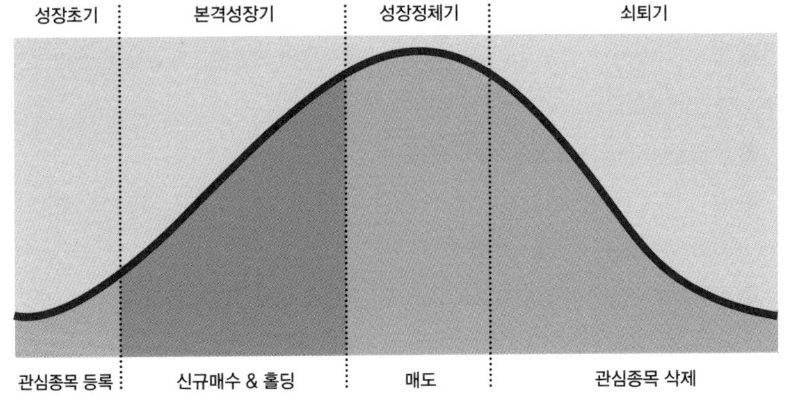

본격성장기가 언제까지 지속될지는 아무도 모른다. 일반적으로 산업 내에서 경쟁구도가 형성되면서 경쟁이 치열해질 때까지 지속된다. 시장을 선도하는 기업은 본격성장기에 접어들었을 때, 미리 성장이 정체될 때를 대비해서 준비하고 있어야 한다. 해당 아이템이 산업 내에서 경쟁력이 사라지게 될 경우 성장이 정체되고 기업은 쇠퇴기로 접어들게 된다. 산업 내 구조조정이 진행되는 과정에서 경비절감과 인력조정 등을 통하여 살아남은 기업은 새로운 성장초기를 맞이하게 되고 쇠퇴기에서 버티지 못하는 기업은 그대로 폐업의 길을 가게 된다. 시간이 지나고 나면 기업의 성장사이클을 쉽게 구분할 수 있게 되지만, 정성적인 요인만으로는 성장사이클 한중간에 있을 때는 쉽게 분간이 되지 않는다. 그래서 숫자로 명확하게 구분할 수 있는 재무제표에 기반한 성장사이클로 기업의 흥망성쇠를 구분하여 주식투자에 활용하면 큰 도움이 될 것이다.

기업의 성장사이클상 단계별 특징을 정리하면 다음과 같다.

1. 성장초기

❶ 과거 3~4년(12~16개 분기) 분기평균매출액대비 매출액증가율이 30% 이상 증가하는 기업

❷ 전년동기 대비 매출액증가율이 30% 이상 증가하는 기업

❸ ❶과 ❷에 해당하는 기업의 영업이익증가율, 순이익증가율은 체크하되 참고자료로만 활용

❹ 투자자는 관심종목군에 신규로 등록 후, 기업의 정성적인 부분 조사 시작

2. 본격성장기

❶ 전년동기 대비 매출액증가율이 2개 분기 연속 30% 이상인 기업

❷ ❶의 기업 중에 영업이익증가율, 순이익증가율이 전년동기 대비 20% 이상인 기업

❸ 영업레버리지 효과가 나타나는지 확인(영업이익증가율 〉 매출액증가율)

❹ 영업이익률, 순이익률이 과거 3년(12개 분기) 평균 대비 높은 수준 혹은 최고 수준 여부 확인

❺ 투자자는 신규 매수 또는 보유 주식은 홀딩

❻ 기업 실적이 본격적으로 성장하는 이유를 파악 후 성장추세 지속 여부 판단

3. 성장정체기

❶ 본격성장기의 기업 중에 전년동기 대비 매출액증가율이 0~10% 정도로 둔화하는 기업

❷ ❶의 기업 중에 영업이익증가율, 순이익증가율이 전년동기 대비 -10%~+10%로 둔화하는 기업

❸ 영업이익률, 순이익률이 과거 3개년 평균 대비 낮은 수준 여부를 확인

❹ 투자자는 보유 주식 매도

❺ 성장 정체의 이유가 일시적인 요인일 경우에는 보유 주식 홀딩

❻ 성장 정체의 이유가 확인이 안 되는 상황에서 2개 분기 연속 성장이 정체될 경우에는 보유 주식 전량 매도

4. 쇠퇴기

❶ 성장정체기의 기업 중에 매출액증가율, 영업이익증가율, 순이익증가율이 전년 동기 대비 마이너스인 경우

❷ 만약 투자자가 보유 주식이 있는 경우에 기술적 반등 시 전량 매도

❸ 산업 내 구조조정 끝나고 성장초기로 진입할 때까지 해당 기업군은 관심종목군에서 삭제

<그림 1-27 > 기업의 실적으로 구분하는 성장사이클

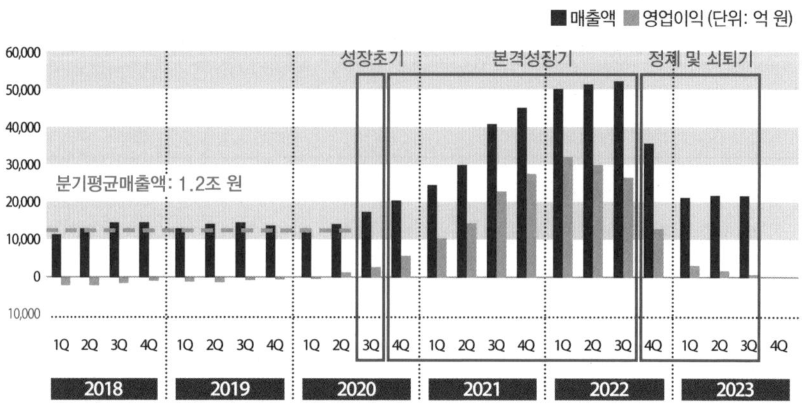

<그림 1-28> 성장사이클로 구분되는 기업의 이익률

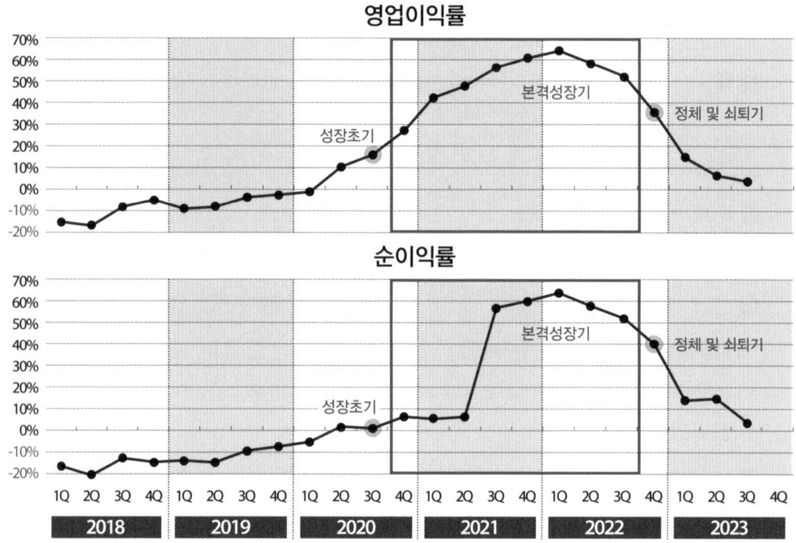

〈그림 1-27〉은 실적으로 기업의 성장사이클을 구분한 것이다. 해운업종에 속한 기업의 2018년 1분기부터 2023년 3분기까지 분기매출액과

영업이익을 나타낸 것이다. 이 기업의 실적을 기반으로 기업의 성장사이클을 구분해 보면 다음과 같다.

1.성장초기: 2020년 3분기에 분기매출액이 1.7조 원에 육박하면서 전년동기 대비, 과거 2년(8개 분기) 분기평균매출액 1.2조 원보다 41% 증가한 1.7조 원을 기록하였고, 분기영업이익은 3,000억 원이 되면서 성장초기로 진입하였다. 〈그림 1-28〉을 보면 2020년 2분기부터 영업이익률이 10%대로 상승하면서 이전과는 다른 양상을 보이고 있고 3분기에 15%를 넘어서면서 성장초기로 진입을 확인시켜 준다.

2. 본격성장기: 2020년 4분기에 2개 분기 연속으로 매출액증가율과 영업이익증가율, 순이익증가율이 큰 폭으로 증가하면서 본격성장기로 진입하였고 본격성장기는 2020년 4분기부터 2022년 3분기까지 8개 분기 동안 지속되었다. 〈그림 1-28〉을 보면 2020년 4분기 영업이익률은 30%에 육박하면서 본격성장기로 진입한 것을 확인시켜 준다. 영업이익률 대비 순이익률이 5% 이하인 것은 그동안 적자 누적으로 인해 이자비용 등이 컸음을 간접적으로 추정할 수 있다.

3. 정체기: 2022년 4분기에 매출액이 전년동기 대비 감소하면서 증가율이 마이너스로 전환되었고, 영업이익증가율도 마이너스로 전환되었다. 또한 〈그림 1-28〉을 보면 2022년 3분기부터 영업이익률과 순이익률이 급락하면서 성장정체기로 진입한 것을 확인할 수 있고, 2022년 4분기에 이익률이 추가 하락하면서 정체기로 진입한 것을 확인할 수 있다.

4. 쇠퇴기: 2023년 1분기부터 매출액증가율과 영업이익증가율이 전년동기 대비 마이너스가 지속되면서 쇠퇴기가 이어지고 있다. 〈그림 1-28〉을 보면 2023년 1분기부터 영업이익률과 순이익률은 과거 평균 대비 최저 수준까지 떨어졌으며 3개 분기 연속 최저 수준이 이어지고 있다.

만약 투자자가 2020년 3분기 실적이 발표된 시점인 2020년 11월 중순에 〈그림 1-27〉 기업을 발견한다면 어떻게 해야 할까?

첫 번째 단계에서는 기업의 사업 내용을 조사하면서 2020년 4분기 실적이 성장추세가 이어질지를 확인해야 한다. 기업의 정성적인 내용 부분을 확인했는데 성장의 이유를 찾을 수 없다면 다음 분기실적 발표 때까지 기다리고 확실한 이유가 파악된다면 일부 수량을 바로 매수해도 된다.

두 번째 단계에서는 2020년 4분기 실적 발표로 성장추세가 확인되면 투자자는 2021년 2월 중순에 위 기업을 목표한 수량만큼 매수해야 한다. 만약 첫 번째 단계에서 일부 수량을 매수했다면 남은 수량을 추가 매수하면 된다.

세 번째 단계에서는 2020년 4분기 이후 성장추세가 지속되는지 여부를 실적과 기업의 사업 내용을 꾸준히 확인한다. 성장추세가 확인되는 2022년 3분기까지 주식을 보유한다.

네 번째 단계에서는 성장이 정체되는 시점인 2022년 3분기 시점부터 보유 주식을 매도할 준비를 한다. 기업의 사업 내용을 확인하고 성장 정체가 일시적인 이유면 그대로 홀딩하고, 구조적인 성장 정체로 확인되면 보유 주식을 전량매도해야 한다.

지금까지 실적을 토대로 기업의 성장사이클에 대하여 살펴보았다. 국내 상장기업 2,300여 개 중에서 대부분 기업은 전년과 비교해서 실적이 소폭 증가하거나 감소하는 것이 반복된다. 하지만 평균적으로 매 분기 100~200여 개 기업은 성장초기에 있는 기업들이다. 그중에서 50~70여 개의 기업은 본격성장기로 접어들고 성장추세가 지속되는 기업도 있다. 2,300개 종목에서 2~3%에 해당하는 기업만이 본격성장기에 해당한다고 볼 수 있다. 본격성장기에서 정체기로 접어들거나 쇠퇴기로 접어드는 기업도 평균적으로 30~40여 개 기업이 존재한다.

투자자로서 관심을 가질 기업은 성장초기에서 본격성장기로 진입하는 기업이다. 그런 기업들만 골라내기 위해서는 성장초기의 기업들부터 자세히 살펴봐야 한다. 투자자 본인이 직접 실적을 확인하고 기업 내용을 살펴보면서 분기마다 실적을 체크하면서 히스토리 관리를 해야 한다. 이렇게 상장기업의 실적이 변화하는 것을 통해서 성장사이클을 확인할 수 있고 투자자 관점에서 투자대상을 골라낼 수도 있다.

투자자들이 분기마다 이제 막 본격성장기로 접어드는 기업이나 이미 본격성장기로 진입한 기업 위주로 투자대상을 선택한다면, 주식투자를 하면서 수익을 낼 확률(승률)을 한층 더 높일 수 있을 것이다.

기업의 가치평가를 위한 밸류에이션지표

지금까지 주식의 본질적인 목적인 배당으로부터 성장성지표를 도출해냈고, 그 성장성지표를 구성하는 항목 중심으로 자세히 살펴보았다.

하지만 앞서 언급했듯이 주식투자는 성장성지표만 가지고 투자하기엔 한계가 있다. 이유는 시장에서 거래되는 가격 때문이다. 주가는 여러 가지 요인에 의해 수시로 바뀌며 미래주가를 예측하는 것이 힘들기 때문에 시세차익을 얻기가 매우 어렵다. 그래서 지금부터는 종목선정기준의 다른 한 축인 기업의 가치평가에 대해 살펴보자.

주식투자를 하다 보면 투자자 입장에서 제일 궁금한 부분이 바로 기업의 적정주가에 대한 부분일 것이다. 한국 주식시장은 주가수익비율(PER) 평균이 10배 정도이다. 한국 주식시장의 적정가치가 얼마냐는 질문에 정답을 알려주는 사람이 거의 없을 것이다. 왜냐하면 정답이 없는 질문이기 때문이다. 다만 역사적으로 10배 내외에서 등락을 거듭하고 있다는 대답 정도를 해줄 수 있을 것이다.

한국시장평균 PER이 10배라고 하는 것이 업종별로 평균 PER이 10배라는 것은 아니다. 바이오 업종은 항상 시장보다 비싸게 거래가 되었고 건설업종의 평균 PER은 5~6배 내외로 저평가되어 거래되고 있다. 또한, 2023년도에 2차전지주들은 미래 성장성 때문에 시장대비 고평가 상태에서 거래되고 있다. 반면에 자동차 부품주들은 시장대비 훨씬 싼 가치인 PER 5배 아래에서 거래되고 있다. 시장에서 인기가 있고 선호도가 높은 기업들의 주가는 비싸게 거래되고, 성장성이 없어 보이는 소외된 기업들은 염가로 거래되고 있다.

그렇다면, 과연 기업의 적정주가란 존재하는 것인가? 만약 적정주가가 없다면 주가의 적정성을 판단할 수 있는 기준은 어떤 데이터를 사용해야 하는가?

기업이 적정가치는 시장상황에 따라 수시로 바뀌기 때문에 정확하게 구하기가 힘들다. 다만 여러 가지 지표를 가지고 적정가치를 추정할 수 있을 뿐이다. PER, PBR, PSR… 등 시장에서 주가를 평가할 수 있는 지표는 수없이 많지만, 모든 상황과 종목에 한꺼번에 적용할 수 있는 만능키와 같은 기준은 없다. 그만큼 주가의 적정성 여부를 판단하기가 힘들다. 이 부분에 있어서 한 가지 확실한 사실은 그 누구도 적정주가에 대해서 정확히 알 수 없고, 정확한 답을 얘기해 줄 수 없다는 것이다. 따라서 적정주가를 구하는 것보다는 주가의 상대가치를 구해서 평가하는 것이 투자자 관점에서 좀 더 효율적이다. 투자자의 관점에 따라 적정가치가 바뀌기도 하고, 시장상황에 따라 주가는 수시로 변화하기 때문에 주가를 상대적인 관점에서 판단하고 평가하는 것이 좀 더 낫다는 것이다.

투자자들은 상대가격에 초점을 맞춰서 주가를 판단해 볼 필요가 있다. 주식의 상대가격은 시장대비, 혹은 동일한 업종대비, 업종 내 경쟁기업대비 싸다 혹은 비싸다는 정도를 판단하는 것이다. 기업의 적정주가를 구하는 것이 100% 정답이라고 하기 어려운 것처럼 주식의 상대가격을 구하는 것이 100% 맞다고 할 수 없다. 다만 상대적으로 평가해서 수익을 낼 확률을 높이는 정도의 수단이라고 생각하면 되겠다. 상대적으로 평가한다는 것은 A 기업과 B 기업을 비교했을 때, A 기업이 B 기업보다 상대적으로 싸다 혹은 비싸다를 가늠하는 것이지 정확한 수치를 비교하는 것이 아니다. 상대가격, 이것이 종목 선정의 두 번째 기준인 기업의 가치평가, 즉 밸류에이션지표이며 주요 항목으로는 분기영업이익/시가총액과 순이익/시가총액 2가지가 있다.

1. 분기영업이익/시가총액

해당 기업의 시가총액 대비 분기영업이익을 비율로 나타낸 것이다. 시가총액은 실적 발표 시점에서 해당 기업이 시장에서 평가받는 가치이고 분기영업이익은 3개월 동안 영업활동에서 얻은 수익이다. 이는 분기영업이익을 기준으로 한 주가수익비율(PER)과 비슷한 개념이다.

모든 상장기업 중에 '분기영업이익/시가총액' 값이 6% 이상이면, 시장 대비 저평가 상태라고 판단할 수 있다.

예를 들어 현재 시가총액이 1,000억인 A 기업이 있다고 하자. 이 기업의 분기영업이익이 100억이라고 한다면, 이 기업은 분기 동안 시가총액의 10%를 버는 것이다. 즉 분기영업이익 100억을 단순히 계산하여 1년으로 환산하면 400억이 되고, 1년 예상 영업이익 400억은 시가총액 1,000억의 40%를 1년 안에 번다는 의미가 된다. 이 말은 A 기업이 영업이익기준으로 2.5년이면 시가총액만큼 번다는 의미와 같다. 여기서 A 기업의 분기영업이익기준 PER과 비교해야 할 대상은 두 가지다.

첫째는 모든 상장기업의 분기영업이익을 시장전체 시가총액으로 나눈 값, 즉 '시장전체 분기영업이익기준 PER' 과 비교를 해야 한다. 만약 이 수치를 10배라고 했을 때, A 기업의 분기영업이익 기준 PER 2.5배는 시장보다 1/4의 가격으로 싸게 거래되고 있다는 것이다.

둘째는 A 기업이 속한 업종의 분기영업이익을 업종시가총액으로 나눈 값, 즉 '해당업종 분기영업이익기준 PER'과 비교를 하는 것이다. 만약 이 수치가 5배라고 한다면 A 기업은 업종 내 경쟁업체 대비 1/2의 가격으로 싸게 거래되고 있다는 것이다. 이때 A 기업의 분기영업이익기준 PER와 시장전체 분기영업이익 PER, 그리고 업종 내 경쟁기업의 분기영업이익 PER까지를 산출해서 비교하는 것은 A 기업이 현재 상대적으로 시장대비, 업종대비, 경쟁기업대비 싼지 혹은 비싼지를 판단하기 위해서이다.

또 다른 예를 들어보자. 시가총액이 1,000억인 B 기업이 있다고 하자. 이 기업의 분기영업이익이 10억이라고 한다면 3개월 동안 시가총액의 1%를 영업으로 번다고 할 수 있다. 즉 분기영업이익 10억을 단순계산하여 1년으로 환산하면 40억이고, 1년 예상 영업이익 40억은 시가총액의 4%를 1년 동안 번다는 의미가 된다. 이 말은 B 기업이 영업으로 25년 동안 벌어야 시가총액만큼 번다는 것이다. 이는 분기영업이익기준 PER이 25배로 분기 영업 기준 시장평균 PER이 10배라고 했을 때, 이 기업은 시장평균보다 2.5배 비싸게 거래되고 있다는 것이다. 만약 B 기업이 속한 업종의 분기영업이익기준 PER이 15배라고 한다면, B 기업은 업종 내 경쟁기업 평균보다 70% 정도 더 비싸게 거래되고 있다는 것이다. 물론 비싸게 거래되는 것에는 그만한 이유가 있을 수도 있다. 업종 내에서 선도기업으로 시장점유율이 다른 기업들보다 높을 수도 있고 브랜드 가치가 다른 경쟁기업보다 더 클 수도 있다. 하지만 여기서는 정성적인 부분을 일일이 다 확인하기 힘들기 때문에 다른 조건이 동일하다는 전제하에 논의하기로 한다.

그렇다면 앞의 A 기업과 B 기업이 같은 업종 내 경쟁기업이라고 하면 어떨까? 다른 조건이 모두 동일하다면, 투자자는 두 기업 중에 저평가된 A 기업을 선택해야 한다. 여기서 다른 조건이 동일하다는 것에는 성장성지표도 포함된다. 즉 A 기업과 B 기업의 매출액이 전년동기 대비 30% 이상 증가하고 영업이익과 순이익도 두 자릿수 이상 증가하는 성장성이 동일하다고 가정하는 것이다. 물론 현실적으로 서로 다른 기업이 성장성이 같을 수 없겠지만, 성장성이 동일하다고 가정할 때 투자자는 시장에서 싸게 거래되는 기업을 선택해야 한다는 것이 포인트이다.

이것이 종목선정기준의 두 번째 항목인 밸류에이션지표이다. 124페이지의 〈표 1-2〉는 어떤 상장기업의 분기별 실적을 표로 나타낸 것이다. 이 기업의 2021년 실적은 부진하다. 3분기에는 영업이익과 순이익이 적자였다. 이처럼 분기영업이익이 적자 상태일 경우에는 기업가치평가가 의미가 없다. 2021년 4분기를 기준으로 기업가치를 평가해 보면 4분기 영업이익은 237억이고, 해당 시점의 시가총액은 8,521억이다. 따라서 4분기 기준 '영업이익/시가총액'을 구해보면, 237억/8,521억 = 2.8%이다. 즉 2021년 4분기에는 영업이익으로 시가총액의 2.8% 정도 벌었다고 할 수 있다. 이 정도 수치이면 시장 내에서 그냥 평범한 수준이다.

2021년 4분기는 전년동기 대비 매출액이 86%, 영업이익이 1,470%, 순이익이 1,680% 증가하는 성장성을 보여주는 분기지만, 밸류에이션 측면에서는 분기영업이익/시가총액이 2.8%, 분기순이익/시가총액이 3.9%로 시장평균 수준으로 평범하므로 투자 매력도는 떨어진다.

2021년 누적 기준으로 살펴보면 2021년 1년 동안 영업이익은 597억이고 2021년 4분기 실적을 발표한 시점에서의 시가총액은 8,521억이다. 연간으로 '영업이익/시가총액'을 계산해 보면 597억/8,521억=7.0%이다. 즉 1년 동안 시가총액 8,521억의 7%에 해당하는 금액을 영업이익으로 벌었다는 것이다. 이것을 연간 영업이익기준 PER로 계산해 보면 14배가 나오는데, 이는 14년 동안 영업이익으로 벌어야 시가총액만큼 번다는 의미로 영업이익기준 시장평균 PER 12배랑 비교하면 시장대비 소폭 비싼 편이다. 즉 2021년 4분기 실적 발표 시점을 기준으로 이 기업의 가치를 한마디로 평가한다면, '시장보다 약간 비싸게 거래된다.'이다.

이 기업의 2022년 실적을 살펴보면 '연간영업이익/시가총액'은 1,152억/6,661억=17.3%이다. 연간 영업이익기준 PER이 6배로 시장평균 영업이익 PER 12배보다 저평가되어 있다. 즉 1년 사이에 기업의 가치가 시장대비 고평가에서 저평가 상태로 변경되었는데, 이는 주가가 내려가서 시가총액이 줄어든 것과 기업의 실적이 개선되었기 때문이다. 실제 2022년 3분기 매출액은 전년동기 대비 131% 증가했고 영업이익은 전년동기 대비 흑자로 전환했다. 4분기 매출액은 34% 증가했고 영업이익은 48% 증가했다. 단순히 비율만 증가한 것이 아니라 영업이익의 절대 금액도 커졌다. 3분기 영업이익은 393억, 4분기 영업이익은 353억이다.

<표 1-2> 어떤 상장기업의 분기별 실적

	종목명											
	2021				2022				2023			
재무현황	1Q	2Q	3Q	4Q	1Q	2Q	3Q	4Q	1Q	2Q	3Q	4Q
매출액	55,612,271	56,204,710	39,407,456	68,595,858	85,575,130	56,880,033	90,871,461	92,019,814	46,710,101	492,874,927	266,491,289	
증감율(YoY)	171%	144%	17%	86%	54%	1%	131%	34%	-45%	767%	193%	
영업이익	21,556,949	16,411,295	(2,035,969)	23,798,458	35,398,193	5,145,683	39,376,005	35,303,009	(4,489,628)	184,395,547	83,171,678	
증감율(YoY)	200%	359%	62%	1470%	64%	-69%	2034%	48%	-113%	3483%	111%	
순이익	14,321,361	(5,799,945)	(25,345,042)	33,505,260	26,751,216	(47,049,843)	29,074,457	25,211,442	(24,140,426)	171,419,122	68,301,779	
증감율(YoY)	157%	51%	-157%	1680%	87%	-711%	215%	-25%	-190%	464%	135%	
EPS(원)	182				371				2,628			
BPS(원)	4,700				5,908							
SPS(원)	2,399				3,551				9,801			
CFPS(원)	175,764,709				43,040,165							
부채비율(%)	246.0%				240.0%				117.0%			
ROE	4.0%				7.0%				10.0%			
주가	10,000	11,500	10,150	9,300	8,000	6,560	6,450	7,270	6,060	8,160	6,530	4
시총(천원)	916,294,780	1,053,738,997	930,039,202	852,154,145	733,035,824	601,089,376	591,010,133	666,146,305	555,274,637	747,696,540	598,340,491	
영익/시총	2.4%	1.6%	-0.2%	2.8%	4.8%	0.9%	6.7%	5.3%	-0.8%	24.7%	13.9%	
누적(영익/시총)	2.4%	3.6%	3.9%	7.0%	4.8%	6.7%	13.5%	17.3%	-0.8%	24.1%	44.0%	
순익/시총	1.6%	-0.6%	-2.7%	3.9%	3.6%	-7.8%	4.9%	3.8%	-4.3%	22.9%	11.4%	
누적(순익/시총)	1.6%	0.8%	-1.8%	2.0%	3.6%	-3.4%	1.5%	5.1%	-4.3%	19.7%	36.0%	
매출액(연간)	219,820,295				325,346,438				806,076,317			
매출액증가율(연간)	93%				48%				148%			
영업이익(연간)	59,730,733				115,222,889				263,077,598			
영업이익증가율(연간)	288%				93%				128%			
순이익(연간)	16,681,634				33,987,272				215,580,475			
Criteria Ⅲ(T.P)	137%				104%				534%			
영업이익률	39%	29%	-5%	35%	41%	9%	43%	38%	-10%	37%	31%	
순이익률	26%	-10%	-64%	49%	31%	-83%	32%	27%	-52%	35%	26%	

2023년도 실적을 살펴보면 1분기에 매출액은 전년동기 대비 45% 감소하였고 영업이익, 순이익이 적자로 전환했다. 2분기 매출액은 전년동기 대비 767% 증가했고 영업이익은 3,483% 증가, 순이익은 흑자로 전환하였다. 2분기를 기준으로 '분기영업이익/시가총액'을 구해보면 1,843억/7,476억=24.1%이다. 3분기 매출액은 전년동기 대비 193% 증가했고 영업이익은 111%, 순이익은 135% 증가했다. 3분기를 기준으로

'분기영업이익/시가총액'을 계산해 보면 831억/5,983억=13.9%이다. 2023년 3분기 기준 누적으로 '영업이익/시가총액'은 2,630억/5,983억=44.0%이다.

아직 4분기 실적이 나오지 않은 상태에서 정확한 수치를 예상할 수는 없겠지만 평균적인 수치로 계산해서 4분기 실적을 포함해서 2023년 연간 '영업이익/시가총액'을 추정해 보면 50% 이상일 것이다. 다시 말해, 이는 1년에 시가총액의 절반 정도를 영업이익으로 번다는 의미이고 영업이익기준 PER이 2배라는 것이다. 이는 영업이익기준 시장평균 PER 12배랑 비교하면 1/6의 싼 가격으로 시장에서 거래되고 있고, 그만큼 저평가되어 거래되어 있다는 의미가 된다.

연간 영업이익기준 PER이 2021년 14배에서 2023년 2배로 기업가치가 2년 사이에 고평가에서 저평가로 급격하게 바뀌게 되었다. 밸류에이션 지표만 놓고 판단했을 때, 연간 영업이익기준 PER이 2배 정도라면 한국 시장에서 손에 꼽을 수 있는 저평가 주식이라고 할 수 있다.

여기서 투자의 기준을 시장대비 상대가격으로 할 것인지 아니면 업종 대비 상대가격으로 할 것인지는 투자자가 선택할 사안이다. 두 가지 모두를 조건으로 할 수도 있다. 다만 여기에서 핵심은 분기영업이익과 시가총액을 기준으로 해당 기업의 상대가치를 구해서 시장과 업종과 비교하고 평가한다는 것이다.

2. 순이익/시가총액

해당 기업의 시가총액 대비 분기순이익의 비율을 나타낸 것이다. 시가총액은 해당 기업이 시장에서 평가받는 가치이고 분기순이익은 3개월 동안 영업이익에서 세금, 이자비용, 감가상각비 등을 제외한 순수한 이익이다. 시장에서 흔히 사용하는 주가수익비율(PER)에 들어가는 항목과 동일한 개념이다. 일반적으로 모든 상장종목의 분기실적 결과를 살펴봤을 때 '분기순이익/시가총액' 값이 5% 이상이면 시장에서 저평가 상태로 거래되고 있다고 할 수 있다.

앞의 예를 이어가면, 현재 시가총액이 1,000억인 A 기업의 분기영업이익이 100억이고 분기순이익이 80억이라고 가정해 보자. 순이익은 영업이익에서 세금, 이자비용, 감가상각비 등을 제외한 금액이기 때문에 기업마다 다르지만, 평균적으로 영업이익의 80~85% 수준에서 결정된다. 분기순이익이 80억이면 시가총액 1,000억 기준으로 8% 수준이다. A 기업은 시가총액의 8%를 매 분기에 순이익으로 벌어들인다고 할 수 있다. 즉 분기순이익 80억을 단순계산하여 1년으로 환산하면 1년 예상 순이익은 320억이다. 다시 말해 A 기업은 1년 만에 시가총액의 32%에 해당하는 금액을 순이익으로 벌어들인다는 것이고, 약 3년이면 시가총액만큼의 돈을 번다는 의미가 된다. 순이익 기준으로 주가수익비율 PER을 계산하면 약 3배 정도가 되고, 시장평균 PER가 10배라고 했을 때 A 기업은 시장평균보다 1/3 가격으로 저평가 상태로 거래되고 있다는 말이 된다. 만약 A 기업이 속한 업종의 평균 PER이 6배라고 했을 때 업종평균보다 1/2 가격으로 싸게 거래되고 있다는 의미가 된다.

또 다른 예를 들어보자. 현재 시가총액이 1,000억인 C 기업이 있는데 분기영업이익은 100억이고, 분기순이익은 10억이라고 가정해 보자. A 기업은 영업이익의 80% 선에서 순이익이 나왔지만, C 기업은 영업이익의 10% 수준에서 순이익이 결정되었다. 이는 영업이익에서 세금, 이자비용, 감가상각비 등 제외되는 금액이 90억이라는 것인데 단순히 영업이익과 순이익의 차이만 봐도 분명 어떤 특별한 이슈가 있다는 것을 알 수 있다. 이는 일반적이지 않은 경우로 기업의 정성적인 상황을 체크해서 반드시 그 이유를 확인해야 한다. 여기서 세금은 법인세율이 정해져 있으므로 이슈에서 제외하고 영업이익과 순이익이 이렇게 크게 차이가 나는 경우는 금융권 차입금이 갑자기 증가해서 이자비용이 급증했거나, 대규모 신규 시설투자로 인해 감가상각해야 할 항목이 새로 생겼거나, 혹은 일시적인 영업외손실이 생겨서 영업이익에서 대폭 차감된 금액이 순이익으로 결정되었던가 하는 이유가 있을 것이다. 그 이슈로 인한 영업이익과 순이익의 차이가 발생하는 것이 이번 분기에만 발생하는 일시적인 것인지, 아니면 당분간 지속될 이슈인지를 파악해야 한다. 그래서 지속적인 이슈라고 판단되면, 그 기업은 투자대상에서 제외해야 하고 일시적인 이슈라고 한다면 투자대상군에 포함해 다음 분기실적에 그 일시적인 요인이 해소되는지를 확인해야 한다.

어쨌든 C 기업의 분기순이익은 10억이기 때문에 연간으로 환산하면 예상 순이익은 40억이다. 이는 C 기업이 1년 동안 시가총액의 4% 정도 되는 금액을 순이익으로 번다는 것이고, 약 25년 동안 벌어야 시가총액만큼 벌 수 있다는 의미가 된다. 순이익 기준으로 주가수익비율 PER은 25

배가 되고, 시장평균 PER이 10배라고 했을 때 C 기업은 시장평균보다 2.5배 비싸다는 말이 된다.

'분기영업이익/시가총액'과 '분기순이익/시가총액'은 그 의미가 중복되기도 하지만, 두 가지 항목 사이에 존재하는 차이가 있으므로 반드시 비교를 해봐야 한다. 그 차이가 일반적이지 않을 때는 그 이유를 반드시 체크해야 한다. 그건 영업이익과 순이익을 비교하는 것과 같은 맥락이다. 또한, '분기영업이익/시가총액' 기준과 마찬가지로, '분기순이익/시가총액' 기준도 시장평균과 업종평균을 각각 구해서 비교하는 것이 좋다.

마찬가지로 A 기업과 C 기업이 같은 업종 내 경쟁 기업이고 기업의 성장성측면에서 다른 조건이 동일하다면, 투자자는 당연히 두 기업 중에 A 기업을 선택해야 한다. 이유는 앞서 '분기영업이익/시가총액'에서도 언급한 것처럼, 다른 조건이 동일하다면 투자자는 기업의 밸류에이션 측면에서 더 싸게 거래되는 기업을 선택해야 수익을 낼 확률이 높아지기 때문이다.

'분기영업이익/시가총액'의 예로 든 124페이지의 〈표 1-2〉를 다시 본다면 2023년 2분기 누적 기준으로 '영업이익/시가총액'=24.1%이고, '순이익/시가총액'=19.7%이다. 영업이익과 순이익이 큰 차이가 없으므로 두 수치도 큰 차이가 없다. 3분기 누적 기준으로 '영업이익/시가총액' = 44.0%이고, '순이익/시가총액' = 36.0%이다.

반면에 2021년도 누적 기준으로 살펴보면 '영업이익/시가총액'=7.0%이고, '순이익/시가총액'=2.0%이고, 2022년도의 '영업이익/시가총액'=17.3%, '순이익/시가총액'=5.1%로 그 격차가 크다. 어떤 이유로 이런 차이가 발생하는지 확인해야 한다. 한가지 추정할 수 있는 부분은 부채비율이다. 부채비율 항목을 살펴보면 2021년도 말 기준 246%, 2022년도 말 기준 240%이다. 2023년도 말 기준으로는 부채비율이 117%로 2022년 대비 123%가 줄어드는데, 2022년도 영업이익의 일부분을 급증한 이자비용으로 지급하면서 순이익이 줄어들었고, 일부 현금으로 차입금을 상환하면서 2023년에는 부채비율이 급격하게 감소하게 된 것으로 추정할 수 있다. 하지만 숫자를 보고 추정하는 것 외에 정성적인 부분은 투자자가 직접 체크해야 한다.

2023년도 누적 기준으로 정리하면 '순이익/시가총액'= 36.0%로 2023년 예상 순이익 기준 PER 3배 정도 된다. 시장평균 PER이 10배 정도이니 시장대비 1/3의 가격으로 시장에서 거래되고 있다는 것이고, 그만큼 저평가되어 있다는 것이다. 2022년과 동일한 수치를 비교해 본다면 '순이익/시가총액'= 5.1%로 순이익 기준 PER 20배 정도에서 2023년도 PER 3배로 급격하게 낮아졌다. 그만큼 실적이 증가하면서 시장에서 실적이 반영되지 않은 상태로 저평가되어 있다고 볼 수 있다. 이 정도로 저평가된 기업이 성장성이 확보되면서 실적증가세가 지속된다면 주가는 오를 수밖에 없다.

참고로 투자자들은 기업가치를 평가할 때 〈표 1-2〉의 기업처럼 1년 사이에 급변하는 기업은 투자대상으로 선정할 때 좀 더 주의를 기울여야 한다. 실적이 급증했다는 것은 반대로 다시 급감할 수도 있기 때문이다.

정리하면 종목선정기준으로 밸류에이션지표는 기업이 벌어들이는 수익 대비 현재 시장에서 평가받는 가치를 판단하는 지표로 해당 기업이 시장 내에서 싸게 거래되는지, 혹은 비싸게 거래되는지를 판단하는 기준이 된다. 현명한 투자자들은 시장 내에서 현재 어떤 가치로 평가받는지를 정확하게 수치화해서 상대가치를 비교하고, 좀 더 싸게 거래되는 기업을 선택해야 한다.

안정성지표

투자대상을 선정하기 위해 지금까지 성장성지표와 밸류에이션지표를 살펴보았는데, 마지막으로 안정성지표를 살펴보자. 안정성지표는 투자대상 기업이 재무적으로 안정적인지를 확인하는 지표이다. 투자대상의 안정성을 판단하는 것은 그 중요성을 아무리 강조해도 지나치지 않다. 왜냐하면 기업의 성장성이 좋고 밸류에이션지표가 매력적이어도 대상기업이 부도가 나거나 관리종목으로 지정되어 거래정지가 된다면, 투자 수익은 물론 투자 원금까지 날릴 수 있기 때문이다. 따라서 투자대상이 되는 기업의 안정성은 반드시 체크해야 한다.

안정성지표는 중요하지만 비교적 쉽게 체크할 수 있다. 크게는 부채비율만 체크해도 된다. 부채비율은 기업의 부채총액을 자기자본으로 나눈 값이다. 투자대상 기업의 부채비율을 확인한다는 것은 앞선 2개의 지표와는 약간 성격이 다르다. 성장성지표와 밸류에이션지표를 시장평균, 업종평균, 경쟁업체와 비교해서 더 나은 기업을 선택하는 상대적 기준을 적용하지만, 안정성지표인 부채비율은 일정 조건(주로 시장평균, 업종평균 이하)만 만족하면 투자대상으로 포함할 수 있는 절대적 기준을 적용한다.

투자자들이 기업이 안정성을 평가할 때 좀 더 주의를 기울여서 확인하고자 한다면, 시장평균 부채비율 외에 업종평균 부채비율을 구해서 비교하는 것이 좋다. 한국 주식시장의 상장기업들 평균 부채비율은 150% 내외이다. 기본적으로는 해당 기업의 부채비율이 시장평균 부채비율보다 높은지 낮은지를 확인해야 하고, 좀 더 자세히 비교하려면 해당 기업이 속한 업종평균 대비 부채비율이 높은지 혹은 낮은지까지를 확인한다면 더 좋을 것이다. 특정 업종은 업종 특성상 부채비율이 매우 높을 수가 있는데 업종특성을 고려하지 않고 시장 기준을 일괄적으로 적용하게 되면, 그 업종은 안정성지표 기준 때문에 투자대상이 될 수 없다.

예를 들면, 운송업종 중 항공업계에 속한 기업은 항공기의 장기리스로 인해 부채비율이 기본적으로 높다. 2022년도 말 기준 대한항공의 부채비율은 212%, 아시아나항공은 1,780%, 제주항공은 443%이다. 대한항공의 부채비율 212%는 시장평균보다는 높은 편이지만, 같은 업종 내에 있는 아시아나항공이나 제주항공과 비교해서는 매우 낮은 편이다. 업종 특성상 부채비율이 높은 경우에는 시장평균보다 부채비율이 높다 하더라도 업종평균과 비교해서 해당 기업의 부채비율이 낮다면, 투자대상으로 선정해도 좋다. 다시 말하면 투자대상으로 선정된 기업, 즉 본격성장기에 해당하고 시장이나 업종평균보다 저평가된 기업 중에 부채비율이 180%라고 한다면, 시장평균 150% 대비 부채비율이 높은 편이다. 해당 기업의 정성적인 부분을 좀 더 살펴봐야 하겠지만, 만약 해당 기업이 속한 업종평균 부채비율이 200%라고 한다면 업종평균 대비 부채비율이 낮기 때문에 투자대상으로 선정해도 괜찮다는 의미가 된다.

부채비율이 과도하게 높은 것은 기업의 재무적 안정성에 문제가 있어서 투자대상으로 포함하기에 부담이 있지만, 그렇다고 부채비율이 아주 낮거나 무차입 경영이 꼭 좋다고 할 수도 없다. 예를 들어 어떤 기업의 영업이익률이 20%이고, 은행의 대출이율이 5%라고 한다면, 이 기업은 적정 범위내에서 은행 대출을 받아서 투자를 더 하는 것이 회사의 수익성 측면에서 더 유리하다. 따라서 자금의 효율적 운용 측면에서 적당한 수준의 부채를 활용하는 것은 기업의 성장에 도움이 될 수도 있다.

만약 투자자가 안정성지표에 좀 더 비중을 주고자 한다면, 투자대상을 선정할 때 부채비율 외에 좀 더 구체적으로 살펴봐야 할 항목으로 이자가 발생하는 차입금항목을 들 수 있다. 이자비용을 결정짓는 차입금항목은 그 금액의 크기에 따라서 중요도가 달라진다. 차입금이 지속해서 증가하는 추이를 살펴보는 것과 기업의 재무적인 상황에서 차입금에 대한 의존도는 얼마나 되는지를 살펴보는 것도 필요하다. 영업이익으로 이자비용을 감당할 수 있는지를 판단하는 이자보상배율을 체크하는 것도 좋다.

여기에 한 가지 더 추가하자면, 현금흐름표상 재무활동 현금흐름을 살펴보는 것이다. 부채비율이 전체적인 윤곽을 확인할 때 주로 쓰는 지표라면, 재무활동 현금흐름은 기업의 재무적인 관점에서 현금흐름을 파악할 수 있는 항목이기 때문에 유용하게 쓰인다. 예를 들어 유동성 부족으로 인해 기업이 급하게 자금을 조달해야 하는 상황이라면, 회사는 증자하거나 차입하거나 둘 중의 하나를 선택할 수밖에 없다. 현금유입 증자의 경우는 재무상태표에 자본계정의 자본금 항목과 주식발행 초과금항목을 체크하면 되고, 외부에서 차입하는 경우는 금융기관 차입과 회사채 발행 등의 부채계정을 체크하면 된다. 두 경우 모두 재무활동 현금흐름으로는 +로 표시되고, 투자대상으로서 기업의 정성적인 판단을 할 때 참고하면 된다.

안정성지표에 대해서는 다음과 같이 정리할 수 있다.

1. 부채비율

2. 차입금 비율

❶ 이자 발생 부채: 금융기관으로 대여한 금액이거나 회사채 발행으로 조달한 금액

❷ 차입금 증가율: 전년동기, 전분기 대비 차입금의 증가, 감소를 확인

❸ 이자보상배율: 영업이익으로 이자 총액을 지불할 수 있는지 여부를 확인

❹ 재무활동 현금흐름: 자금조달, 상환에 대한 현금유입과 유출을 표시

지금까지 제1장에서 종목선정기준에 대해 살펴보았다. 종목선정기준에 대해 요약하면 다음과 같다.

첫 번째는 성장성지표이다.

성장성지표의 개념은 주식투자의 본질적 목적인 배당에서부터 출발하였다. 지금 배당을 많이 주는 기업에 투자하는 것이 아니라 지금보다 미래에 배당을 더 많이 줄 기업, 즉 성장하는 기업에 투자하는 것이 핵심이다. 성장하는 기업이라고 해서 실적은 없는데 장밋빛 전망만 있는 그런 막연한 성장기대주가 아니라, 현재 실제로 수익을 많이 내고 있고 미래에는 더 많은 수익을 낼 만한 기업을 말한다.

기업의 성장성지표는 양적성장지표와 질적성장지표로 구분되고 양적성장지표는 매출액증가율, 영업이익증가율, 순이익증가율 3가지 요건이 있고, 질적성장지표는 영업이익률과 순이익률 2가지 요건이 있다. 제1요건부터 제5요건까지 각각 세부 사항을 살펴보았고, 그 결과를 기업의 성장사이클로 구분해서 투자자가 집중해야 할 구간을 살펴보았다.

기업의 성장사이클은 성장초기, 본격성장기, 성장정체기, 쇠퇴기, 4단계로 나뉘며, 단계별로 구분하는 방법과 특징도 함께 살펴보았다. 주식투자자가 가장 선호해야 하는 시기는 본격성장기로 매 분기실적을 체크하면서 성장초기와 본격성장기에 해당하는 기업들을 수시로 모니터링해야 한다. 특히 본격성장기의 기업들은 정성적인 부분도 함께 체크하면서 성장추세가 둔화하거나 정체되는지 여부를 반드시 체크해야 한다.

두 번째는 밸류에이션지표이다.

밸류에이션지표의 개념은 주식투자가 어려운 이유인 가격에서 도출되었다. 적정주가를 산정하기가 어렵기 때문에 기업의 상대가치를 구해서 시장평균, 업종평균과 비교하여 보다 더 싸게 거래되는 기업을 골라내는 데 핵심이 있다. 다른 조건, 즉 성장성이 동일하다면 시장에서 저평가되어 거래되는 기업을 선택해야 한다는 것이다. 밸류에이션지표는 2가지로 '분기영업이익/시가총액'과 '분기순이익/시가총액'이 있다. 이를 구해서 시장평균과 업종평균을 비교해서 저평가된 기업들을 골라내는 것이다.

세 번째는 안정성지표이다.

안정성지표는 주로 부채비율을 사용하고 해당 기업의 부채비율은 시장평균과 업종평균 부채비율을 구해서 높은지 낮은지를 비교하는 것이다. 안정성지표가 시장평균 수준이면 양호하다고 판단할 수 있는 절대기준이다. 시장평균 부채비율 수준이면 괜찮은 수준으로 판단할 수 있고 만약, 시장대비 높은 수준이라면 업종평균 부채비율과 비교하는 것이 필요하다. 이외에 안정성지표로는 차입금과 이자보상배율, 재무활동 현금흐름 등이 있다.

투자자들은 종목선정기준에 의해 이 3가지 지표를 모두 만족시키는 기업을 선택해야 한다. 3가지 지표를 모두 만족시키는 기업은 성장성측면에서 이제 막 본격성장기에 접어드는 기업이고, 밸류에이션측면에서는 시장평균과 업종평균 대비 저평가된 기업이면서, 안정성측면에서 투자해도 재무적으로 전혀 문제가 되지 않는 기업을 의미한다. 투자대상기업을 선정할 때 앞서 살펴보았던 성장성지표, 밸류에이션지표, 안정성지표를 모두 고려하여 종합적으로 판단하여 선정해야 하며, 3가지 주요 지표 중 중요도는 성장성지표(40%), 밸류에이션지표(40%), 안정성지표(20%) 정도이다. 이를 간단하게 표현하자면 〈그림 1-29〉과 같다.

<그림 1-29 > 종목선정기준을 구성하는 공통 지표

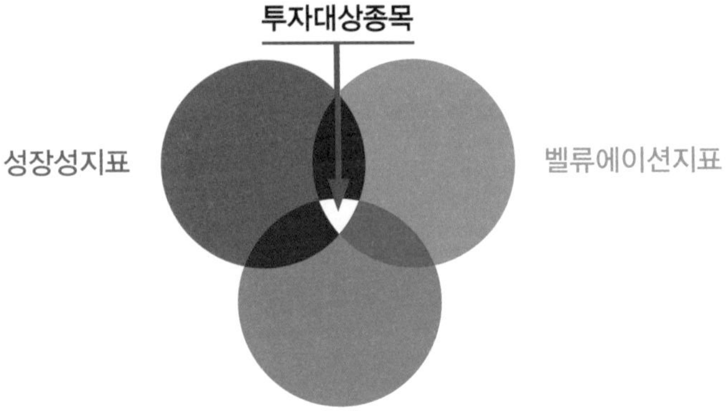

어떤 투자자들은 과연 이런 기업들이 존재하기는 할지 하는 의문을 가지기도 하고 시장에서는 이런 기업을 찾는다는 것이 힘들 것으로 생각할 수도 있겠지만, 이런 기업들은 항상 존재해 왔고 지금도 존재하고 앞으로도 존재할 것이다. 그리고 생각보다 그 숫자가 아주 많다.

세 가지 지표 중에 단연코 가장 기본이 되는 것은 성장성지표이다. 주식의 본질적 특성에서 도출해 낸 성장성지표는 종목선정기준의 출발점이다. 투자의 성공 확률을 높이고자 한다면 투자자들은 성장하는 기업에 투자해야 한다. 가장 기본적인 성장성지표에 대한 중요도는 40%이다. 성장성지표는 가장 기본이 되는 지표이긴 하지만 성장성지표만으로 투자대상을 선정해서는 안 된다. 성장성이 확보된 기업만 투자대상으로 했을 때 상승장에서는 시장보다 월등히 우수한 수익률을 기록할 수 있다. 다만, 상승장을 지나 횡보장이나 하락장에서는 시장보다 많이 부진한 수익률을 기록할 것이다.

세 가지 지표 중에 가장 중요한 지표는 밸류에이션지표이다. 가격으로 인해 주식투자가 어려운 것을 상대가격으로 해결할 수 있기 때문이다. 종목선정기준의 가장 중요한 밸류에이션지표의 중요도 또한 40%이다. 가장 중요한 지표가 밸류에이션지표이긴 하지만 밸류에이션지표만 적용해서 투자대상을 선정했을 때 흔히 말하는 가치투자가 될 수 있다. 시장에서 싼 주식들은 얼마든지 있다. 시장보다 싸거나 업종대비 싼 주식은 널려 있다. 그런 저평가된 주식의 가격이 상승을 시작할 때는 성장성이 확보되는 시점이다. 밸류에이션지표만 기준으로 투자대상을 선정할 때는 투자자의 가장 필요한 덕목은 인내력일 것이다.

마지막으로 종목선정기준의 안전판 역할을 하는 것은 안정성지표이다. 앞의 두 조건을 만족하는 기업이라 할지라도 투자자가 선정한 안정성 요건에 맞는지는 반드시 확인해야 한다. 안정성지표는 필요조건이 아닌 충분조건으로 중요도는 20%이다.

주식투자자들은 세 가지 항목을 모두 충족하는 교집합에 해당하는 기업들을 투자대상으로 선정해야 하며, 투자대상으로 선정된 기업에 대해서는 꾸준히 실적을 모니터링하면서 지속해서 세 가지 요건이 모두 충족되는지 여부를 체크해야 한다.

지금까지 다소 복잡하고 장황하게 종목선정기준에 관해 설명했는데, 막상 이 책을 읽고 나서 재무제표로부터 기업의 실적을 체크하자고 하면 어디서부터 시작해야 할지 다소 막연한 생각이 들 것이다. 실제투자에 적용하려고 재무데이터를 확보하는 것부터 시작하긴 하겠는데, 그걸 어떻게 정리하고 어떻게 관리해야 하는지 감이 잡히지 않을 것이다. 그래서 이것을 한 번에 해결할 수 있는 기업재무현황표를 소개하고자 한다.

기업재무현황표

상장기업이 실적을 발표하면 기업의 성장사이클 4단계 중 어디에 속하는지 시장 내에서 평가받고 있는 기업가치가 어떤지를 한눈에 쉽게 확인할 수 있도록 만든 것이 기업재무현황표이다. 기업재무현황표는 구성항목에 따라서 A type(기본형)과 B type(심화형)이 있는데, 먼저 구성항목이 적고 비교적 간단한 A type(기본형)에 대해서 살펴보자. B type(심화형)은 기회가 되면 차후에 설명하도록 하겠다. A type(기본형)에는 과거 6년간 24개 분기 동안 기업의 재무데이터에 근거하여 양적성장지표인 매출액, 영업이익, 순이익과 그 증가율을 확인할 수 있고, 질적성장지표인 영업이익률과 순이익률도 숫자와 차트로 확인할 수 있다. 또한, 밸류에이션지표인 '영업이익/시가총액', '순이익/시가총액' 수치도 실적발표 시점 종가 기준 시가총액을 산정해서 계산되며, 안정성지표는 분기 말 기준 부채비율이 표시되어 있다. 기업재무현황표의 주요항목은 크게 5가지 카테고리로 구성되었다.

❶ 손익계산서에서 가져온 항목: 매출액, 영업이익, 순이익
❷ 재무상태표에서 가져온 항목: 자산총계, 부채총계, 자본총계
❸ 현금흐름표에서 가져온 항목: 영업활동 현금흐름
❹ 자본변동표에서 가져온 항목: 납입자본금(주식 수)
❺ 기업가치를 평가하기 위한 주요항목: EPS(주당순이익), BPS(주당순자산), SPS(주당매출액), PER(주가수익비율), PBR(주가순자산비율), 시가총액, 주식 수, 수정주가, 영업이익률, 순이익률

〈표 1-3〉은 삼성전자의 기업재무현황표이다. 〈표 1-3〉에서 보는 바와 같이 2018년 1분기부터 2023년 3분기까지 5년 9개월 치 23개 분기의 재무데이터가 기록되어 있다. 이 기업재무현황표는 6년 치 24개 분기까지 기록할 수 있고 투자자의 취향에 맞게 기간을 늘릴 수도 있다.

표의 좌측상단에 있는 재무현황 목록을 보면, 양적성장지표인 매출액, 매출액증가율(YoY), 영업이익, 영업이익증가율(YoY), 순이익, 순이익증가율(YoY)이 표시되어 있고, 그 밑에는 EPS, BPS, SPS, CFPS, 부채비율, ROE 등 기업가치에 대한 항목이 표시되어 있고, 그 밑에는 밸류에이션지표로 주가, 시가총액, 분기영업이익/시가총액(%), 분기순이익/시가총액(%)이 표시되어 있다. 박스 하단부에는 연간매출액, 연간매출액증가율, 연간영업이익, 연간영업이익증가율, 연간순이익, 연간순이익증가율이 표시되어 있다. 개별 항목의 숫자를 확인하는 것도 중요하지만 중요한 항목의 비율과 추이를 확인하는 것이 더 중요하다.

<표 1-3> 삼성전자의 기업재무현황표

1										주식수(천주)			5,969,782,550				종목명				삼성전자			
	2018				2019				2020				2021				2022				2023			
재무현황	1Q	2Q	3Q	4Q	1Q	2Q	3Q	4Q	1Q	2Q	3Q	4Q	1Q	2Q	3Q	4Q	1Q	2Q	3Q	4Q	1Q	2Q	3Q	4Q
매출액(백만 원)	60,563,714,000	58,482,658,000	65,459,993,000	59,265,050,000	52,385,546,000	56,127,104,000	62,003,471,000	59,884,760,000	55,325,178,000	52,996,142,000	66,964,160,000	61,551,508,000	65,388,503,000	63,671,585,000	73,979,187,000	76,565,524,000	77,781,498,000	77,203,607,000	76,781,680,000	70,464,575,000	63,745,371,000	60,005,533,000	67,404,652,000	
증감율(YoY)	20%	−4%	5%	−10%	−14%	−4%	−5%	%	6%	−6%	8%	3%	18%	20%	10%	24%	19%	21%	4%	−8%	−18%	−22%	−12%	
영업이익(백만 원)	15,642,170,000	14,869,035,000	17,574,865,000	10,800,599,000	6,233,282,000	6,597,065,000	7,777,892,000	7,160,270,000	6,447,345,000	8,146,292,000	12,353,238,000	69,047,001,000	9,382,868,000	12,566,745,000	15,817,531,000	13,866,712,000	14,121,409,000	14,097,045,000	10,852,045,000	4,306,131,000	640,178,000	668,547,000	2,433,534,000	
증감율(YoY)	58%	6%	21%	−29%	−60%	−56%	−56%	−34%	3%	23%	59%	26%	46%	54%	28%	53%	51%	12%	−31%	−69%	−95%	−95%	−78%	
순이익(백만 원)	44,688,544,000	11,043,412,000	13,150,715,000	8,462,186,000	5,043,585,000	5,180,576,000	6,287,664,000	5,227,040,000	4,884,926,000	5,555,083,000	9,360,693,000	6,607,130,000	7,141,685,000	9,634,486,000	12,293,331,000	10,837,948,000	11,324,628,000	11,098,805,000	9,389,198,000	23,841,446,000	1,574,600,000	1,723,571,000	5,844,171,000	
증감율(YoY)	52%	0%	17%	−31%	−57%	−53%	−52%	−38%	−3%	7%	49%	26%	46%	73%	31%	64%	59%	15%	−24%	120%	−86%	−84%	−38%	
EPS(원)	7,428				3,640				4,424				6,685				9,323				6,119			
BPS(원)	36,474				38,701				40,624				44,887				52,225							
SPS(원)	40,834				38,595				39,668				46,837				50,607				45394.81241			
CFPS(원)	67,031,863,000				45,382,915,000				65,287,009,000				65,105,448,000				62,181,346,000							
부채비율(%)	37.0%				34.0%				37.0%				40.0%				26.0%				25.0%			
ROE	19.0%				9.0%				10.0%				14.0%				17.0%							
주가	51,300	48,450	38,700	45,100	42,500	44,000	50,300	54,200	51,200	54,200	67,800	82,500	80,600	76,800	74,400	72,100	67,400	58,400	62,600	60,600	70,900	78,500	72,000	
시총(천원)	306,249,844,815	289,235,964,548	231,030,584,685	269,237,193,005	253,715,758,375	262,670,432,200	300,290,062,265	323,562,214,210	305,652,866,560	323,562,214,210	404,751,256,890	492,507,060,375	481,164,473,530	458,479,299,840	444,151,821,720	430,421,321,855	402,363,343,870	348,635,300,920	373,708,397,630	361,768,822,530	423,257,582,795	468,627,930,175	429,824,343,600	
영익/시총	5.1%	5.1%	7.6%	4.0%	2.5%	2.5%	2.6%	2.2%	2.1%	2.5%	3.1%	1.8%	2.0%	2.7%	3.6%	3.2%	3.5%	4.0%	2.9%	1.2%	0.2%	0.1%	0.6%	
누적(영익/시총)	5.1%	10.2%	17.91%	21.9%	2.5%	5.0%	7.6%	8.6%	2.1%	4.6%	7.7%	7.3%	2.0%	4.8%	8.5%	12.0%	3.5%	8.1%	10.5%	12.0%	0.2%	0.3%	0.9%	
순익/시총	3.8%	3.8%	5.7%	3.1%	2.0%	2.0%	2.1%	1.6%	1.6%	1.7%	2.3%	1.3%	1.5%	2.1%	2.8%	2.5%	2.8%	3.2%	2.5%	6.6%	0.4%	0.4%	1.4%	
누적(순익/시총)	3.8%	7.9%	15.5%	16.5%	2.0%	3.90%	5.5%	6.7%	1.6%	3.2%	4.9%	5.4%	1.5%	3.7%	6.5%	9.3%	2.8%	6.4%	8.5%	15.4%	0.4%	0.7%	2.1%	
매출액(연간)	243,771,415,000				230,400,881,000				236,806,988,000				279,604,799,000				302,231,360,000				132,750,904,000			
매출액증기율(연간)	2%				−5%				3%				18%				8%				−59%			
영업이익(연간)	58,886,669,000				27,768,509,000				35,993,876,000				51,633,856,000				43,376,630,000				1,308,725,000			
영업이익증기율(연간)	10%				−53%				30%				43%				−16%				−97%			
순이익(연간)	44,344,857,000				21,738,885,000				26,407,832,000				39,907,450,000				55,654,077,000				3,298,171,000			
Criteria Ⅲ(T.P)	1,634,209				65,606				74,090				94,103				119,468				101,177			
영업이익률	26%	25%	27%	18%	12%	12%	13%	12%	12%	15%	18%	15%	14%	20%	21%	18%	18%	18%	14%	16%	1%	1%	4%	
순이익률	19%	19%	20%	14%	10%	9%	10%	9%	9%	10%	14%	11%	11%	15%	17%	14%	15%	14%	12%	34%	2%	3%	9%	

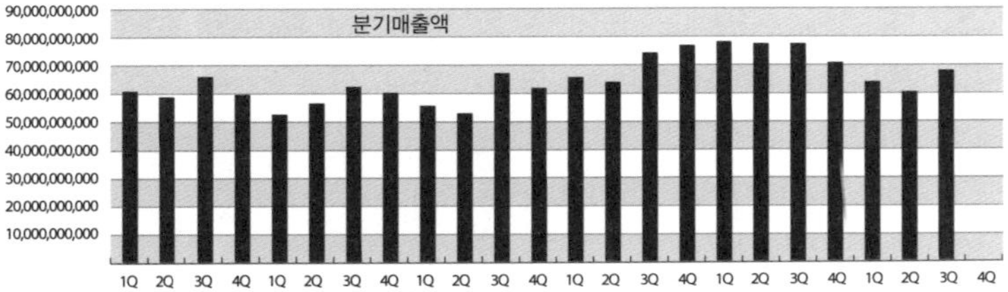

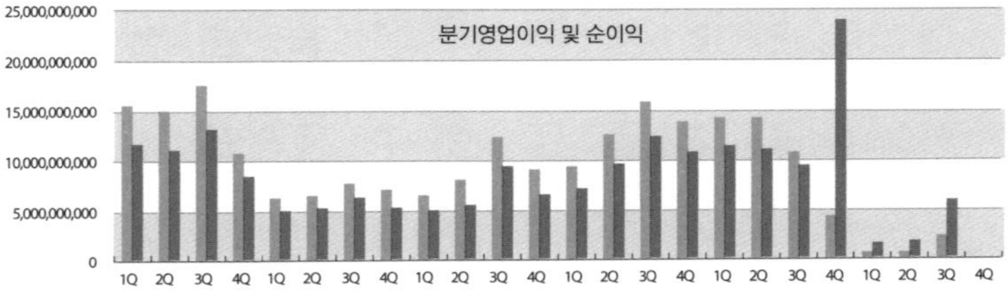

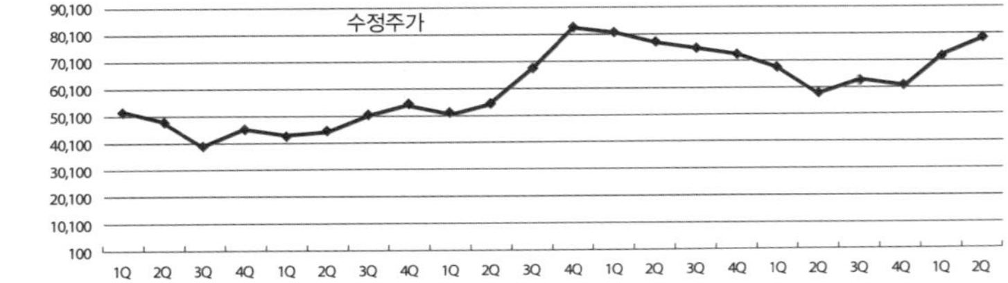

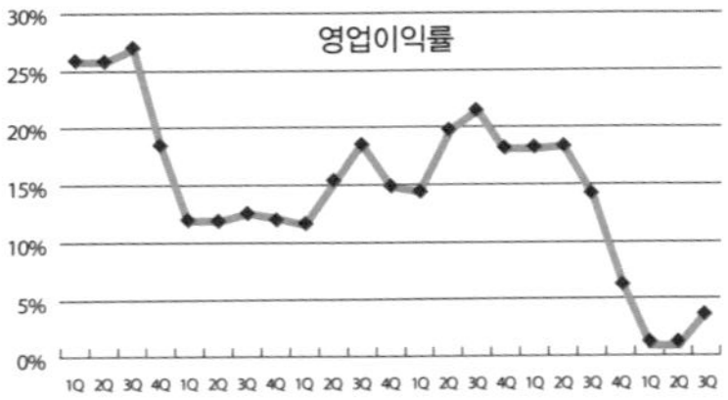

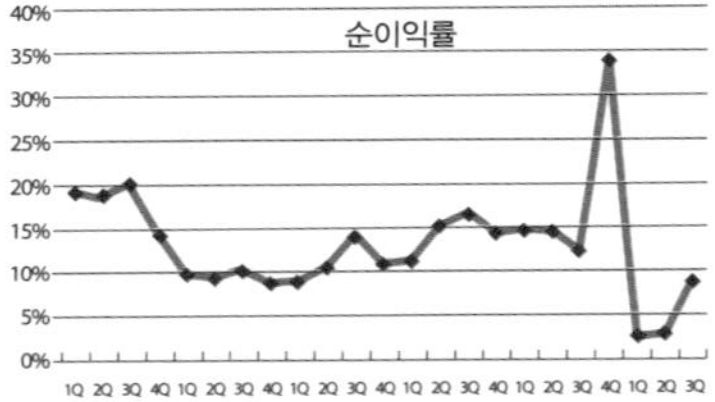

좌측 하단부에 있는 푸른색 막대차트는 분기매출액을, 우측 하단부의 초록색 막대 차트는 분기영업이익, 붉은색 막대 차트는 분기순이익을 표시했다. 좌측 아래 점선 차트는 수정주가를 분기 단위로 표시했고, 우측 아래 점선 차트는 영업이익률과 순이익률을 분기 단위로 표시했다.

이렇게 기업재무현황을 한 장으로 정리해서 분기실적을 관리하면 과거실적과 비교하는 것과 성장추세를 확인하는 것에서부터 밸류에이션지표까지 한눈에 확인할 수 있다. 그러면 삼성전자의 기업재무현황표를 통해서 체크할 수 있는 사항을 좀 더 구체적으로 확인해 보자.

첫째 성장성지표로 매출액, 영업이익, 순이익의 전년동기 대비 증감을 쉽게 파악할 수 있다. 〈표 1-3〉 삼성전자의 경우 2022년 4분기부터 2023년 3분기까지 최근 4개 분기가 매출액과 영업이익, 순이익이 전년동기 대비 큰 폭으로 감소하고 있다. 실적감소의 정확한 숫자는 증감률(YoY)로 표시되어 있고, 하단부 막대 차트로 시각화해서 직관적으로 이해할 수 있다. 삼성전자는 2023년 2분기 분기매출액을 저점으로 3분기에 소폭 반등한 것이 확인되고, 4분기실적을 확인하면 반등추세가 유효한지 알 수 있을 것이다. 영업이익은 금액 측면에서 2023년도 1분기가 바닥을 찍고 점차 회복하는 추세이며, 순이익은 2022년 4분기에 일시적인 이슈로 전년동기 대비 120% 증가하면서 매출액과 영업이익은 감소하는 것과는 반대 양상이 보였다. 이런 경우에 어떤 이유로 순이익이 급증했는지 체크해 봐야 한다. 이후 2023년 1분기부터 순이익이 매출액과 영업이익과 마찬가지로 감소하는 추세가 보이는데 2022년 4분기

순이익 급증은 일시적인 이슈였을 것으로 추정된다. 앞에서도 한번 언급했듯이 순이익이 일시적인 이슈로 증가 혹은 감소하는 것은 주가에 단기적인 영향을 미칠 수는 있지만 장기적인 추세를 변화시키지는 못한다. 그러므로 투자자 입장에서는 일시적인 이슈는 체크하되 너무 심각하게 반응할 필요는 없다.

둘째, 성장성지표 중 질적성장지표인 영업이익률과 순이익률은 우측 하단부 점선 차트로 표시되어 있다. 5년 9개월 23개 분기 동안 영업이익률과 순이익률을 차트로 보면, 삼성전자의 질적성장지표의 변화추이를 확인할 수 있다. 영업이익률은 2022년 4분기부터 하락하기 시작해서 3개 분기 연속 하락했으며 2023년 3분기에 소폭 반등했다. 순이익률은 2022년 4분기에 일시적으로 급증한 후에 하락하고 있으며, 영업이익률과 마찬가지로 2023년 3분기에 소폭 반등하는 모습을 보인다.

셋째, 밸류에이션지표로 EPS, BPS, SPS, CFPS, ROE, 주가, 시가총액이 있다. 이는 삼성전자의 일반적인 재무 정보를 표시한 것이다. 각각의 정보는 1분기부터 4분기까지 분기 수치를 연간으로 합산한 것으로 연간 추이를 숫자로 확인하는 데 유용하다. 주가는 수정주가로 이는 액면분할, 배당, 유무상 증자 등의 이벤트가 모두 반영되어 표시되어 있다. 시가총액은 중앙 상단에 주식 수와 수정주가로 계산되고 표시되어 있다.

종목선정기준의 두 번째 항목 밸류에이션지표인 '분기영업이익/시가총액'과 '순이익/시가총액'이 시가총액란 밑에 표시되어 있고, 분기 합산이 각각 그 밑에 표시되어 있다. 삼성전자의 경우 2023년 1, 2, 3분기 '영업이익/시가총액'의 합산은 0.8%로 시가총액은 447조 7,000억 수준인데, 3분기까지 누적 영업이익은 3조 7,000억 수준으로 이를 연간으로 환산했을 때, 영업이익기준 주가수익비율(PER)은 80배 정도로 시장평균 PER 대비 8배 정도 고평가되어있다고 할 수 있다. 물론 삼성전자는 반도체 업황이 회복되면서 밸류에이션이 빠른 속도로 정상화되겠지만, 현재 시점에 상대가격을 평가했을 때 수치상으로 그 정도라고 할 수 있다. 또한, 2023년 1, 2, 3분기 '순이익/시가총액'의 합산은 2.0% 수준으로 이를 연간으로 환산했을 때, 순이익 기준 주가수익비율(PER)은 33배 정도로 시장평균 PER 대비 3.3배 정도 고평가 되어있다. 기업재무현황표에서는 '영업이익/시가총액'과 '순이익/시가총액'을 시장 PER과 서로 비교하면서 기업의 가치 평가지표로 활용하는 것이 유용한다.

넷째, 안정성지표인 부채비율은 표의 중앙에 분기 말 기준으로 표시되어 있다. 삼성전자의 경우 지난 6년간 부채비율이 50% 미만으로 시장평균 150%보다 아주 낮은 수준이다. 반도체업종이나, 전기·전자업종과 비교해도 상당히 낮은 수준이다. 안정성지표인 부채비율은 기업의 재무적 안정성을 일차적으로 확인할 수 있는 다소 포괄적이지만 시장평균과 비교했을 때 양호하다면 기업의 재무안정성은 확인되었다고 할 수 있다. 물론 투자대상으로 선정된 기업이라면 좀 더 자세히 안정성지표를 확인해야 할 것이다.

기업재무현황표를 통해 삼성전자를 판단했을 때, 성장성지표인 기업의 성장사이클 4단계인 쇠퇴기가 지속되고 있으며, 밸류에이션지표인 '분기영업이익/시가총액', '분기순이익/시가총액'은 시장평균과 업종평균 대비 고평가 상태에서 거래되고 있고, 안정성지표인 부채비율은 25%로 시장평균, 업종평균보다 매우 낮은 수준이다. 따라서 현재 시점에서 삼성전자를 투자대상으로 선정하기는 힘들다. 물론 이는 반도체 업황 회복에 대한 전망과는 전혀 별개로 실적의 추세만 놓고 판단했기 때문에 애널리스트나 펀드매니저가 업황 전망을 기본으로 한 판단하는 기준과는 다를 수 있다.

이렇게 기업재무현황표를 통해서 기업의 성장성지표와 밸류에이션지표, 안정성지표를 확인했다면 투자대상으로 선정할 수 있을지 여부를 종합적으로 판단하면 된다.

2001년부터 2023년 현재까지 주식시장에서 투자대상으로 선정된 기업들의 일반 공통점은 다음과 같다.

1. 성장성지표(본격성장기에 접어드는 기업)

❶ 매출액이 2개 분기 연속적으로 30% 이상 증가한다.

❷ 영업이익이 2번째 분기부터 20% 이상 증가한다.

❸ 순이익이 2번째 분기부터 20% 이상 증가한다.

❹ 영업이익률은 과거 4년(16개 분기) 평균 대비 높은 수준을 유지한다.

❺ 순이익률은 과거 4년(16개 분기) 평균 대비 높은 수준을 유지한다.

2. 밸류에이션지표(상대가격이 시장평균, 업종평균보다 싼 기업)

❶ 분기영업이익/시가총액=6% 이상(1년 누적 영업이익/시가총액=20% 이상)

❷ 분기순이익/시가총액=5%이상(1년 누적 순이익/시가총액=16%이상)

3. 안정성지표

❶ 부채비율이 시장평균 150% 이내일 것

❷ 업종에 따라 부채비율이 업종평균 부채비율보다 낮을 것

포트폴리오 구성

지금까지 살펴본 종목선정기준으로 투자대상을 선별하는 과정을 거쳐서 여러 개의 기업을 골라서 하나로 묶으면 투자 포트폴리오가 된다. 종목선정과정을 통해 선택한 기업들의 공통점은 성장성지표상으로는 모두 본격성장기에 해당하고, 밸류에이션지표상으로는 시장대비, 업종대비 저평가된 기업들이며 안정성지표로 부채비율이 시장평균 수준 이하인 기업들이다.

포트폴리오에 편입하는 투자대상을 선정할 때는 앞에서 언급한 본격성장기의 두 가지 유형 중에 성장초기에서 이제 막 본격성장기로 접어드는 기업을 주로 선택하도록 한다. 하지만 한창 본격성장기가 진행 중인 기업을 뒤늦게 알게 되었다면, 밸류에이션지표로 이 기업의 상대 가치를 구해서 판단해야 한다. 만약 선정된 기업이 시장대비, 업종 내 경쟁사 대비 고평가 상태라면, 주가가 조정받을 때까지 기다렸다가 분할 매수하는

방법으로 접근해야 할 것이고 현재 시점에서 시장대비, 경쟁사대비 저평가 상태라면, 바로 매수를 하는 것도 괜찮을 것이다. 그러면 지금부터 포트폴리오 구성방법에 대해 좀 더 구체적으로 살펴보자.

포트폴리오는 투자자의 투자성향과 접근방법에 따라 다양하게 구성할 수 있다.

첫째는 산업별로 구분해서 포트폴리오를 구성하는 것이다. IT 업종, 자동차업종, 조선, 철강, 화학, 서비스, 내수 소비재, 금융업종 등 업종별로 구분해서 본격성장기에 해당하는 기업들을 1~2종목씩 선정해서 포트폴리오를 구성하는 것이다. 업종별로 구분해서 포트폴리오를 구성하면 자동으로 위험이 분산되는 효과를 누릴 수 있다. 한국 주식시장을 구성하는 주요 업종만 대상으로 해도 20~30개 종목은 될 것이다.

두 번째는 시장전체를 대상으로 특정 종목 수를 정해서 업종에 상관없이 포트폴리오를 구성하는 것이다. 시장전체를 대상으로 종목선정기준을 적용하다 보면 시가총액의 크기와 관계없이 모든 기업이 대상 범위에 포함되므로 대상기업이 많아진다. 종목선정기준 대상이 많아지면 그중에서 포트폴리오로 편입될 대상을 고르는 작업이 매우 어렵고 시간이 오래 걸리지만, 그렇기 때문에 시장에 잘 알려지지 않은 원석 같은 기업을 골라낼 수도 있다. 만약 시장전체를 대상으로 하지 않고 일부 제한을 둔다면 시가총액 1,000억 이상, 혹은 시가총액 5,000억 이상 이렇게 시가총액 크기를 기준으로 나눌 수도 있다. 시장전체를 대상으로 할 때는 포트폴리오 구성 종목 수가 중요할 것이다. 10종목 이내로 할 것인지 아니면 20~30개 종목으로 할 것인지를 투자자가 정해야 할 것이다. 일반적으로 개인투자자의 경우라면 10~15개 종목 정도로 포트폴리오를 구성한다면 괜찮을 것이다.

세 번째는 국가별로 포트폴리오를 구성하는 것이다. 국가별로 포트폴리오를 구성하는 것은 종목선정기준을 적용할 대상이 한국을 벗어나서 해외시장까지 포함하는 것이기 때문에 그 대상이 훨씬 많아진다. 대상을 해외시장까지 확장하는 것은 재무데이터 확보 문제가 선결 조건이라 쉽지 않을 것이다. 하지만 그 부분이 해결되고 국가별로 포트폴리오를 넓힐 수 있다면 훨씬 더 안정적인 수익을 올릴 수 있을 것이다. 포트폴리오 대상을 해외시장까지 확장할 정도라면 투자자금이 어느 정도 이상이 되어야 할 것이다. 해외시장에서도 종목선정기준을 적용할 수 있는지는 제3장 Test Simulation을 보고 판단하면 될 것이다.

이 외에도 포트폴리오를 구성할 방법은 다양하고 그 수도 많다. 구체적인 방법과 종목 수는 투자자가 본인의 투자성향과 전략에 따라 적절하게 고민하고 선택하면 될 것이다. 여기에도 정답은 없다. 다만 여기서는 종목선정기준에 따라 투자대상을 선정할 때 포트폴리오를 어떤 전략으로 구성할 것인지에 관해 설명하도록 하겠다.

포트폴리오 구성방법과 운용전략

투자자 입장에서 주식투자에서 원하는 것은 정해져 있다. 바로 수익이다. 주식투자를 통해서 수익을 얻는 것이 목적이다. 정답은 이렇게 정해져 있지만 정답을 찾아가는 과정에는 정답이 없다. 주식으로 수익을 내는 방법은 수없이 많다. 초단타 매매나 단기 매매로 수익을 낼 수도 있고 중기 혹은 장기투자로도 수익을 낼 수도 있다. 현물과 선물의 가격 차이를 이용한 차익거래로 수익을 낼 수도 있고, 차트 매매로 수익을 낼 수도 있다. 뉴스나 이벤트가 있을 때마다 이벤트-드리븐(Event-Driven) 전략으로 수익을 낼 수 있고 한 종목 집중투자로 수익을 낼 수도 있으며, 100종목 분산투자로도 수익을 낼 수 있다. 가치투자 방식으로 수익을 낼 수도 있고, 모멘텀(Momentum) 투자로도 수익을 낼 수 있다. 이처럼 수익을 내는 방법이 수도 없이 다양한 만큼 정답이 있을 수 없고, 투자자가 본인의 투자성향에 맞는 방법을 찾아서 목표하는 바를 이루어 나가면서 해답을 찾으면 된다. 그런 의미에서 투자자 입장에서 수익을 내는 방법의 하나로 포트폴리오를 구성하는 방법을 제시하고자 한다.

해답을 얻기 위해 좀 더 세부적이고 전략적인 접근이 필요하다. 여기서 고려해야 할 것은 투자자 본인이 목표수익을 달성하기 위해 감당할 수 있는 리스크 범위를 설정하는 것이다. 한 개의 종목에 집중투자 하는 투자자는 목표수익을 높게 잡을 것이다. 다만 그 투자자는 개별 종목의 주가 변동성을 감당해야 하는 리스크 범위도 넓게 가져가야 한다. 종목 수를 2종목으로 늘리면 리스크가 분산되기 때문에 감당해야 할 리스크 범위도 감소할 것이다. 종목 수를 정하는 것과 감당할 리스크 범위를 정하는 것도 투자자 본인이 직접 해야 한다. 예를 들면 어떤 투자자는 5종목으로 목표수익률이 연 40%라고 한다면 감당해야 하는 리스크 범위는 -20% 정도로 정해 놓는 것이다. 또는 10종목으로 연 15% 정도의 목표수익을 정한다면 감당할 리스크는 8% 정도로 정하는 것이다. 목표수익률이 5% 정도라고 한다면 이 투자자는 굳이 주식투자를 할 필요 없이 리스크가 없는 은행의 정기예금이나 적금으로 목표 달성이 가능하다. 즉 목표하는 투자수익률이 높으면 높을수록 감당해야 할 리스크 범위도 커지는 것이다. 따라서 1년이라는 기간 동안 투자자 본인이 기대하는 목표수익률과 감당할 수 있는 리스크 범위를 설정하고 그에 따라 포트폴리오 구성방법과 운용 전략을 수립할 필요가 있다.

지금부터 이 책에서 적용한 포트폴리오 구성방법에 대해 간단히 설명하도록 하겠다.

첫째, 포트폴리오 구성은 2013년 12월 말 기준, 한국 주식시장에 상장되어있는 전체 2,300여 개 종목을 대상으로 하였다. 통상적으로 자산운용사에서 실제 포트폴리오(AP, Actual Portfolio)를 확정하기 전에 투자유니버스를 먼저 구성하며, 이것은 전체 상장종목 중에 해당 운용사가 펀드에 편입할 수 있는 투자 가능 기업들만 모아 놓은 것이다. 여기에는 관리종목, 거래정지종목, 일평균거래량이나 거래금액이 특정 기준에 미달하는 종목, 시가총액이 1,000억 미만의 종목, 3년 연속 적자 종목 등 여러 가지 제한 사항들이 있어, 투자 불가 대상기업은 자동으로 걸러진다.

하지만 이 책에서는 몇 가지 제한 사항만 두고 상장된 모든 기업을 투자 가능 기업으로 분류하였다. 제한 사항으로는 관리종목과 거래정지종목은 제외하고, 부채비율이 과도하게 높은 기업도 제외하였다. 이런 일반 제한사항 외에는 어떤 기업도 편입할 수 있도록 시장전체를 투자유니버스로 정하였다. 이렇게 제한 사항을 정해 놓은 이유는 한때 부실했던 기업이라도 턴어라운드 하면서 실적이 좋아지면 투자대상으로 포함될 수 있도록 하기 위해서이다.

포트폴리오 구성 종목 수는 50종목으로 정했다. 주식 투자종목 수로 비교적 많은 50종목으로 포트폴리오를 구성하게 된 이유는 실증적 통계 결과로 50종목 포트폴리오가 수익률과 수익 변동성 측면에서 가장 우수했기 때문이다.

Test Simulation은 제3장에서 소개할 부분으로 간단히 언급하자면, 포트폴리오 구성에 있어서 미리 정해 놓은 특정 방식으로 운용하는 것이 아니라, 기본가정을 세워놓고 수없이 많은 Back Test를 통해서 가장 우수한 결과가 나온 것을 귀납적으로 채택한 것이다. Test Simulation은 Back Test와 Forward Test를 모두 포함하여 포트폴리오 구성 종목 수로 최저 5종목부터 100종목까지 2종목 단위로 테스트를 진행해서 가장 우수한 결과가 나온 50종목을 포트폴리오로 구성한 것이다. 일반 개인투자자가 하기엔 다소 무리가 있는 방식이긴 하나, 제3장에서 확인할 부분은 수익률 결과와 통계 결과이다. 포트폴리오 구성 종목 수를 50개로 확정지으면서 종목당 편입 비율은 2%씩 균등 배정 방식을 채택하였다.

통상적으로 액티브 펀드(Active Fund)를 운용하는 매니저가 시가총액 방식을 적용하는 것과는 달리, 필자는 어떤 특정 종목에 비중을 많이 두는 방식보다는 모든 종목을 동일한 비율로 편입하면서 특정 종목으로 인한 수익률 편중 현상을 방지하는 방식을 채택하였다.

포트폴리오가 구성되면 다음 분기실적이 나올 때까지 3개월 동안 보유하도록 하였다. 다음 분기실적이 확정되어 새로운 포트폴리오가 구성되면 리밸런싱(Rebalancing)을 시작하는데, 통계적으로 50종목 중에서 10~20개 종목은 그대로 유지되고 30~40개 종목은 교체된다.

목표수익률을 별도로 정해놓은 것은 아니지만 실제투자와 Test Simulation을 진행하면서 평균적으로 분기에 8~10% 정도 수익률이 나왔기 때문에 그 정도를 기대수익으로 정해놓았다. 리스크 관리를 위한 종목별 로스컷 기준은 별도로 정해놓지 않고, 펀드 로스컷(Fund Loss-Cut) 기준만 정해놓았다. 이 부분도 Test Simulation의 결과를 참고로 정한 기준으로, 포트폴리오 보유기간인 3개월 동안 로스컷 상황이 생겼을 때 종목별로는 손절하는 것보다 그대로 홀딩하는 것이 수익률 결과가 좋게 나왔으며, 금융위기와 같은 시장의 충격이 있는 경우에는 펀드 로스컷으로 대응하는 것이 수익률 관리 차원에서 유리한 결과가 나왔기 때문이다.

포트폴리오 구성에 대한 결과는 제2장 실제투자와 제3장 Test Simulation에서 자세히 살펴보도록 하자.

지금까지 종목선정기준과 이 기준을 근거로 선정된 포트폴리오 구성방법에 대해 살펴보았다. 제1장을 간략히 정리해 보면 다음과 같다.

종목선정기준을 설명하기 전에 투자의 개념과 주식이 언제 어떻게 생겨났는지 그 시작에 대해 살펴보았고, 주식을 채권과 비교하면서 쉽게 알아보았다. 주식투자가 왜 어려운지, 그리고 주가에 영향을 미치는 요인들이 기업의 실적과 밀접하게 연관되어 있다는 것도 확인했다. 또한, 기업의 재무제표에서 확인해야 하는 여러 항목에 대해서 살펴보았으며, 기업의 성장성은 양적성장지표와 질적성장지표로 나눠서 체크할 수 있다는 것도 확인했다.

종목선정기준의 첫 번째 항목은 성장성지표로 주식의 본질적 특성인 배당으로부터 도출해 냈고, 성장성지표를 구성하는 항목에 대해 자세히 살펴보았다. 성장성지표의 세부적인 사항들은 기업의 실적을 통해서 확인할 수 있다. 그리고 재무제표를 통해서 기업의 성장사이클을 살펴보았다. 기업의 성장사이클은 성장초기, 본격성장기, 정체기, 쇠퇴기 4단계로 나뉘고 단계별로 특징과 재무제표의 실적으로 구분하는 방법까지 살펴보았다.

종목선정기준의 두 번째 항목인 밸류에이션지표는 시장에서 거래되는 주식의 가격에서 그 개념을 도출해 냈고, 기업의 상대가격을 구해서 시장평균과 업종평균과 비교해서 싼 기업을 선택해야 한다고 하였다. 그리고 밸류에이션지표는 두 가지 '영업이익/시가총액'과 '순이익/시가총액'으로 상대가치를 비교적 쉽게 구할 수 있다는 것도 확인했다.

종목선정기준의 세 번째 항목은 안정성지표로 투자대상기업의 재무적 안정성을 확인하는 지표로, 부채비율을 중심으로 이자가 발생하는 차입금 위주로 살펴보는 것이 필요하며, 시장평균, 업종평균과 비교하면서 확인하는 것을 알아보았다.

이러한 기준들을 모두 반영하여 기업재무현황표를 만들어서 쉽고 빠르게 개별기업의 재무현황을 파악할 수 있도록 방법까지 제시하였다. 기업재무현황표는 개별기업의 과거 6개년 치 실적을 분기 단위로 나눠서 기록하여 해당 기업의 과거와 현재를 비교할 수 있도록 하였고, 다른 기업들과 상대평가도 가능하게 하였다. 그리고 종목선정기준에 의해 투자대상이 될 만한 기업을 고를 때, 지난 2001년부터 지금까지 선정된 기업의 공통적인 부분까지 자세히 나열하여 투자에 참고가 되도록 하였다.

마지막에는 이러한 종목선정기준으로 개별기업을 선택해서 투자대상군을 모아 포트폴리오를 구성하는 방법에 대해 살펴보았다. 포트폴리오로 구성되는 종목의 공통점은 모든 기업이 본격성장기에 해당하는 기업을 골라낸 것과 밸류에이션지표에 의해 시장대비, 업종대비 저평가된 기업을 골라내는 것이 핵심이다. 이러한 기업들만 모아서 포트폴리오를 구성했을 때, 시장대비 초과수익을 올릴 수 있고 수익의 변동성을 줄일 수 있다.

A Way to Wealth FMWAY

chapter 02

실제투자

종목선정기준과 이를 기반으로 포트폴리오를 구성해서 실제투자한 결과에 관해 설명하고 있다. 실제투자 결과 없이 이론적인 부분만 언급하거나 가상투자 결과만 놓고 얘기한다면 투자모델에 대한 신뢰성이 많이 떨어질 것이다. 실증적 검증을 위해 2014년 5월 16일부터 2024년 2월 15일까지 9년 9개월 동안의 누적수익률과 연도별 수익률 현황을 비교적 자세히 설명하고 있다.

실제투자

그렇다면 지금부터 지난 10년 동안 한국의 상장기업을 대상으로 성장성지표, 밸류에이션지표, 안정성지표의 조건을 모두 충족하는 기업을 골라서 포트폴리오를 구성하고 투자를 진행했을 때, 실제투자 결과에 관해서 그 수익률이 어떻게 나왔는지를 설명하도록 하겠다.

제1장의 종목선정기준과 포트폴리오 구성방법은 2010년부터 2014년까지 약 5년 동안 주식투자에 대한 오랜 고민과 연구 끝에 나온 결과물이다. 2014년 5월에 이르러서야 그동안의 연구 결과를 토대로 실제투자를 진행할 수 있었다. 지금부터는 제1장에서 설명한 종목선정기준으로 투자대상을 선정하고 포트폴리오를 구성해서 2014년 5월 16일부터 2024년 2월 15일까지 실제투자를 진행하고 있는 결과에 대해 설명하도록 하겠다. 먼저 실제투자에 대해서 설명을 하기 전에 실제투자를 시작하면서 정한 일반 원칙을 설명하겠다.

1. 모든 상장기업의 실적은 연결재무제표를 기준으로 하고 연결재무제표가 없는 기업은 개별재무제표로 한다.

2. 상장기업의 실적은 발표가 마무리되는 시점에 모든 데이터를 일괄적으로 취합한다. 상장기업들은 1분기실적 마감일 3월 31일로부터 45일 후까지 투자자들에게 공시하게 되어있다. 2, 3분기실적도 동일하다. 단, 4분기실적은 연간 실적 마감과 겹치기 때문에 D+60일까지 발표하게 되어있다.
   ❶ 1분기(1,2,3월) 실적 발표 기한(D+45일): 5월 15일
   ❷ 2분기(4,5,6월) 실적 발표 기한(D+45일): 8월 16일
   (8월 15일이 공휴일이라 다음날)

❸ 3분기(7,8,9월) 실적 발표 기한(D+45일): 11월 15일
❹ 4분기(10,11,12월) 실적 발표 기한(D+60일): 2월 15일
(2월 28일까지이지만, 2월 15일 전후로 대상을 선정)

3. 기한 내 실적을 발표한 기업들만 투자대상으로 한다. 기한까지 실적을 발표하지 않은 기업은 제외한다.

4. 실적 발표한 기업들의 재무데이터를 일괄적으로 확보하여 종목선정기준으로 적용하고 포트폴리오를 구성한다.

5. 포트폴리오 구성은 50종목으로 하고 종목당 균등배분 방식으로 2%씩 투자한다.

6. 포트폴리오 보유 기한은 3개월로 하고, 3개월 후 다음 분기실적이 발표되면 새로운 포트폴리오로 변경한다.

7. 포트폴리오 선정이 완료되면 매도, 매수는 일괄적으로 진행한다.
❶ 1분기 포트폴리오: 5월 15일 실적 발표 자료 취합 후 5월 16일 매수, 8월 14일 매도
❷ 2분기 포트폴리오: 8월 16일 실적 발표 자료 취합 후 8월 16일 매수, 11월 15일 매도
❸ 3분기 포트폴리오: 11월 16일 실적 발표 자료 취합 후 11월 16일 매수, 2월 15일 매도
❹ 4분기 포트폴리오: 2월 28일 실적 발표 자료 취합 후 2월 16일 매수, 5월 15일 매도

8. 포트폴리오 구성 프로세스
❶ 분기실적 발표 최종일에 상장기업 전체 재무데이터 취합(Financial Raw Data 확보)
❷ 종목선정기준에 의해 성장성지표, 밸류에이션지표, 안정성지표에 부합한 투자대상기업을 선정
❸ 포트폴리오 50종목은 종목별로 기업재무현황표를 통해 Review 진행
❹ 종목당 2%씩 배분하여 포트폴리오 매수/매도 진행
❺ 포트폴리오(50종목) 3개월 보유 이후 포트폴리오 교체

이상 8가지의 원칙은 지난 10년간 실제투자를 진행하면서 지켜온 일반 원칙들이다. 다른 원칙들은 이해하기 쉬운데 왜 포트폴리오를 50종목으로 정했는지에 대한 궁금증이 있을 수 있다. 포트폴리오 구성 종목 숫자가 50종목이라고 하면, 대부분 사람이 종목 수가 너무 많다고 얘기하고 50종목으로는 수익이 나지 않을 것이라고 의구심을 표시하기도 한다. 포트폴리오를 50종목으로 정한 것은 특별한 이유가 있어서 그렇게 정한 것이 아니라, 앞에서 언급했듯이 실증적 통계 결과를 보고 정한 숫자일 뿐이다. 그리고 다음 장에서 언급하는 Test Simulation을 통해서 50종목으로 구성된 포트폴리오가 다른 종목 수로 구성된 포트폴리오보다 수익률이 가장 높았고 수익의 변동성이 가장 낮았기 때문이다.

지난 2001년부터 2014년까지 과거 재무데이터로 Back Test를 진행하면서 5종목부터 100종목까지 종목 수를 다르게 하여 수익률과 변동성 결과를 따져보았을 때, 가장 수익률이 높았고 수익의 변동성이 낮은 포트폴리오 종목 수는 50종목이었다. 그래서 포트폴리오 구성을 50개 종목으로 정했다. 또 같은 이유로 종목당 편입비도 2%씩 균등 배분 비율로 적용하게 되었다. 만약에 30종목이 더 높은 수익률과 더 낮은 변동성 결과가 나왔다면 30종목으로 종목당 3.3%씩 균등배분방식을 적용했을 것이다. 이 Test Simulation에 대해서는 다음 장에서 자세히 설명하도록 하겠다.

이와 같은 투자 프로세스에 관한 일반 원칙을 준수하면서 실제투자는 2014년 1분기(1, 2, 3월) 실적을 취합하여 실제투자는 5월 16일부터 시작하였다. 2024년 2월 15일까지 9년 9개월 39개 분기 동안 투자했고, 2024년 3월 말 현재 40분기째 투자가 진행 중이다. 여기서는 40번째 투자는 현재 진행 중이기 때문에 평가대상에서 제외하고, 결과가 나온 39개 분기까지만 실제투자 결과로 설명하도록 한다.

수익률 계산은 분기 복리로 진행했다. 다시 말하면 최초 원금을 1억 원으로 투자한다고 했을 때, 3개월 후 수익이 생기면 원금에 수익금을 포함하여 다음 분기의 원금으로 하였고, 손실이 발생하면 손실 금액이 반영된 금액으로 다음 분기 원금으로 재투자를 진행하였다. 그리고 이것을 분기마다 반복하였다. 또한 포트폴리오 50종목의 수익률과 KOSPI, KOSDAQ 수익률 동일하게 계산하였다. 즉 1억 원의 자금으로 Long Only 포트폴리오 50종목에 투자한 경우, KOSPI 지수에 투자한 경우, KOSDAQ 지수에 투자한 경우, 그리고 Long Short 포트폴리오 50%, KOSDAQ 지수 인버스에 50% 투자한 것으로 모두 동일한 조건을 가정하였다.

50종목의 Long Only 포트폴리오(주식현물을 100% 편입한 포트폴리오)는 실제 자금을 투자하여 수익률을 확인하고 있으며, KOSPI 지수와 KOSDAQ 지수, Long Short 포트폴리오(주식현물 50% 투자, 지수 ETF 인버스 50% 투자한 포트폴리오)는 실제 자금을 투자하지는 않고, 수익률 비교를 위해 가상으로 투자를 진행하였다. Long Short 포트폴리오에 KOSDAQ 지수 인버스를 편입시킨 이유는 50종목으로 포트폴리오를 구성했을 때, KOSPI 지수보다 KOSDAQ 지수와 상관관계가 더 높았기 때문에 Short 포지션으로 KOSDAQ 지수 인버스를 편입했다. 이는 50종목 중에 코스닥 종목 수가 코스피 종목 수보다 많이 편입되어서 KOSDAQ 지수와 상관관계가 더 높게 나온 것으로 판단된다. 따라서 포트폴리오 수익률과 상관관계가 높은 Index를 Short 포지션으로 구성해서 지수 하방에 대한 리스크를 분산하려고 했다. 실제투자의 누적수익률은 아래 표와 같다.

<표 2-1 > 연도별 실제투자수익률표

		2014	2015	2016	2017	2018	2019	2020	2021	2022	2023	누적
수익률	Long Only	113.92%	48.24%	16.11%	45.87%	15.29%	13.21%	128.95%	10.12%	-1.40%	6.51%	1,922.76%
	Long Short	34.28%	23.82%	12.82%	6.99%	19.50%	7.52%	32.18%	8.98%	3.09%	-0.99%	294.79%
KOSPI		5.27%	-7.83%	15.83%	5.71%	-15.47%	-7.68%	56.71%	-15.76%	-6.45%	7.16%	30.43%
KOSDAQ		24.98%	-2.67%	-9.06%	26.29%	-18.51%	-3.61%	37.95%	-9.25%	-7.32%	8.48%	48.99%

〈표 2-1〉은 지난 2014년 5월 16일부터 2024년 2월 15일까지 9년 9개월 동안 총 39개 분기 50종목의 포트폴리오 연간 수익률과 누적수익률을 기록한 표이다. 누적수익률은 1,922.76%이다. 동일 기간 KOSPI 수익률은 30.43%, KOSDAQ 수익률은 48.99%이다. 만약 2014년 5월 16일에 1억 원으로 포트폴리오 50종목에 투자를 시작했다면, 9년 9개월 만에 19.2억 원 정도 되었다는 것이다.

주목할 것은 어느 특정 연도에 높은 수익률이 나온 것이 아니라 10년간 거의 매년 두 자릿수 이상의 높은 수익률이 나왔다는 것이다. 물론 2014년 113%와 2020년 128%의 높은 수익률이 나온 해가 2년 있긴 했지만 중요한 것은 전반적으로 매년 시장대비 꾸준히 높은 수익률이 나왔다는 것이다. 아마 주식시장에서 이러한 구체적 근거 없이 50종목으로 이 정도로 높은 수익률이 나왔다고 하면 대부분의 투자자는 이 결과를 믿지 못할 것이다.

포트폴리오가 연간으로 손실이 난 것은 2022년 -1.40%로, 2022년도 KOSPI 수익률은 -6.45%, KOSDAQ 수익률은 -7.32%이다. 시장수익률이 하락했을 때를 살펴보면 2015년, 2018년, 2021년, 2022년 4년이었으며, 포트폴리오 수익률은 2015년 48.2%, 2018년 15.2%, 2021년 10.1%, 2022년 -1.4% 시장수익률 대비 성과가 매우 우수했다.

다음 페이지의 〈표 2-2〉는 현재 운용되는 2023년 4분기 포트폴리오를 포함하여 총 40개분기의 포트폴리오 50종목의 분기별수익률과 시장수익률(KOSPI, KOSDAQ)을 분기와 누적으로 기록한 표이다. 2023년 4분기 포트폴리오는 2024년 3월 31일 현재 진행중이기 때문에 제외하고, 39개 분기만 대상으로 정리해 보면 다음과 같다.

50종목 포트폴리오로 손실이 난 분기는 2016.2Q(-3.13%), 2016.3Q(-1.04%), 2018.1Q(-6.64%), 2018.2Q(-12.21%), 2019.1Q(-4.56%), 2019.4Q(-4.82%), 2021.2Q(-3.05%), 2021.3Q(-1.78%), 2022.1Q(-8.37%), 2022.2Q(-4.72%), 2023.2Q(-1.78%) 이상 11번이고, 나머지 28개 분기는 수익을 기록하고 있다. 분기에 수익이 난 확률은 71.8%이며 분기에 손실이 난 확률은 28.2%이다.

<표 2-2 > 분기별 실제투자수익률표

NO	Period	Portfolio	KOSPI	KOSDAQ	Portfolio 누적	KOSPI 누적	KOSDAQ 누적
1	2014.1Q	12.66%	2.47%	0.11%	12.66%	2.47%	0.11%
2	2014.2Q	11.22%	-5.26%	-2.91%	25.30%	-2.92%	-2.81%
3	2014.3Q	35.98%	0.64%	12.20%	70.38%	-2.30%	9.05%
4	2014.4Q	25.55%	8.28%	14.60%	113.92%	5.79%	24.97%
5	2015.1Q	13.11%	-5.84%	3.68%	141.96%	-0.38%	29.57%
6	2015.2Q	7.84%	-0.51%	-8.32%	160.93%	-0.89%	18.79%
7	2015.3Q	1.74%	-4.16%	-5.74%	165.47%	-5.01%	11.97%
8	2015.4Q	22.17%	4.17%	10.93%	224.33%	-1.06%	24.22%
9	2016.1Q	11.32%	4.20%	0.53%	261.04%	3.10%	24.87%
10	2016.2Q	-3.13%	-3.58%	-11.11%	249.74%	-0.59%	11.00%
11	2016.3Q	-1.04%	5.26%	-1.89%	246.10%	4.64%	8.90%
12	2016.4Q	8.07%	9.81%	4.4.%	274.03%	14.90%	13.69%
13	2017.1Q	6.04%	1.69%	-1.52%	296.62%	16.85%	11.96%
14	2017.2Q	4.42%	7.60%	19.14%	314.15%	25.73%	33.39%
15	2017.3Q	10.43%	-4.46%	8.69%	357.35%	20.13%	44.98%
16	2017.4Q	20.83%	2.24%	1.26%	452.62%	22.82%	46.81%
17	2018.1Q	-6.64%	-8.17%	-10.39%	415.92%	12.79%	31.55%
18	2018.2Q	-12.21%	-6.82%	-10.48%	352.93%	5.10%	17.76%
19	2018.3Q	19.34%	4.96%	7.02%	440.54%	10.31%	26.03%
20	2018.4Q	19.13%	-5.20%	-3.86%	543.95%	4.57%	21.17%
21	2019.1Q	-4.56%	-6.25%	-16.78%	514.57%	-1.97%	0.83%
22	2019.2Q	5.46%	11.00%	12.13%	548.10%	8.81%	13.06%
23	2019.3Q	19.49%	3.77%	3.05%	674.41%	12.92%	16.51%
24	2019.4Q	-4.82%	-14.04%	0.44%	637.08%	-2.94%	17.02%
25	2020.1Q	32.29%	24.28%	20.87%	875.08%	20.63%	41.45%
26	2020.2Q	7.85%	3.59%	0.49%	951.62%	24.96%	42.14%
27	2020.3Q	28.12%	23.94%	16.97%	1247.34%	54.87%	66.26%
28	2020.4Q	27.23%	-0.31%	-1.13%	1614.21%	54.38%	64.39%
29	2021.1Q	11.46%	0.57%	7.66%	1810.66%	55.26%	76.98%
30	2021.2Q	-3.05%	-5.42%	-1.13%	1752.41%	46.85%	74.98%
31	2021.3Q	-1.78%	-10.70%	-18.88%	1719.43%	31.14%	41.94%
32	2021.4Q	5.91%	-0.83%	5.10%	1826.96%	30.05%	49.18%
33	2022.1Q	-8.37%	-2.64%	-2.88%	1665.74%	26.62%	44.89%
34	2022.2Q	-4.72%	-2.10%	-10.76%	1582.33%	23.96%	29.30%
35	2022.3Q	4.43%	-2.00%	3.01%	1656.87%	21.48%	33.19%
36	2022.4Q	8.15%	0.16%	3.80%	1800.07%	21.67%	38.29%
37	2023.1Q	1.58%	3.65%	10.40%	1830.09%	26.11%	52.63%
38	2023.2Q	-1.79%	-1.54%	-7.85%	1795.57%	24.16%	40.65%
39	2023.3Q	6.71%	5.05%	5.93%	1922.76%	30.43%	48.99%
40	2023.4Q	2.89%	3.69%	5.59%	1981.22%	35.25%	57.32%

<그림 2-1> 실제투자 누적수익률 차트

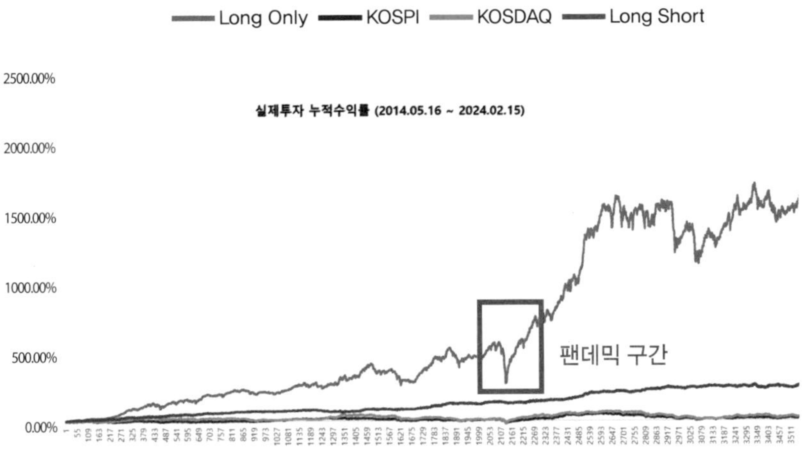

〈그림 2-1〉은 9년 9개월 실제투자 누적수익률을 나타낸 것으로 파란색 차트는 Long Only 50종목 포트폴리오, 붉은색 차트는 Long Short 포트폴리오이다. 차트를 보면 중간에 큰 폭의 하락 구간이 코로나19 팬데믹으로 인해 시장이 폭락한 때이며, 이후 V자 반등과 더불어 큰 폭의 상승이 있었고 현재는 등락을 거듭하는 구간이다.

그렇다면 지난 2014년 5월부터 2024년 2월까지 한국 주식시장은 어떠했을까? 2014년 5월 16일 KOSPI 지수는 2,013포인트에서 시작하여 2024년 2월 15일 2,613포인트로 단순히 계산하면 코스피 지수 상승률은 29.8%이고 KOSDAQ 지수 상승률은 54.2%이다. 지수 상승률에 비하면 포트폴리오 수익률은 엄청나다. 또한, Long Short의 누적수익률은 294%이고 연평균수익률은 14%이다. 시장의 등락에 상관없이 절대

수익을 추구하는 전략으로 평가한다면 높은 수익이 아닐 수 없다. 2024년 2월 말 포트폴리오의 누적수익률 측면에서 보면, 지수가 1%만 변해도 누적수익률은 19%가 변하기 때문에 표준편차는 더 커지게 되고, 수익률변동성은 커지기 때문에 MDD(Max Draw Down, 최대하락폭)를 살펴보는 것이 크게 의미는 없다.

처음 투자를 시작한 시점인 2014년도에 제1장에서 설명한 종목선정기준으로 포트폴리오 50종목을 균등배분방식으로 실제투자를 한다고 했을 때, 주변의 많은 전문투자자들(증권사 PB, 펀드매니저, 애널리스트 등)은 종목선정기준이나 포트폴리오 구성방법과 투자 전략에 대해 부정적이었으며 투자 결과에 대해서도 회의적이었다. 그들이 얘기하는 부정적인 이유는 아래와 같았다.

첫 번째는 종목선정기준에 대해 검증되지 않은 것에 대한 막연한 불안감이었다. 이런 막연한 불안감은 전문 투자자들이라 할지라도 선입견을 품게 만들고, 그런 종목선정기준으로 좋은 결과가 나오지 않을 것이라는 생각을 갖게 하였다. 또한, 종목선정기준으로 Back Test를 진행한 것에 대한 결과에 대해서도 긍정적이지 않았다. Back Test 결과가 아무리 좋게 나왔다 할지라도 그건 과거 데이터에 기반한 Simulation일 뿐 실제 수익률 결과가 아니기 때문에 큰 의미를 부여하지 않았다. 만약 Back Test 결과가 Simulation이 아니라 실제투자 결과라고 할지라도 업계 종사하는 전문투자자들은 과거의 수익률이 미래 수익률을 보장하지는 않는다는 이유로 그 결과를 인정하거나 수긍하려 들지 않을 것이다.

두 번째는 포트폴리오 구성으로 50종목은 너무 많다는 것이었다. 통상적으로 시장을 이기기 위한 액티브 펀드는 35~40종목 내외로 구성하고, 좀 더 높은 수익을 추구하는 펀드는 25종목 내외로 압축하여 포트폴리오를 구성하기도 한다. 그에 반해 50종목은 구성 종목 수가 너무 많아 종목당 편입 비율을 높일 수가 없고, 몇 개의 종목을 높은 편입비로 정하면 나머지 종목은 적은 비율로 편입할 수밖에 없어서 전체 펀드 수익률에 기여하는 바가 크지 않을 것이라는 의견이었다.

세 번째는 종목당 2%씩 균등 배분한다는 것이다. 운용사에서 펀드를 운용하는 매니저들은 대부분 시가총액 순으로 펀드 내 주식종목을 편입한다. 시장을 이기기 위해서 큰 틀에서 시장과 비슷하게 포트폴리오를 구성하고, 지수를 이기기 위해 몇 개의 전략 종목을 편입해서 승부를 보려고 한다. 반대로 대부분 개인투자자는 수익률을 높이기 위해서는 소수 종목에 집중투자를 해야 한다고들 생각한다. 선택과 집중을 해야만 수익률 극대화를 달성할 수 있다고 생각한다. 하지만 결과에서 보듯이 50종목으로 종목당 2%씩 분산해도 엄청난 수익률이 나온다는 것을 확인할 수 있다. 여기서 핵심은 어떤 종목으로 포트폴리오를 구성하는지가 중요한 것이지 종목 숫자는 그렇게 중요하지 않다는 것이다.

네 번째는 시장전체를 대상으로 한다는 것이다. 제도권 내에 있는 대부분 전문투자자는 시가총액이 작은 소기업은 투자대상으로 여기지 않는다. 시가총액 상위 종목은 안전하고, 시가총액이 500억짜리 소기업은 안전하지 않다는 막연한 생각을 가지고 있기도 하다. 또 자금을 위탁하는 기관에서 펀드 운용 지침이나 위탁 운용 지침을 통해 유동성이 적은 종목, 시가총액 1,000억 원 미만의 종목에 대해서는 투자하지 못하게 제한하고 있기 때문이기도 하다. 그래서 시장전체를 대상으로 포트폴리오를 구성한다는 것에 대해서는 부정적이기도 하고 투자에 제한이 있기도 하다. 하지만 일반 개인투자자가 수익을 극대화하기 위해서는 대기업부터 소기업까지 그 대상을 가려서는 안 된다. 기업의 재무적 안정성만 확보한다면 시가총액이 적은 기업일수록 잠재 수익률은 더 커질 수 있다.

주식시장에서 안전한 주식은 없다. 삼성전자에 투자해도 손실이 나면 불안한 주식이 된다. 투자자에게 좋은 주식은 수익을 주는 주식이지, 시가총액이 큰 주식이 아니다. 삼성전자나 시가총액 100억짜리 기업이나 동일한 투자대상이라는 관점에서 접근해야 한다. 이외 다른 소소한 이유를 들면서 소위 전문투자자들이라고 하는 사람들이 위의 방식으로 투자하는 것에 회의적일 때, 필자는 실제투자를 진행하면서 그 결과를 눈으로 직접 확인하였다.

이런 방식의 투자방법론은 주식시장과 금융권에는 수없이 많이 존재해서, 하루에도 여러 차례 이와 같은 투자법에 대한 제안과 검증이 반복되는 과정에서 전문투자자들은 피로감에 부정적으로 생각할 수도 있을 것이다. 전문투자자들도 시장에 참여하는 투자자의 한 명으로 생각한다면 그러려니 하고 넘기면 된다. 여기서 제시하고 싶은 것은 기존의 틀을 깨고, 남들과 다른 새로운 방안을 제시하는 것이 혁신의 시작이라는 것이다.

기존의 몇몇 펀드매니저에 의해 결정된 종목 선정과 포트폴리오 구성 방식에 대하여 앞에서 설명했던 명확한 기준을 정하고 체계를 확립해서 개인적인 판단에 의존하는 것을 배제하는 한편, 기존의 시가총액 중심의 포트폴리오 구성과 비중 결정을 균등배분방식으로 전환한 것이 누구도 예상치 못한 큰 수익률의 이유라는 생각이 든다.

누적수익률 결과를 보고 어떤 전문투자자는 과거의 수익률이 미래 수익을 보장하지 않는다고 강조하기도 하였다. 맞는 말이며, 또한 투자업계에서 많이 하는 말이다. 과거 수익률은 과거 수익률일 뿐, 그 자체가 미래 수익을 절대 보장하지는 않는다. 하지만 꾸준히 상위권 성적을 유지했던 학생이 올해도 높은 성적을 올릴 것이라는 기대를 하는 것은 당연하다. 그래서 누적수익률도 중요하지만 연도별 수익률과 분기별 수익률도 중요하며, 통계적으로 의미를 부여할 수 있는 확률적 결과도 중요한 것이다.

지금부터는 2014년 5월부터 2024년 2월까지 한국의 경제상황, 시장상황에 따른 연도별수익률과 분기별수익률을 순서대로 살펴보도록 하자.

2014년도

2014년도 한국경제를 돌아보면 가계부채가 1,000조 원에 육박하면서 만성적인 위험으로 인식하기 시작한 원년이었다. 또한, 원화 강세로 인한 수출기업의 대외경쟁력 약화에 대한 우려감이 컸으며, 저물가가 장기화되면서 25개월 연속으로 소비자물가상승률이 1%대 이하를 유지하던 때였다. 대외적으로 한 중 FTA를 체결하면서 양국 간 관세를 철폐하기로 하면서 대중국무역 확대에 대한 기대감도 있었다.

2014년도 한국 주식시장은 세계적으로 경기둔화가 지속되고 중국의 성장률이 둔화하는 등 국제적인 경제 불안 요소가 작용하였다. 상반기에는 박스권에서 등락을 거듭하였으며, 하반기에는 국내기업의 실적 부진, 유럽의 경기둔화, 유가 하락 등으로 대형주 위주의 KOSPI 시장은 하락하였고, 중·소형주 위주의 KOSDAQ 시장은 상승하였다.

2014년은 종목선정기준에 의해 포트폴리오 50종목을 구성하여 투자한 첫해였으며, 실제투자기간은 2014년 5월 16일부터 2015년 5월 15일까지이다. 2014년도 포트폴리오 연간 수익률은 113.92%, Long Short 수익률은 34.28%로, 동일 기간 KOSPI 지수 수익률은 5.27%, KOSDAQ 지수 수익률은 24.98%로, 지수 대비 포트폴리오 수익률이 큰 폭으로 초과수익을 달성한 해였다.

2014		1Q(05.16 ~ 08.15)	2Q(08.16 ~ 11.15)	3Q(11.16 ~ 02.15)	4Q(02.16 ~ 05.15)	누적(05.16 ~ 05.15)
수익률	Long Only	12.66%	11.22%	35.98%	25.55%	113.92%
	Long Short	6.28%	7.07%	11.89%	5.47%	34.28%
KOSPI		2.47%	-5.72%	0.64%	8.28%	5.27%
KOSDAQ		0.11%	-2.91%	12.20%	14.60%	24.98%

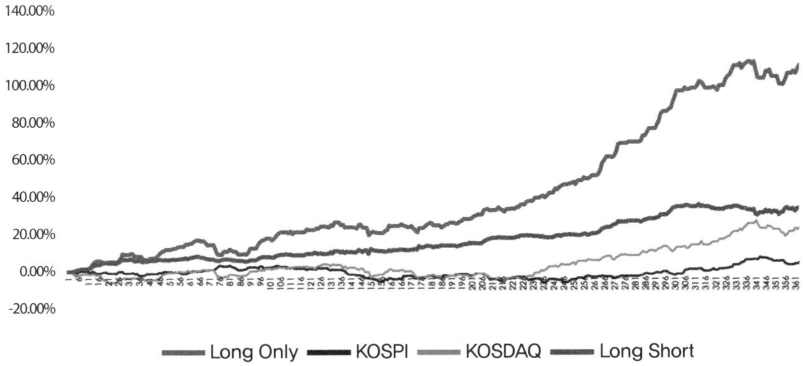

1분기 실제투자기간 2014년 5월 16일부터 2014년 8월 15일까지로 포트폴리오 수익률은 12.66%, Long Short 수익률은 6.28%, KOSPI 지수 상승률은 2.47%, KOSDAQ 지수 상승률은 0.11%이다.

2분기 실제투자기간 2014년 8월 16일부터 2014년 11월 15일까지로 포트폴리오 수익률은 11.22%, Long Short 수익률은 7.07%, KOSPI 지수 하락률은 −5.72%, KOSDAQ 지수 하락률은 −2.91%이다.

3분기 실제투자기간 2014년 11월 16일부터 2015년 2월 15일까지로 포트폴리오 수익률은 35.98%, Long Short 수익률은 11.89%, KOSPI 지수 상승률은 0.64%, KOSDAQ 지수 상승률은 12.20%이다.

4분기 실제투자기간 2015년 2월 16일부터 2015년 5월 15일까지로 포트폴리오 수익률은 25.55%, Long Short 수익률은 5.47%, KOSPI 지수 상승률은 8.28%, KOSDAQ 지수 상승률은 14.60%이다.

2015년도

2015년도 한국경제는 경제성장률이 금융위기 이후 3% 이하로 굳어져 갔고, 가계부채가 1,200조 원을 넘어가면서 경제의 부담으로 작용하기 시작하였다. 늘어난 가계부채는 부동산시장으로 자금이 흘러 들어가면서 부동산가격이 상승하기 시작하였다. 한국경제 성장률이 저조했던 이유는 중국경제의 성장둔화로 인해 수출이 줄어들었으며, 국제유가는 $30대로 하락하면서 세계 경제회복의 발목을 잡았고, 이에 따라 한국의 대외 수출이 감소하여 성장률이 2.7%를 기록하였다.

2015년도 한국 주식시장은 박스권 내에서 등락이 지속된 해였으며 1년 동안 코스피지수는 2.3% 올랐을 정도였다. 상반기에는 2,000선을 넘어섰으나, 하반기에는 1,800선으로 하락했다. 반면, 코스닥지수는 바이오주의 강세로 상대적으로 좋은 흐름을 보였다. 대형주 위주의 KOSPI 시장은 하락하였고, 중·소형주 위주의 KOSDAQ 시장은 선전하였다.

2015년은 포트폴리오 50종목을 구성하여 투자한 두 번째 해였으며, 실제투자기간은 2015년 5월 16일부터 2016년 5월 15일이다. 2015년도 포트폴리오 연간 수익률은 48.24%, Long Short 수익률은 23.82%로 동일 기간 KOSPI 지수 수익률은 -7.83%, KOSDAQ 지수 수익률은 -2.67%로, 2014년도에 이어 지수 대비 포트폴리오 수익률이 큰 폭으로 초과수익을 달성한 해였다.

2015		1Q(05.16~08.15)	2Q(08.16~11.15)	3Q(11.16~02.15)	4Q(02.16~05.15)	누적(05.16~05.15)
수익률	Long Only	13.11%	7.84%	1.74%	22.17%	48.24%
	Long Short	4.71%	8.08%	3.74%	5.62%	23.82%
KOSPI		-5.84%	-0.51%	-4.16%	4.17%	-7.83%
KOSDAQ		3.68%	-8.32%	-5.74%	10.93%	-2.67%

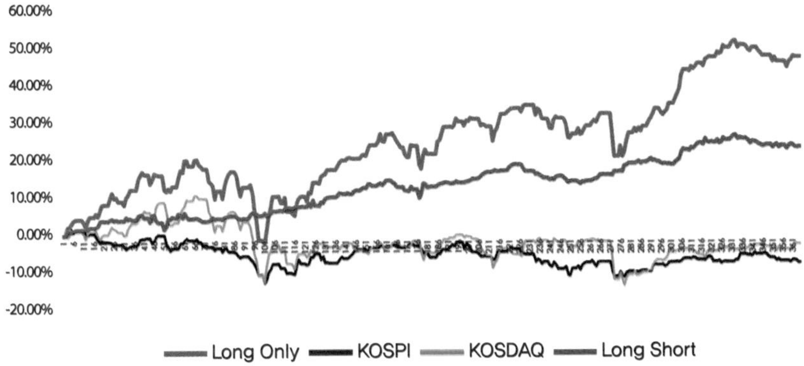

1분기 실제투자기간 2015년 5월 16일부터 2015년 8월 15일까지로 포트폴리오 수익률은 13.11%, Long Short 수익률은 4.71%, KOSPI 지수 하락률은 −5.84%, KOSDAQ 지수 상승률은 3.68%이다.

2분기 실제투자기간 2015년 8월 16일부터 2015년 11월 15일까지로 포트폴리오 수익률은 7.84%, Long Short 수익률은 8.08%, KOSPI 지수 하락률은 −0.51%, KOSDAQ 지수 하락률은 −8.32%이다.

3분기 실제투자기간 2015년 11월 16일부터 2016년 2월 15일까지로 포트폴리오 수익률은 1.74%, Long Short 수익률은 3.74%, KOSPI 지수 하락률은 −4.16%, KOSDAQ 지수 하락률은 −5.74%이다.

4분기 실제투자기간 2016년 2월 16일부터 2016년 5월 15일까지로 포트폴리오 수익률은 22.17%, Long Short 수익률은 5.62%, KOSPI 지수 상승률은 4.17%, KOSDAQ 지수 상승률은 10.93%이다.

2016년도

2016년도 한국경제의 경제성장률은 여전히 2%를 벗어나지 못했으며, 세계 경기 부진으로 수출도 부진했고 기업들의 투자도 감소한 해였다. 한국의 주력산업 중 하나인 조선업종과 해운업종이 특히 부진하여 산업 내 구조조정이 진행되고 있었고, 한국의 대표산업인 삼성전자의 갤럭시 노트7의 발화 사태로 전량 리콜하는 사건도 있었다. 이런 상황에서 대통령 탄핵이라는 초유의 사태가 발생하여 국내경제 상황의 불확실성이 굉장히 높았었다.

2016년도 한국 주식시장은 박스권 내에서 등락이 지속된 해였으며 영국의 브렉시트로 인해 국내 증시가 급락하였고, 미국 대선 결과가 있던 11월에도 2.2% 급락하기도 하였다. 초유의 대통령 탄핵 이슈가 마무리되고 불확실성이 해소되면서, 국내 주식시장은 안정화를 찾아갔으며 그 동안 계속 부진하였던 대형주가 반등에 성공하였고, 중·소형주는 조정을 받는 한 해였다.

2016년은 포트폴리오 50종목으로 투자한 세 번째 해였으며, 분기 단위로는 10번째 분기인 2016년 2분기에 첫 번째 손실이 났다. 실제투자기간은 2016년 5월 16일부터 2017년 5월 15일까지로, 2016년도 포트폴리오 연간 수익률은 16.11%, Long Short 수익률은 12.82%로, 동일 기간 KOSPI 지수 수익률은 15.83%, KOSDAQ 지수 수익률은 -9.06%로, KOSPI 지수 대비 비슷한 수익률을 기록하였으며, KOSDAQ 지수 대비 25% 정도 초과수익을 기록하였다.

2016		1Q(05.16~08.15)	2Q(08.16~11.15)	3Q(11.16~02.15)	4Q(02.16~05.15)	누적(05.16~05.15)
수익률	Long Only	11.32%	-3.13%	-1.04%	8.07%	16.11%
	Long Short	5.39%	3.99%	0.43%	1.83%	12.82%
KOSPI		4.20%	-3.58%	5.26%	9.81%	15.83%
KOSDAQ		0.53%	-11.11%	-1.89%	4.40%	-9.06%

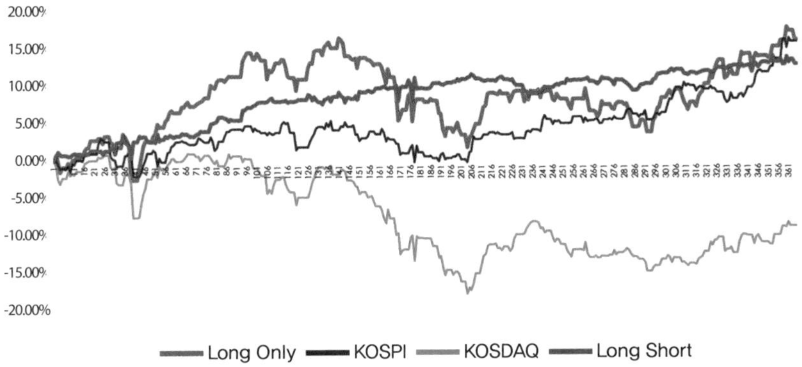

1분기 실제투자기간 2016년 5월 16일부터 2016년 8월 15일까지로 포트폴리오 수익률은 11.32%, Long Short 수익률은 5.39%, KOSPI 지수 상승률은 4.20%, KOSDAQ 지수 상승률은 0.53%이다.

2분기 실제투자기간 2016년 8월 16일부터 2016년 11월 15일까지로 포트폴리오 수익률은 −3.13%, Long Short 수익률은 3.99%, KOSPI 지수 하락률은 −3.58%, KOSDAQ 지수 하락률은 −11.11%이다.

3분기 실제투자기간 2016년 11월 16일부터 2017년 2월 15일까지로 포트폴리오 수익률은 −1.04%, Long Short 수익률은 0.43%, KOSPI 지수 상승률은 5.26%, KOSDAQ 지수 하락률은 −1.89%이다.

4분기 실제투자기간 2017년 2월 16일부터 2017년 5월 15일까지로 포트폴리오 수익률은 8.07%, Long Short 수익률은 1.83%, KOSPI 지수 상승률은 9.81%, KOSDAQ 지수 상승률은 4.40%이다.

2017년도

2017년도 한국경제는 문재인 정부 출범으로 국내 정치의 불확실성은 해소되었지만, 대외적으로는 미국의 트럼프 대통령의 당선으로 보호무역주의와 포퓰리즘 확산, 일본은행의 마이너스 금리 도입, 영국의 EU 탈퇴, 미국 연방준비제도 이사회의 금리인상 재개로 한국경제의 불확실성은 한층 증대되었다. 그런 상황에서도 한국의 주력산업인 반도체와 자동차 등 주요 수출 품목이 호조를 보이며, 생산활동이 증가하면서 경제에 긍정적인 영향을 끼쳤다.

2017년도 한국 주식시장은 대외적인 불확실성에도 불구하고 7년 만에 박스권 상단을 돌파하여 KOSPI 지수는 2,500포인트를 넘었고, KOSDAQ 지수는 800포인트를 넘어섰다. 이러한 시장의 상승세는 글로벌 경기의 개선과 기업 실적 호조가 시장을 끌어올리는 힘으로 작용했고, 반도체 업황 호조로 삼성전자와 SK하이닉스 등 기술주들이 사상 최고가를 경신하면서 투자심리를 자극했기 때문이다.

2017년은 포트폴리오 50종목으로 투자한 네 번째 해였으며, 지난 2016년도 2분기, 3분기에 연속으로 손실이 났던 부분을 완벽히 회복한 한 해였다. 실제투자기간은 2017년 5월 16일부터 2018년 5월 15일로, 2017년도 포트폴리오 연간 수익률은 45.87%, Long Short 수익률은 6.99%로, 동일 기간 KOSPI 지수 수익률은 5.71%, KOSDAQ 지수 수익률은 26.29%로, KOSPI 지수 대비 39% 이상 큰 폭으로 초과수익을 기록한 해였다.

2017		1Q(05.16~08.15)	2Q(08.16~11.15)	3Q(11.16~02.15)	4Q(02.16~05.15)	누적(05.16~05.15)
수익률	Long Only	6.04%	4.42%	10.43%	20.83%	45.87%
	Long Short	3.78%	-7.36%	0.87%	9.79%	6.99%
KOSPI		1.69%	7.60%	-4.46%	2.24%	5.71%
KOSDAQ		-1.52%	19.14%	8.69%	1.26%	26.29%

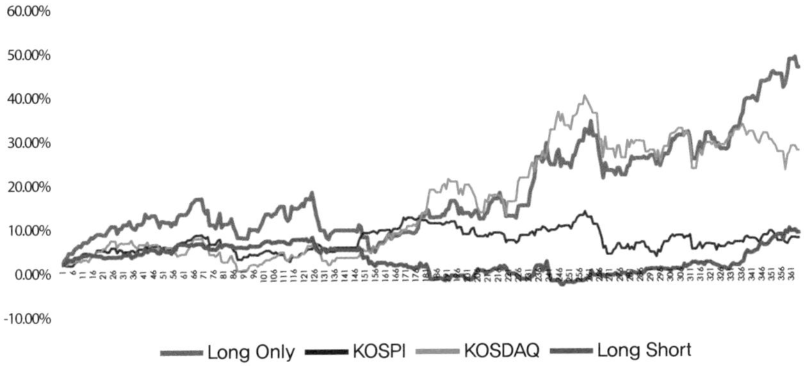

1분기 실제투자기간 2017년 5월 16일부터 2017년 8월 15일까지로 포트폴리오 수익률은 6.04%, Long Short 수익률은 3.78%, KOSPI 지수 상승률은 1.69%, KOSDAQ 지수 하락률은 −1.52%이다.

2분기 실제투자기간 2017년 8월 16일부터 2017년 11월 15일까지로 포트폴리오 수익률은 4.42%, Long Short 수익률은 −7.36%, KOSPI 지수 상승률은 7.60%, KOSDAQ 지수 상승률은 19.14%이다.

3분기 실제투자기간 2017년 11월 16일부터 2018년 2월 15일까지로 포트폴리오 수익률은 10.43%, Long Short 수익률은 0.87%, KOSPI 지수 하락률은 −4.46%, KOSDAQ 지수 상승률은 8.69%이다.

4분기 실제투자기간 2018년 2월 16일부터 2018년 5월 15일까지로 포트폴리오 수익률은 20.83%, Long Short 수익률은 9.79%, KOSPI 지수 상승률은 2.24%, KOSDAQ 지수 상승률은 1.26%이다.

2018년도

2018년도 한국경제는 미·중 무역전쟁과 세계 경제의 불확실성으로 2009년부터 지속되어온 세계 경기 회복세가 꺾이기 시작했고, 한국경제도 그 영향에서 벗어날 수 없었다. 그로 인해 한국의 수출기업들은 수요 충격을 경험하면서 경제성장률이 2.7%에 머물렀다. 또한, 미국의 금융위기 이후 10년 동안 지속되어 왔던 세계 경기의 호황 국면이 끝났다는 비관론이 글로벌 증시를 추세적 하락 국면으로 전환하게 하였다.

2018년도 한국 주식시장은 전체적으로 하락한 해로, KOSPI 지수는 10년 만에 최대 낙폭을 기록하였다. 이는 미·중 무역분쟁이 심화하였고, 미국의 기준금리인상과, 이로 인한 글로벌 경기둔화 등의 악재가 잇따르면서 수출 중심의 한국경제와 기업 실적에 대한 우려로 인해 지수는 큰 폭의 조정을 받았다. 그로 인해 지난해 상승폭을 모두 반납하여 KOSPI 지수는 다시 2,500포인트 아래로 하락하였다.

2018년은 포트폴리오 50종목으로 투자한 다섯 번째 해였으며, 지난 2016년도 두 분기 연속손실 이후 1분기, 2분기 연속손실이 난 해였지만, 이후 3분기와 4분기 연속수익으로 손실 폭을 모두 만회했다. 실제투자기간은 2018년 5월 16일부터 2019년 5월 15일로, 2018년도 포트폴리오 연간 수익률은 15.29%, Long Short 수익률은 19.50%로, 동일기간 KOSPI 지수 수익률은 -15.47%, KOSDAQ 수익률은 -18.51%로, KOSPI 지수 대비 30% 이상 큰 폭으로 초과수익을 기록한 해였다.

2018		1Q(05.16~08.15)	2Q(08.16~11.15)	3Q(11.16~02.15)	4Q(02.16~05.15)	누적(05.16~05.15)
수익률	Long Only	-6.64%	-12.21%	19.34%	19.13%	15.29%
	Long Short	1.87%	-0.86%	6.16%	11.49%	19.50%
KOSPI		-8.17%	-6.82%	4.96%	-5.20%	-15.47%
KOSDAQ		-10.39%	-10.48%	7.02%	-3.86%	-18.51%

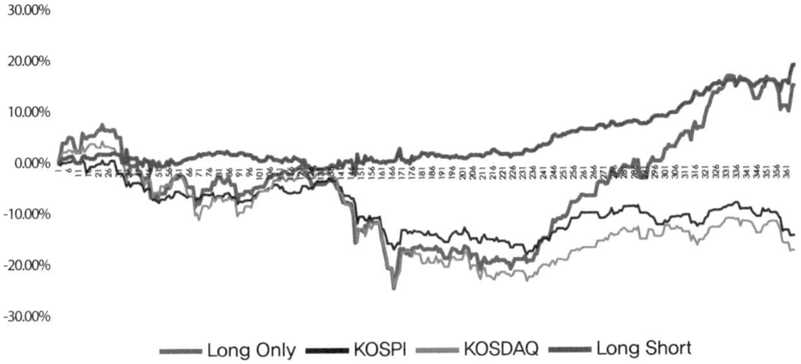

1분기 실제투자기간 2018년 5월 16일부터 2018년 8월 15일까지로 포트폴리오 수익률은 −6.64%, Long Short 수익률은 1.87%, KOSPI 지수 하락률은 −8.17%, KOSDAQ 지수 하락률은 −10.39%이다.

2분기 실제투자기간 2018년 8월 16일부터 2018년 11월 15일까지로 포트폴리오 수익률은 −12.21%, Long Short 수익률은 −0.86%, KOSPI 지수 하락률은 −6.82%, KOSDAQ 지수 하락률 −10.48%이다.

3분기 실제투자기간 2018년 11월 16일부터 2019년 2월 15일까지로 포트폴리오 수익률은 19.34%, Long Short 수익률은 6.16%, KOSPI 지수 상승률은 4.96%, KOSDAQ 지수 상승률은 7.02%이다.

4분기 실제투자기간 2019년 2월 16일부터 2019년 5월 15일까지로 포트폴리오 수익률은 19.13%, Long Short 수익률은 11.49%, KOSPI 지수 하락률은 −5.20%, KOSDAQ 지수 하락률은 −3.86%이다.

2019년도

2019년도 한국경제의 경제성장률은 2% 초반까지 하락했는데, 이유는 더딘 반도체 경기회복과 민간 소비, 건설, 투자, 수출 등 거의 모든 지표가 부진했기 때문이었다. 특히 한국경제의 중심인 수출은 전년도 대비 감소세를 이어갔고, 디플레이션 우려로 저물가가 지속되었다. 이에 한국의 기준금리는 1.25%로 역대 최저 수준이었고, 저금리로 인한 주택담보대출이 증가하면서 부동산가격은 급등하였다.

2019년도 한국 주식시장은 미·중 무역 협상 이슈가 시장에 큰 영향을 미쳤고, 협상 소식에 따라 시장은 박스권 내에서 등락을 거듭했으며, 글로벌 증시와 한국증시는 디커플링(Decoupling) 현상이 나타나기도 했다. 미국을 비롯한 유럽, 일본증시가 사상 최고치를 찍는 것에 비해, 한국 KOSPI 지수는 지지부진한 흐름을 이어갔다. 이는 한국증시의 상당 부분을 차지하고 있는 반도체, 화학, 철강, 자동차, 조선업황의 부진 때문이었다.

2019년은 포트폴리오 50종목으로 투자한 여섯 번째 해이며, 4분기인 2020년 2월부터는 코로나19가 본격적인 팬데믹 구간으로 접어든 시기였다. 세계시장뿐 아니라 국내 주식시장도 단기에 -35%의 급락사태가 나왔지만, 미국의 제로금리정책 등 선제 대응으로 시장은 조기에 안정화를 찾아갔다. 투자기간은 2019년 5월 16일부터 2020년 5월 15일로, 포트폴리오 연간 수익률은 13.21%, Long Short 수익률은 7.52%로, 동일기간 KOSPI 지수 수익률은 -7.68%, KOSDAQ 지수 수익률은 -3.61%로, KOSPI 지수 대비 20% 이상 큰 폭으로 초과수익을 기록한 해였다.

2019		1Q(05.16~08.15)	2Q(08.16~11.15)	3Q(11.16~02.15)	4Q(02.16~05.15)	누적(05.16~05.15)
수익률	Long Only	-4.56%	5.46%	19.49%	-4.82%	13.21%
	Long Short	6.11%	-3.33%	8.22%	-2.63%	7.52%
KOSPI		-6.25%	11.00%	3.77%	-14.10%	-7.68%
KOSDAQ		-16.78%	12.13%	3.05%	0.44%	-3.61%

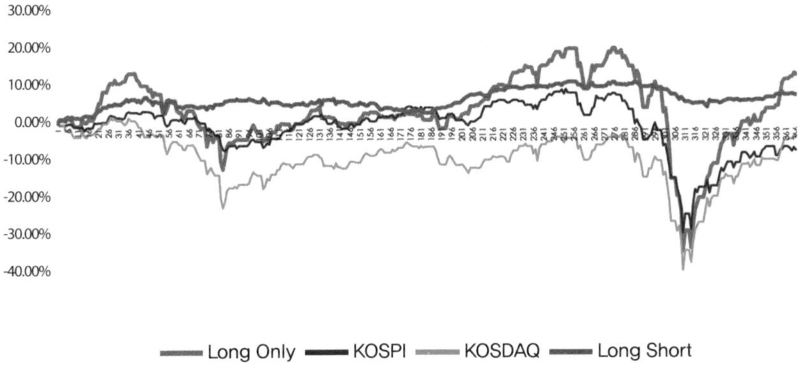

1분기 실제투자기간 2019년 5월 16일부터 2019년 8월 15일까지로 포트폴리오 수익률은 −4.56%, Long Short 수익률은 6.11%, KOSPI 지수 하락률은 −6.25%, KOSDAQ 지수 하락률은 −16.78%이다.

2분기 실제투자기간 2019년 8월 16일부터 2019년 11월 15일까지로 포트폴리오 수익률은 5.46%, Long Short 수익률은 −3.33%, KOSPI 지수 상승률은 11.00%, KOSDAQ 지수 상승률은 12.13%이다.

3분기 실제투자기간 2019년 11월 16일부터 2020년 2월 15일까지로 포트폴리오 수익률은 19.49%, Long Short 수익률은 8.22%, KOSPI 지수 상승률은 3.77%, KOSDAQ 지수 상승률은 3.05%이다.

4분기 실제투자기간 2020년 2월 16일부터 2020년 5월 15일까지로 포트폴리오 수익률은 −4.82%, Long Short 수익률은 −2.63%, KOSPI 지수 하락률은 −14.10%, KOSDAQ 지수 상승률은 0.44%이다.

2020년도

2020년도 한국경제는 코로나19 팬데믹의 영향으로 경제위기가 본격적으로 시작하는 해였다. 이에 따라 민간 소비와 수출 성장추세가 빠르게 위축되어 갔고, 특히 대면접촉이 많은 서비스업의 타격이 컸다. 수요 측면에서는 코로나19 확산에 민간 소비가 급격히 위축되었다. 다만 설비투자는 반도체 관련 기계류와 건설투자는 토목 부문이 개선되면서 부진이 완화되는 정도였다. 수출은 코로나19의 전 세계 확산으로 주요국의 봉쇄조치로 급격히 위축되면서 경제성장을 제약하는 요인으로 작용하였다.

2020년도 한국 주식시장은 코로나19 사태가 부각된 2월 전후로 급락과 급등이 반복되면서 개인투자자의 참여가 많이 늘어난 한 해였으며, 그로 인해 '동학개미 운동'이라는 사회현상이 나타나기도 했다. 국내 경기는 위축됐지만, 주식시장은 2020년 종가 기준 KOSPI 지수 2,873포인트 사상 최고치 마감이라는 성과가 나왔다. 또한, 2020년 팬데믹이 본격화되면서 급락한 저점 대비 97.1% 상승하여 변동성은 최고조에 이르렀다.

2020년은 50종목으로 투자한 일곱 번째 해이며, 2020년도는 4개 분기 모두 수익이 크게 난 한 해였다. 실제투자기간은 2020년 5월 16일부터 2021년 5월 15일로, 2020년 포트폴리오 연간 수익률은 128.95%, Long Short 수익률은 32.18%로, 동일 기간 KOSPI 지수 수익률은 56.71%, KOSDAQ 지수 수익률은 37.95%로, KOSPI 지수 대비 72% 이상 초과수익을 기록했다.

2020		1Q(05.16~08.15)	2Q(08.16~11.15)	3Q(11.16~02.15)	4Q(02.16~05.15)	누적(05.16~05.15)
수익률	Long Only	32.29%	7.85%	28.12%	27.23%	128.95%
	Long Short	5.71%	3.68%	5.58%	14.18%	32.18%
KOSPI		24.28%	3.59%	23.94%	-0.31%	56.71%
KOSDAQ		20.87%	0.49%	16.97%	-1.13%	37.95%

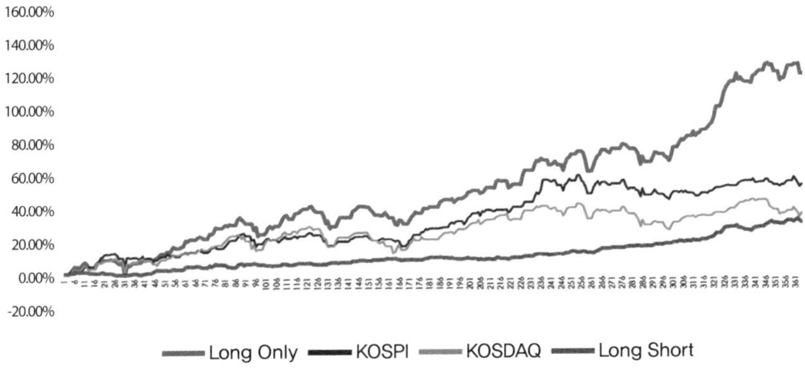

1분기 실제투자기간 2020년 5월 16일부터 2020년 8월 15일까지로 포트폴리오 포트폴리오 수익률은 32.29%, Long Short 수익률은 5.71%, KOSPI 지수 상승률은 24.28%, KOSDAQ 지수 상승률은 20.87%이다.

2분기 실제투자기간 2020년 8월 16일부터 2020년 11월 15일까지로 포트폴리오 수익률은 7.85%, Long Short 수익률은 3.68%, KOSPI 지수 상승률은 3.59%, KOSDAQ 지수 상승률은 0.49%이다.

3분기 실제투자기간 2020년 11월 16일부터 2021년 2월 15일까지로 포트폴리오 수익률은 28.12%, Long Short 수익률은 5.58%, KOSPI 지수 상승률은 23.94%, KOSDAQ 지수 상승률은 16.97%이다.

4분기 실제투자기간 2021년 2월 16일부터 2021년 5월 15일까지로 포트폴리오 수익률은 27.23%, Long Short 수익률은 14.18%, KOSPI 지수 하락률은 −0.31%, KOSDAQ 지수 하락률은 −1.13%이다.

2021년도

2021년도 한국경제는 코로나19 팬데믹으로 인해 여러 가지 어려움을 겪었지만, 대외 수요가 개선됨에 따라 수출과 설비투자가 빠르게 회복되었다. 하지만 민간 소비와 건설투자 등의 내수 부문은 여전히 부진한 모습을 보였다. 반도체업종은 양호한 흐름을 보였고 자동차와 석유 관련 제품도 반등하면서 회복했으며, 서비스 수출 부진도 일부 완화되었다. 민간 소비는 내구재 소비가 큰 폭으로 증가하였으나, 코로나19 확산으로 대면 서비스가 제한되면서 소폭 증가하는데 그쳤다.

2021년도 한국 주식시장은 개인투자자들의 참여로 활동계좌 수가 사상 처음으로 5,000만 개를 넘어섰으며, 개인들이 차지하는 비중이 급증한 한 해였다. 이는 정부가 부동산을 규제하면서 시중의 유동자금을 증시로 들어오게 유도하였고 주식투자는 국민 재태크가 되었다. 이에 따라 KOSPI 지수는 2021년 1월 6일 3,000포인트를 돌파하면서, 시중에 넘쳐나는 자금으로 유동성이 확대되었고 2020년에 이어 2년째 유례없는 증시 활황이 지속되었다.

2021년은 50종목으로 투자한 여덟 번째 해이며, 2020년 높은 수익률은 2021년도 2분기, 3분기에 연속손실로 증시 조정을 반영하였다. 실제투자기간은 2021년 5월 16일부터 2022년 5월 15일로, 2021년도 포트폴리오 연간 수익률은 10.12%, Long Short 수익률은 8.98%로, 동일 기간 KOSPI 지수 수익률은 -15.76%, KOSDAQ 지수 수익률은 -9.25%로, KOSPI 지수 대비 25% 이상 큰 폭으로 초과수익을 기록한 해였다.

2021		1Q(05.16~08.15)	2Q(08.16~11.15)	3Q(11.16~02.15)	4Q(02.16~05.15)	누적(05.16~05.15)
수익률	Long Only	11.46%	-3.05%	-1.78%	5.91%	10.12%
	Long Short	1.90%	-0.96%	7.55%	-0.08%	8.98%
KOSPI		0.57%	-5.42%	-10.70%	-0.83%	-15.76%
KOSDAQ		7.66%	-1.13%	-18.88%	5.10%	-9.25%

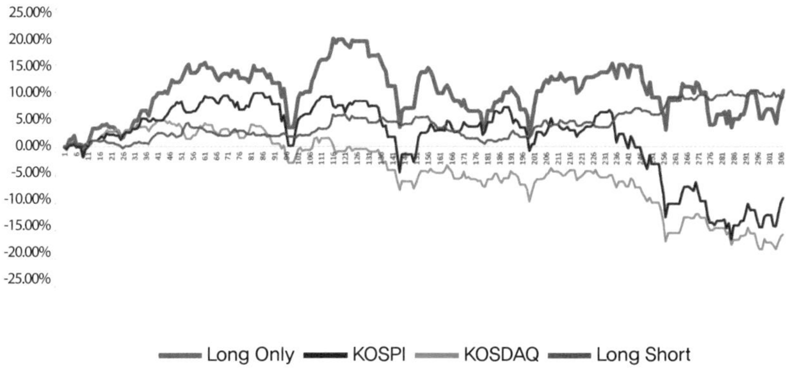

1분기 실제투자기간 2021년 5월 16일부터 2021년 8월 15일까지로 포트폴리오 수익률은 11.46%, Long Short 수익률은 1.90%, KOSPI 지수 상승률은 0.57%, KOSDAQ 지수 상승률은 7.66%이다.

2분기 실제투자기간 2021년 8월 16일부터 2021년 11월 15일까지로 포트폴리오 수익률은 −3.05%, Long Short 수익률은 −0.96%, KOSPI 지수 하락률은 −5.42%, KOSDAQ 지수 하락률은 −1.13%이다.

3분기 실제투자기간 2021년 11월 16일부터 2022년 2월 15일까지로 포트폴리오 수익률은 −1.78%, Long Short 수익률은 7.55%, KOSPI 지수 하락률은 −10.70%, KOSDAQ 지수 하락률은 −18.88%이다.

4분기 실제투자기간 2022년 2월 16일부터 2022년 5월 15일까지로 포트폴리오 수익률은 5.91%, Long Short 수익률은 −0.08%, KOSPI 지수 하락률은 −0.83%, KOSDAQ 지수 상승률은 5.10%이다.

2022년도

2022년도 한국경제의 경제성장률은 2%대가 지속되었고, 민간 소비는 사회적 거리 두기가 해제되면서 서비스 소비를 중심으로 반등했으며, 견조한 회복세를 유지했다. 설비투자는 반도체산업을 중심으로 한 급등세가 조정 국면에 접어들면서 감소하기 시작하였고, 수출은 대외 여건 개선이 악화하면서 2021년도 대비 5% 정도로 소폭 증가했다. 미국의 인플레이션이 최고조에 이르면서 금리인상이 시장 내 중요한 관심사가 되었고 증시는 조정을 받기 시작하였다.

2022년도 한국 주식시장은 상반기 급등 후, 하반기 하락세가 지속되었다. KOSPI 지수는 전년 대비 -24.89%로 하락한 2,236포인트로 마감했고, KOSDAQ 지수는 34.3% 하락한 679포인트로 마감했다. 이는 금리인상으로 인한 글로벌 경기침체 우려와 원/달러 고환율로 인한 여러 가지 악재가 한꺼번에 겹치며 국내 증시가 크게 조정을 받게 되었다.

2022년은 50종목으로 투자한 아홉 번째 해이며, 1분기와 2분기에 연속으로 손실이 났고, 3분기와 4분기 일부 회복하였으나, 연간으로는 최초로 -1.40% 손실이 난 해였다. 실제투자기간은 2022년 5월 16일부터 2023년 5월 15일로, 2022년도 포트폴리오 연간 수익률은 -1.40%, Long Short 수익률은 3.09%로, 동일 기간 KOSPI 지수 수익률은 -6.45%, KOSDAQ 지수 수익률은 -7.32%로, KOSPI 지수 대비 5% 정도 소폭으로 초과수익을 기록한 해였다.

2022		1Q(05.16~08.15)	2Q(08.16~11.15)	3Q(11.16~02.15)	4Q(02.16~05.15)	누적(05.16~05.15)
수익률	Long Only	-8.37%	-4.72%	4.43%	8.15%	-1.40%
	Long Short	-2.75%	3.02%	0.71%	2.18%	3.09%
KOSPI		-2.64%	-2.10%	-2.00%	0.16%	-6.45%
KOSDAQ		-2.88%	-10.76%	3.01%	3.80%	-7.32%

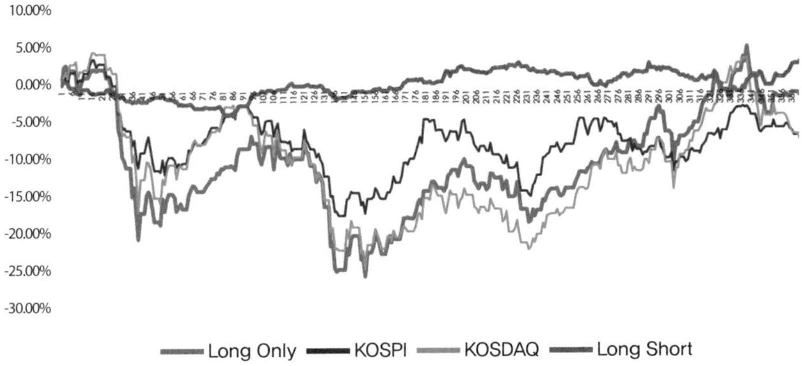

1분기 실제투자기간 2022년 5월 16일부터 2022년 8월 15일까지로 포트폴리오 수익률은 −8.37%, Long Short 수익률은 −2.75%, KOSPI 지수 하락률은 −2.64%, KOSDAQ 지수 하락률은 −2.88%이다.

2분기 실제투자기간 2022년 8월 16일부터 2022년 11월 15일까지로 포트폴리오 수익률은 −4.72%, Long Short 수익률은 3.02%, KOSPI 지수 하락률은 −2.10%, KOSDAQ 지수 하락률은 −10.76%이다.

3분기 실제투자기간 2022년 11월 16일부터 2023년 2월 15일까지로 포트폴리오 수익률은 4.43%, Long Short 수익률은 0.71%, KOSPI 지수 하락률은 −2.00%, KOSDAQ 지수 상승률은 3.01%이다.

4분기 실제투자기간 2023년 2월 16일부터 2023년 5월 15일까지로 포트폴리오 수익률은 8.15%, Long Short 수익률은 2.18%, KOSPI 지수 상승률은 0.16%, KOSDAQ 지수 상승률은 3.80%이다.

2023년도

2023년도 한국경제를 돌아보면, 경제성장률은 1.4%대로 하락하였고 특별한 경제위기가 없는 상태에서 이렇게 낮은 성장을 보인 것은 처음이었다. 이는 전년 대비 수출이 7.8% 감소한 것과 31년 만에 대중국 무역수지가 적자로 전환한 것, 미국의 경기지표 호조로 인한 고금리정책기조 유지, 이스라엘-하마스 전쟁으로 인한 지정학적 리스크 확대로 유가불안, 환율불안 등의 이유 때문이었다.

2023년도 한국주식시장은 상반기에 고금리유지에 대한 경기침체 우려감과 그로 인한 금리인하 기대감으로, 주식시장은 2차전지와 AI(인공지능) 로봇관련주가 큰 폭으로 상승하면서 지수를 견인했으며, 하반기에는 반도체업종의 반등과 미국의 금리인하 기대감으로 종합지수는 박스권 상단까지 상승하며 마감하였다.

2023년도는 50종목으로 투자한 열 번째 해이며, 2023년도 1분기는 1.58%, 2분기는 -1.79%로 수익률이 낮은 해였다. 하지만, 3분기는 6.71%로 반등하였고, 2023년 4분기 포트폴리오는 2024년 3월 말 2.89% 수익률을 기록하고 있다. 실제투자기간은 2023년 5월 16일부터 2024년 5월 15일까지로, 2024년 3월 말 현재 2023년도 포트폴리오 연간수익률은 9.54%, Long Short 수익률은 -2.68%로, 동일기간 KOSPI지수 수익률은 5.83%, KOSDAQ지수 수익률은 7.42%로, KOSDAQ지수대비 2.12% 소폭 초과수익을 기록 중이다.

2023		1Q(05.16~08.15)	2Q(08.16~11.15)	3Q(11.16~02.15)	4Q(02.16~05.15)	누적(05.16~05.15)
수익률	Long Only	1.58%	-1.79%	6.71%	2.89%	9.54%
	Long Short	-4.41%	3.03%	0.39%	-1.35%	-2.68%
KOSPI		3.65%	-1.54%	5.05%	3.69%	5.83%
KOSDAQ		10.40%	-7.85%	5.93%	5.59%	7.42%

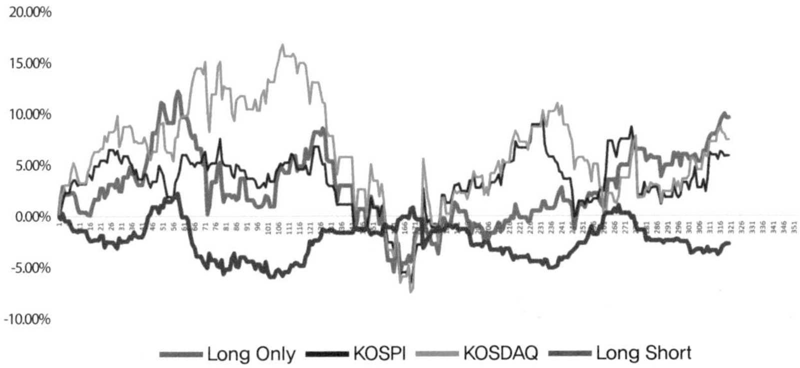

1분기 실제투자기간 2023년 5월16일부터 2023년 8월15일까지로 포트폴리오 수익률은 1.58%, Long Short수익률은 -4.41%, KOSPI지수 상승률은 3.65%, KOSDAQ지수 상승률은 10.40%이다.

2분기 실제투자기간 2023년 8월16일부터 2023년 11월15일까지로 포트폴리오 수익률은 -1.79%, Long Short수익률은 3.03%, KOSPI지수 하락률은 -1.54%, KOSDAQ지수 하락률은 -7.85%이다.

3분기 실제투자기간 2023년 11월16일부터 2024년 2월15일까지 포트폴리오 수익률은 6.71%, Long Short수익률은 0.39%, KOSPI지수 상승률 5.05%, KOSDAQ지수 상승률은 5.93%이다.

2024년 3월 31일까지 투자가 진행중인 4분기 실제투자기간은 2024년 2월16일부터 2024년 5월15일까지로 예정되어 있으며, 3월 31일 포트폴리오 수익률은 2.89%, Long Short수익률은 -1.35%, KOSPI지수 상승률은 3.69%, KOSDAQ지수 상승률은 5.59%를 기록중이다.

지난 9년 9개월 동안 진행했던 실제투자를 연간으로 구분해서 구체적인 수익률을 살펴보았다. 이 책을 읽는 투자자들이 가장 관심을 두는 부분은 수익률이 얼마나 나왔는지에 대한 부분일 것이다. 하지만 지금 설명하는 이 부분이 수익률보다 훨씬 더 중요하다. 앞에서 언급한 것처럼, 누적수익률은 이미 지나간 과거의 숫자일 뿐이며 미래의 수익률을 보장하지는 않는다. 하지만 아래의 실제투자를 통해 얻은 결과에 대한 통계적 분석은 종목선정기준과 포트폴리오 구성방법에 대한 엄청난 가능성을 엿보게 한다. 실제투자를 통해 얻은 결과를 종합해 보면 아래와 같다.

<표 2-3 > 실제투자 결과 분석

구분	분기(수)	분기 수익 확률	분기평균수익률
수익 분기	28	71.79%	13.59%
손실 분기	11	28.21%	-4.29%
합계	39	100.00%	8.47%

구분	년(수)	연간 수익 확률	연평균수익률
수익 년	9	90.00%	43.52%
손실 년	1	10.00%	-1.40%
합계	10	100.00%	39.08%

〈표 2-3〉에 나와 있는 것처럼 총 투자기간은 2014년 5월 16일부터 2024년 2월 15일까지이며 9년 9개월이다. 2024년 3월 말 시점에도 투자는 계속되고 있고 이 기간을 포함하면 9년 10개월이다.

총 투자 분기는 39개 분기이며 이 중에서 수익이 난 분기는 28개 분기, 손실이 난 분기는 11개 분기이다. 비율로 나누면 수익 분기 비율이 71.79%, 손실 분기 비율은 28.21%이다. 수익 분기 28개 분기의 평균

수익률은 13.59%이며 손실 분기의 평균손실률은 -4.29%이다. 총 39개 분기의 평균수익률은 8.47%이다.

연간으로 구분해서 평가한다면 만 9년 9개월로 연간 햇수로는 10년이다. 10년 동안 수익이 난 해는 9년으로 확률은 90%이며, 손실이 난 연수는 1년으로 확률은 10%이다. 수익이 난 9년 동안 평균수익률은 43.52%이고 손실이 난 1년 평균손실률은 -1.40%이다. 10년 동안 평균수익률은 39.08%이다.

한 가지 재미있는 사항은 배당금이다. 앞장 종목선정기준의 첫 번째 항목 성장성지표 개념의 출발점은 배당이었다. 주식이 배당을 받기 위한 수단으로 만들어졌기 때문에 배당을 생각하지 않을 수 없다. 2014년부터 2023년까지 50종목으로 투자하면서 평균배당률 1.5% 내외였다. 10년 전이나 지금이나 배당률이 크게 변하지 않았다. 누적수익률이 1,922.34%가 되고, 원금이 19배로 커지면서 배당금 자체가 커진 것이다. 예를 들어, 2014년에 1억 원을 투자했을 때 받은 배당금이 세후로 140만 원 남짓이었는데, 2023년 19.2억을 투자하여 받은 배당금은 2,800만 원 정도 된 것이다. 배당투자를 목적으로 하지 않았지만, 투자원금에 수익금이 더해지면서 운용자금이 커지게 되었고 배당금도 자연스럽게 증가한 것이다.

지난 10년 동안 실제투자를 진행하면서 삼성전자와 같은 우량주에 투자해 본 적은 없다. 특별히 배당 성향이 높은 종목을 골라서 포트폴리오에 편입시킨 적도 없다. 오로지 종목선정기준에 의해 성장성지표와 밸류에이션지표, 그리고 안정성지표에 부합한 종목을 골라서 포트폴리오에 편입시켜 운용했을 뿐이다.

누적수익률 1,922.76%를 보면서 종목선정기준과 포트폴리오 50종목으로 올린 수익률에 대하여 반신반의하는 사람들이 많을 것이다. 실제 어떤 전문투자자는 그동안의 투자 내용을 확인하기 전에는 믿지 못하겠다는 반응을 보이기도 했다. 답답한 마음에 실제 거래명세를 보여주며 확인을 시켜주었다. 그렇지만 이미 누적수익률은 과거의 데이터가 되어버렸으니, 앞으로의 검증을 함께 해보자는 제안을 하기도 했었다.

종목선정기준과 포트폴리오 구성방법에 대한 실제 투자결과는 위에서 언급한 것처럼 놀라울 정도였다. 9년 9개월이라는 짧지 않은 기간 동안 실제투자를 진행하면서 매 분기 수익이 날지, 난다면 얼마나 날지에 대한 궁금증으로 투자를 진행했다. 여기서 흥미 있는 것은 투자를 진행한 9년 9개월이라는 시간 동안 투자자의 개인적인 판단은 100% 배제한 채, 오로지 종목선정기준과 정해진 포트폴리오 구성방법만으로 이런 성과를 올렸다는 것이다.

앞에서 투자를 진행하기 전에 전문투자자들(증권사 PB, 펀드매니저, 애널리스트 등)한테 50종목으로 포트폴리오를 구성하여 종목당 2%씩 균등하게 투자할 경우 예상 수익률에 대해 의견을 물어봤을 때, 대부분의 반응이 부정적이었다. 투자를 진행하고 약 9년 정도 지나고 나서 그 전문투자자들한테 실제투자 결과를 알려주었을 때, 반응은 두 가지로 나뉘었다. 첫 번째는 예상치 못한 높은 수익률을 믿을 수 없다는 것이고, 두 번째는 특별한 시기를 잘 만나서 수익률이 높게 나왔거나, 아니면 50종목 중의 한두 종목이 높은 수익률이 나와서 전체 수익률이 좋았을 것이라는 의견이었다. 하지만 9년 9개월 동안 실제투자를 하면서 직접 경험한 바로는 포트폴리오 50종목의 높은 수익률은 아래와 같은 특징으로 정리된다.

첫째, 종목선정기준의 우수성이다. 주식의 본질적인 목적인 배당으로부터 성장성지표를, 주식의 상대가격에 밸류에이션지표를, 그리고 안정성지표를 더해서 세 개의 축으로 만든 종목선정기준은 그 자체만으로 매우 우수하다. 주식투자의 근본적인 고민에서부터 시작해서 만들어진 종목선정기준이기 때문에 그 구성 항목만으로도 높이 평가할 만하다. 이러한 주식의 본질에 대한 깊이 있는 고민 없이 기술적분석의 보조지표를 추가하여 만든 차트 매매나 뉴스이벤트 중심의 모멘텀 투자 등의 방법론과 아주 다르다고 할 수 있다.

둘째, 포트폴리오 구성방법이다. 이는 50종목을 각 종목당 2%씩 균등하게 편입할 때, 한두 종목의 상승률이나 하락률이 전체 포트폴리오 수익률에 크게 영향을 미치지 않는다는 의미가 내포되어 있다. 종목당 편입비가 균등하다는 것은 포트폴리오 수익률이 소수의 종목으로부터 영향을 제한하겠다는 것이며 이것은 손실 측면에서도 적용되지만, 수익 측면에서도 동일하게 적용된다. 통계적으로 보유기간 3개월 동안 50종목 중의 30개 이상의 종목이 10~200%까지 수익이 나고, 10개 내외의 종목이 보합권 내외의 수익률이며, 나머지 10개 내외의 종목이 -10%대 손실 구간에 분포되어 있다. 그래서 평균적으로 전체 수익률은 평균적 8% 내외로 나타난다. 개별 종목의 수익률 자체도 높지만, 이것을 50개 종목으로 하나의 포트폴리오를 구성했을 때는 수익률과 수익 변동성 측면에서 매우 우수하다는 것이다.

셋째, 분기 단위로 포트폴리오를 재조정하는 것이다. 중장기적으로 주가에 가장 중요하게 영향을 미치는 것은 실적이고 그 실적을 바탕으로 투자대상을 선정할 때 중요한 것 중의 하나는 실적의 적시성이다. 기업이 가장 최근에 공식적으로 발표한 정보를 바탕으로 실적의 성장추세를 확인하고, 시장 내에서 평가받는 가치를 산정해서 새로 구성된 포트폴리오로 교체하는 것이 수익률의 주요 요인으로 풀이된다. 성장성이 지속되는 기업은 포트폴리오에 그대로 유지되고, 성장성이 훼손되는 기업은 다음 분기에 포트폴리오에서 제외된다. 그리고 주가 급등으로 밸류에이션이 비싸진 기업도 다음 분기 포트폴리오에서 제외된다. 이 부분을 한마디로 정리하면, 바로 실적의 적시성이 반영된 포트폴리오가 구성되기 때문이라고 할 수 있다.

한계점

위에서 본 것처럼 실제투자수익률이 엄청나게 높고 대단하지만 9년 9개월이라는 기간 동안 실제투자를 진행하면서 확인된 종목선정기준과 포트폴리오 구성방법에는 몇 가지 한계점이 있다.

첫째, 실제투자 결과를 바탕으로 종목선정기준의 우수성을 확인하고 실제투자 결과에 통계적으로 중요한 의미를 부여하기에는 아직 그 투자기간이 짧고 분기 숫자가 매우 부족하다. 어떤 투자방법론을 정립하고 실제투자를 진행했을 때, 적어도 수백 개에서 수천 개에 이르는 모집단이 있어야만 통계적 결과에 의미를 부여할 수가 있을 것이다. 그러므로 지난 9년 9개월, 총 39개 분기로 종목선정기준이나 포트폴리오구성 방법에 객관적인 의미를 부여하기엔 분기 숫자가 너무 적다는 한계가 있다는 것이다.

둘째, 첫 번째와 같은 맥락에서 지난 10년간 한국 주식시장은 상승장, 하락장, 횡보장, 폭락장이 한두 번씩 있었지만, 그 기간이 짧고 경우도 다양하지 못하다. 만약 2000년도부터 동일한 투자 방법으로 투자를 해서 그 결과를 확인할 수 있다면, 기간을 좀 더 확대해서 IMF 시절 전후가 포함된다면, 혹은 1980년대부터 현재까지의 기간이 포함된 투자 결과가 있다면, 종목선정기준에 대한 신뢰도는 좀 더 올라갈 것이다.

셋째, 주식투자의 지역적 한계이다. 실제투자는 한국시장만 대상으로 진행했는데, 동일한 종목선정기준으로 미국, 중국, 유럽, 일본 등 글로벌 주식시장에 동일하게 적용할 수 있는지를 확인해야 한다. 주식의 본질에서부터 중요개념을 도출해서 만들어진 종목선정기준이라면, 한국시장을 비롯한 전 세계 어떤 주식시장에도 통해야 한다는 것이다.

한국시장에서는 좋은 결과가 나오고, 미국 시장이나 해외시장에서는 다른 결과가 나온다면 이는 처음부터 논할 가치조차 없는 투자모델이다. 하지만 글로벌 주식시장에 동일한 방식을 적용했을 때 의미 있는 결과가 나온다면 종목선정기준과 포트폴리오 구성방법에 대한 신뢰도가 한층 더 높아질 것이다.

이러한 한계점은 종목선정기준과 포트폴리오 구성방법의 단점이나 결함이 아니다. 투자기간과 통계자료의 부족으로 인해 종목선정기준에 대해 정확하고 객관적인 평가를 할 수 없다는 것이다. 그래서 이런 부족함을 해소하고자 과거 데이터와 현재 데이터를 가지고 Test Simulation을 진행하였다. 제3장에서는 이러한 Back Test와 Forward Test에 대해 자세히 설명하도록 한다.

A Way to Wealth FMWAY

chapter 03

Test Simulation

종목선정기준과 포트폴리오 구성방법에 대한 유효성 검증과 통계 결과에 어떤 의미를 부여하기 위해, 2001년부터 2023년까지 Back Test와 Forward Test를 진행한 결과에 대한 설명이며 2020년 6월 1일부터는 Website를 통해 포트폴리오를 공개해서 누적수익률을 기록하여 객관성을 확보하고 있다.

https://fmway.io

https://fmway.io의 Website는
글로벌 12개국의 포트폴리오와 수익률현황을 공개하고 있다.
한국을 제외한 11개국의 포트폴리오가 매 분기 공개되며,
포트폴리오 편입종목과 BM지수는 15분 지연시세로
자동 반영되어 수익률로 나타나고 차트로도 표시되어 있다.

2010년부터 2014년까지 5년 동안 종목선정기준과 포트폴리오 구성방법에 대한 연구를 시작하면서, 모델이 완성되기 전까지 과거 재무데이터를 가지고 수없이 많은 Back Test를 진행하였다.

이 책에서 지난 모든 과정을 자세히 설명하기에는 한계가 있어서, Back Test에 대한 일반 원칙과 그 결과, 그리고 현재 진행 중인 Forward Test 위주로 설명하려고 한다. Back Test 진행 초기에는 종목선정기준의 개념을 정립하기 위해 시작했지만, 완성 후에는 종목선정기준과 포트폴리오 구성방법의 한계점을 극복하고 종목선정기준의 유효성 검증을 위해 진행하였다.

Test Simulation은 구체적으로 다음 세 가지로 나뉜다.
첫째는 한국시장의 과거 재무데이터를 확보하여 Back Test를 진행하였다. 기간은 2001년부터 2014년까지 13년 동안이고, 2014년 이후부터는 실제투자를 진행하면서 Back Test와 투자 결과에 연속성이 있는지를 확인하였다.

둘째는 해외시장의 과거와 현재 재무데이터를 확보하여 Back Test를 진행하였다. 글로벌 11개국을 대상으로 과거 데이터를 기반으로 하여 2001년 6월 1일부터 2014년 5월31일까지는 Back Test를 진행하였고, 2014년 6월 1일부터 2024년 2월 29일까지는 매 분기 시작일에 해당 국가의 재무데이터를 구해서 포트폴리오를 구성하는 Forward Test를 진행하였다. Forward Test는 해외시장에서도 종목선정기준이 통하는지, 그 결과가 어떻게 나오는지를 확인하기 위해서 진행하고 있다. 셋째는 검증 방법의 객관성을 높이기 위해 2020년 6월 1일에 Website를 만들어서 전 세계 12개국의 50종목 포트폴리오와 분기수익률, 누적 수익률을 각각 공개하고 있다. 100% 실제투자와 동일하게 프로세스를 진행하여 그 결과를 체크하고 있는데, 단 하나의 차이점은 실제 자금을 투자하지는 않았다는 것이다.

한국시장 대상 과거 데이터 기반 Back Test

제1장에서 설명한 종목선정기준과 포트폴리오 구성방법의 유효성을 확인하기 위해 2001년부터 2014년까지의 상장기업의 재무데이터를 확보하여 Back Test를 진행하였다. 한국 주식시장을 대상으로 Back Test 진행하기 위해 과거 모든 데이터를 구하고자 했으나, 현재 재무데이터는 2000년 이후 데이터만 존재하고 있다. 이유는 금융감독원에서 2000년부터 기업의 분기실적을 의무적으로 공시하도록 강제하기 시작했고, 그 이전 기업 실적 공개 여부는 기업들의 선택에 맡겼기 때문이다. 일부 기업은 2000년 이전의 실적도 공개했지만, 기업 대부분은 2000년 이전의 실적을 공개하지 않은 상태였다. 이런 이유로 전체 데이터 확보가 불가능한 상황에서는 Back Test가 불가능해서 현재 시점에서 확보할 수 있는 2000년 이후 데이터를 취합하여 Back Test를 진행하였다.

앞의 2장에서 언급한 Back Test를 통해서 투자의 8가지 일반 원칙을 수립했고, 그 원칙을 실제투자에 그대로 적용했기 때문에 Back Test는

2014년부터 진행한 실제투자와 거의 모든 조건이 동일하다. 제2장에서 설명한 일반 원칙을 다시 한번 언급하자면 아래와 같다.

1. 모든 상장기업의 실적은 연결재무제표를 기준으로 하고 없으면 개별재무제표로 한다.
2. 상장기업의 실적은 발표가 마무리되는 시점에 모든 데이터를 취합한다.
3. 기한 내 실적을 발표한 기업들만 대상으로 하며, 기한까지 실적을 발표하지 않은 기업은 대상에서 제외한다.
4. 실적을 발표한 기업들의 재무데이터를 확보하여 종목선정기준으로 적용하여 투자대상기업을 정한다.
5. 포트폴리오 구성은 50종목으로 하고 종목당 균등 배분방식으로 2%씩 투자한다.
6. 포트폴리오 보유 기한은 3개월로 하며, 3개월 후 새로운 실적이 발표되면 포트폴리오를 변경한다.
7. 포트폴리오 구성이 완료되면 매도, 매수는 일괄적으로 진행한다.
8. 포트폴리오 구성 프로세스는 실제투자와 동일하게 진행한다.

Back Test를 실제투자와 최대한 같은 환경에서 진행하고자, 현재는 상장폐지되고 없는 종목도 포함해 포트폴리오를 구성했다. 이유는 지금은 상장폐지되고 없는 기업도 당시에는 성장사이클, 즉 성장초기, 본격성장기, 정체기, 쇠퇴기를 겪었을 것이므로, 해당 종목이 포트폴리오에 포함되는지 여부를 체크했고 상장폐지로 인한 포트폴리오 수익률에 어떤 영향을 주는지도 확인하였다.

Back Test를 통해서 단순히 수익률만 살펴보는 것 외에도, 2001년부터 2013년까지 13년이라는 기간 동안 주식시장에 다양한 사건과 이벤트도 함께 체크했다. 2001년 IT 버블 붕괴와 미국의 911사태, 2002년 LG카드 사태, 2003년 SK글로벌 사태, 2005년부터 시작된 대세 상승구간, 2008년 글로벌 금융위기, 2010년 유럽 재정위기, 2011년 미국의 신용 등급 강등 사태까지 크고 작은 사건과 이벤트가 한국 주식시장에 미치는 영향과 50종목 포트폴리오 수익률 사이의 상관관계를 확인했다.

Back Test를 통해 종목선정기준과 포트폴리오 구성에 관한 일반 원칙에 수정·보완된 부분도 있었는데, 바로 펀드 로스컷(손절매)이다. 펀드 로스컷은 매 분기를 시작하면서 투입하는 자금을 원금으로 하여 포트폴리오를 구성할 때, 원금 대비 -20% 시점에 보유 중인 50종목 전부를 일괄 매도하는 것이다. 펀드 로스컷은 글로벌 금융위기와 같은 시장에 큰 충격이 발생했을 때, 손실을 최소화하기 위해 보완된 원칙이다. Back Test 전에는 종목 로스컷(종목당 -20% 손실 발생 시 매도)에 대한 유불리를 검토하였으나, Back Test를 통해서 시장 내 위기가 극대화될 때 펀드 로스컷이 좀 더 효과적이다는 결과가 나와서 그렇게 결정했다. Back Test를 통해 50종목으로 포트폴리오를 구성하고, 금융위기 같은 시장의 큰 충격이 있을 때 포트폴리오 수익률이 -20% 이하로 떨어지는 것을 확인했다. 일반적인 시장상황에서는 대부분 수익권이나 시장상황이 좋지 않을 때 -10% 내외의 수익률로 분기를 마감하기 때문에 펀드 로스컷 비율을 20% 정도면 충분하다고 판단하게 되었다.

여기서 한가지 추가로 언급하고 싶은 것은 Back Test이긴 하지만 다른 일반적으로 흔히 접할 수 있는 시스템트레이딩(System Trading)의 Back Test와는 그 의미가 많이 다르다는 것이다. 과거의 어느 특정 시점으로 돌아간다고 하더라도 우리가 알 수 있는 정보는 기업의 재무데이터가 중심이 되며, 그 데이터를 기반으로 실제투자와 동일하게 종목선정기준을 적용해서 포트폴리오를 구성하기 때문에, 수익률을 임의로 높게 나오게 하려고 특정 종목을 편입하거나 수익률이 낮은 종목을 제외하기는 힘들다. 한국시장을 대상으로 과거 데이터를 기반으로 한 Back Test의 일반사항은 다음과 같다.

첫째, 대상 기간은 2001년 5월 16일에서 2014년 5월 15일까지 13년, 총 52개 분기이다.

둘째, 대상 종목은 코스피, 코스닥시장에 상장된 모든 상장기업을 대상으로 했으며, Back Test 기간에 상장 폐지된 종목까지 포함해 대상 종목은 총 3,600여 개 정도이다.

셋째, Back Test 목적은 투자기간을 과거기간까지 확장해 다양한 시장상황에서 종목선정기준과 포트폴리오 구성방법이 얼마나 유효성이 있는지를 검증하고, 종목선정기준을 적용한 포트폴리오 투자 결과를 확보하여 통계적 분석에 활용하기 위해서이다.

Back Test 투자수익률은 〈표 3-1〉과 같다. Back Test 기간인 13년 동안 52개 분기의 포트폴리오 누적수익률은 31719.21%이다. 동일 기간 KOSPI 수익률은 323.35%, KOSDAQ 수익률은 -13.07%이다. 만약,

투자자가 2001년 5월 16일에 1억 원으로 투자를 시작했다면, 2013년 5월 15일에는 317억 원 정도 되었다는 것이다. 너무 높은 수익률에 아마 대부분의 투자자가 이를 믿지 못할 것이다. 실제로 Back Test를 진행하면서 결과가 너무 터무니없이 높게 나온 것 같아서, 수차례나 같은 절차를 반복하여 오류가 없는지 확인하였다. 13년 동안 317배의 수익은 높은 수익률 때문에 있는 그대로 믿기가 힘든게 사실이다. 단순하게 생각하면 317배의 수익이 불가능하다고 생각하겠지만 그에 대한 답은 다음의 3가지에 있다.

첫째, 분기에 수익이 날 확률이 손실이 날 확률보다 2배 이상 높았다.

둘째, 수익이 난 분기의 평균수익률이 손실이 난 분기의 평균손실률보다 2배 이상 높았다.

셋째, 원금과 수익금이 더해져서 매 분기 복리로 재투자 되었다.

이외에도, 시장상황이 13년이라는 기간 동안 약 3년의 대세 상승장이 포함되어 있었기 때문에 가능했던 부분도 있다.

Back Test를 진행한 13년이라는 기간은 한국 주식시장에서 상승장, 하락장, 횡보장은 물론, 2004년부터 시작하여 2007년까지 대세 상승장이 있었으며, 2008년 글로벌 금융위기로 인한 폭락 장까지 포함되어 있어, 그 기간에 포트폴리오 수익률이 어떻게 나타났는지를 자세히 들여다볼 수 있다. 그리고 나서 Back Test와 실제투자를 비교해 보고, 한데 묶어서 종목선정기준과 포트폴리오 구성방법의 유효성 판단과 통계적 의미를 부여할 수 있는지를 생각해 볼 필요가 있다. Back Test와 실제투자가 전혀 다른 결과가 나온다면, 종목선정기준에 크게 의미를 부여할 수 없을 것이다. 그리고 실제투자 결과는 약간의 우연에 의한 결과라고 생각할 수 있을 것이다. 반면, 두 결과의 연관성이 높다면 종목선정기준은 그 자체로 유효하다고 판단할 수 있을 것이다.

Back Test의 누적수익률은 단순히 참고 정도만 하면 될 것이다. Back Test 누적수익률은 Simulation 그 이상도 그 이하도 아니다. 여기에 큰 의미를 부여한다고 하더라도 현실에서 바뀌는 것은 아무것도 없다. 실제투자와 연계해서 개선점을 찾아보고, 투자 결과를 살펴볼 때는 투자수익률이 안 좋았던 분기와 그때의 시장상황, BM(Bench Mark, 기준지수, 시장수익률) 수익률을 함께 살펴봐야 한다.

〈표 3-1〉을 좀 더 자세히 살펴보면, 2002년 1분기(-13.84%), 2분기(-7.86%), 3분기(-8.12%) 연속으로 3개 분기 동안 손실이 났다. 물론, 해당 기간 시장상황이 좋지 않았다. 시장상황이 안 좋았기 때문에 포트폴리오 수익률도 부진했다. 하지만 단순히 그렇게 생각하기보다는 실제투자였다면 투자자로서 어떻게 했을지를 생각해 봐야 한다. 그때까지 포트폴리오 누적수익률이 79.87%였는데, 3개 분기 연속 손실로 수익률은 31.20%까지 줄어들게 되었다. 만약 투자자 본인이 실제투자를 진행하고 있었는데, 저렇게 연속 손실이 났다면 저 구간을 버틸 수 있겠는가에 대한 생각을 해봐야 한다.

바꿔 말하면 2001년부터 투자를 진행하지 않고 2002년 1분기부터 투자를 진행했다고 가정하면, 3개 분기 연속 손실로 인해 대부분 투자자가 중간에 투자를 그만뒀을 것이다. 아무리 Back Test 결과가 좋게 나오고 이상적인 투자 방법이라고 생각한다고 하더라도, 실제투자의 결과가 좋지 않으면 투자를 진행하던 기간에 투자 방법에 대해 계속 의구심을 가질 것이다. 더구나 3개 분기 연속으로 손실이 나온다면 더 이상 이 방식으로 투자하는 것에 대해 신뢰하지 않게 될 것이다. 그래서 결과만 놓고 평가하기엔 상당한 부담과 무리가 따른다. Back Test의 결과에 대해서는 크게 의미를 두면 안 되겠지만 13년이라는 기간 동안 시장상황과 분기수익률 결과를 보고, 그때의 상황을 가정해서 투자자로서 어떻게 하겠다는 원칙을 수립하는 데 초점을 맞춰야 한다.

2007년 미국의 서브 프라임 사태로 인한 금융위기 때 포트폴리오 수익률이 어떠했는지 〈표 3-1〉을 찾아보면, 2008년 1분기(-5.34%), 2분기(-38.89%)로 두 개 분기 연속으로 손실이 났고, 두 번째 분기의 손실 폭은 -38%를 넘어섰다. 이 기간에 누적수익률은 3,158%에서 1,784%로 43.5% 정도의 마이너스가 발생했다. 사실상 수익률이 반토막이 된 것이다. 앞서 2장에서 볼 수 있듯이 실제투자를 진행하면서는 분기에 -38% 정도의 손실이 발생한 구간이 없었기 때문에, Back Test를 통해서 저런 시장충격 상황 시 어떻게 대처해야 할지에 대한 대응 방안을 고민하게 되었다. 그리고 그것에 대한 해답을 펀드 로스컷에서 찾았다. 펀드 로스컷은 분기에 투자를 시작하는 원금을 기준으로 포트폴리오 수익률이 -20%를 넘어서는 시점에 보유하고 있던 주식을 전량 일괄 매도하는 것이다.

<표 3-1> Back Test 분기별 수익률표

NO	Quarter	Period	Portfolio	KOSPI	KOSDAQ	Portfolio 누적	KOSPI 누적	KOSDAQ 누적
1	2001.1Q	05.16~08.15	18.41%	0.83%	-12.93%	18.41%	0.83%	-12.93%
2	2001.2Q	08.16~11.15	5.61%	4.39%	-1.03%	25.05%	5.25%	-13.83%
3	2001.3Q	11.16~02.15	21.64%	28.27%	9.93%	52.12%	35.01%	-5.27%
4	2001.4Q	02.16~05.15	18.24%	8.56%	2.55%	79.87%	46.57%	-2.86%
5	2002.1Q	05.16~08.15	-13.84%	-17.11%	-25.71%	54.98%	21.49%	-27.83%
6	2002.2Q	08.16~11.15	-7.86%	-6.31%	-17.51%	42.79%	13.83%	-40.47%
7	2002.3Q	11.16~02.15	-8.12%	-13.77%	-11.30%	31.20%	-1.85%	-47.19%
8	2002.4Q	02.16~05.15	12.50%	2.90%	0.05%	47.61%	1.00%	-47.17%
9	2003.1Q	05.16~08.15	27.03%	19.02%	10.87%	87.50%	20.21%	-41.43%
10	2003.2Q	08.16~11.15	5.48%	10.93%	-4.46%	97.79%	33.35%	-44.04%
11	2003.3Q	11.16~02.15	-1.35%	11.04%	-5.34%	95.13%	48.07%	-47.03%
12	2003.4Q	02.16~05.15	10.98%	-12.80%	-9.23%	116.55%	29.12%	-51.92%
13	2004.1Q	05.16~08.15	2.15%	6.45%	-7.89%	121.20%	37.45%	-55.72%
14	2004.2Q	08.16~11.15	21.27%	14.02%	7.69%	168.24%	56.71%	-52.31%
15	2004.3Q	11.16~02.15	73.43%	10.53%	36.99%	365.21%	73.21%	-34.67%
16	2004.4Q	02.16~05.15	1.88%	-4.98%	-15.88%	373.96%	64.59%	-45.04%
17	2005.1Q	05.16~08.15	47.93%	21.65%	20.83%	601.10%	100.23%	-33.59%
18	2005.2Q	08.16~11.15	40.28%	12.26%	24.39%	883.49%	124.77%	-17.40%
19	2005.3Q	11.16~02.15	0.33%	2.89%	-1.27%	886.72%	131.28%	-18.44%
20	2005.4Q	02.16~05.15	10.88%	7.58%	4.69%	994.04%	148.82%	-14.62%
21	2006.1Q	05.16~08.15	-11.80%	-6.29%	-16.96%	864.96%	133.15%	-29.10%
22	2006.2Q	08.16~11.15	18.91%	7.37%	10.67%	1047.45%	150.33%	-21.53%
23	2006.3Q	11.16~02.15	24.31%	2.33%	-0.90%	1326.36%	156.17%	-22.24%
24	2006.4Q	02.16~05.15	45.88%	9.70%	15.28%	1980.76%	181.02%	-10.36%
25	2007.1Q	05.16~08.15	33.44%	13.58%	9.34%	2676.59%	219.17%	-1.98%
26	2007.2Q	08.16~11.15	7.35%	15.12%	9.03%	2880.54%	267.42%	6.87%
27	2007.3Q	11.16~02.15	-9.31%	-12.01%	-13.73%	2603.10%	223.27%	-7.81%
28	2007.4Q	02.16~05.15	20.55%	11.17%	-0.18%	3158.50%	259.38%	-7.97%
29	2008.1Q	05.16~08.15	-5.34%	-16.77%	-19.88%	2984.55%	199.13%	-26.27%
30	2008.2Q	08.16~11.15	-38.89%	-30.58%	-38.60%	1784.87%	107.65%	-54.73%
31	2008.3Q	11.16~02.15	35.72%	10.58%	25.62%	2458.10%	129.62%	-43.13%
32	2008.4Q	02.16~05.15	58.99%	18.40%	34.92%	3967.19%	171.87%	-23.28%
33	2009.1Q	05.16~08.15	14.54%	14.76%	-2.55%	4558.41%	212.00%	-25.23%
34	2009.2Q	08.16~11.15	-6.38%	1.61%	-7.00%	4261.29%	217.03%	-30.47%
35	2009.3Q	11.16~02.15	10.95%	0.07%	5.91%	4738.72%	217.27%	-26.36%
36	2009.4Q	02.16~05.15	21.34%	5.91%	3.15%	5771.29%	236.01%	-24.04%
37	2010.1Q	05.16~08.15	4.52%	5.74%	-6.48%	6036.78%	255.28%	-28.96%
38	2010.2Q	08.16~11.15	20.05%	9.78%	6.04%	7267.07%	290.03%	-24.67%
39	2010.3Q	11.16~02.15	16.38%	5.87%	3.55%	8473.98%	312.91%	-22.00%
40	2010.4Q	02.16~05.15	8.29%	6.58%	-2.46%	9184.98%	340.10%	-23.92%
41	2011.1Q	05.16~08.15	-5.03%	-14.77%	-6.31%	8717.57%	275.08%	-28.72%
42	2011.2Q	08.16~11.15	7.60%	0.33%	2.44%	9387.37%	276.32%	-26.98%
43	2011.3Q	11.16~02.15	21.05%	9.12%	8.10%	11384.42%	310.64%	-21.07%
44	2011.4Q	02.16~05.15	5.74%	-4.93%	-10.24%	12043.17%	290.39%	-29.15%
45	2012.1Q	05.16~08.15	6.97%	6.33%	3.38%	12889.12%	315.09%	-26.75%
46	2012.2Q	08.16~11.15	13.77%	-4.45%	1.76%	14677.82%	296.60%	-24.47%
47	2012.3Q	11.16~02.15	15.48%	6.47%	6.54%	16966.14%	322.25%	-20.59%
48	2012.4Q	02.16~05.15	25.21%	-0.54%	9.09%	21268.83%	319.98%	-13.37%
49	2013.1Q	05.16~08.15	7.40%	-3.17%	-2.68%	22850.12%	306.69%	-15.70%
50	2013.2Q	08.16~11.15	-1.08%	4.45%	-6.57%	22602.12%	324.80%	-21.24%
51	2013.3Q	11.16~02.15	11.29%	-3.51%	2.56%	25165.56%	309.90%	-19.22%
52	2013.4Q	02.16~05.15	25.94%	3.28%	7.61%	**31719.21%**	323.35%	-13.07%

Back Test를 통해 확인된 부분은 평상시에 종목선정기준에 의해 선정된 50종목을 2%씩 균등 배분했을 때, 분기 동안 포트폴리오가 -20% 된 경우는 없었다. 그래서 수익률이 -20%를 넘어서는 경우는 시장에 큰 충격이 있는 특별한 경우로 단정하고, 주식 포지션 전부를 비워서 추가 손실을 회피하는 것에 초점을 맞췄다. 물론, 시장급락 후 급반등하는 경우도 있기 때문에 주식 포지션을 전부 비우는 것이 무조건 능사라고 할 수는 없다. 다만 시장이 충격을 받는 상황에서 일단 포지션을 비우고 관망하다가 시장이 어느 정도 안정화되거나 차츰 반등할 경우, 다음 분기에 다시 포트폴리오를 구성해서 재진입하는 것을 원칙으로 세우게 되었다.

<그림 3-1> Back Test 누적수익률차트

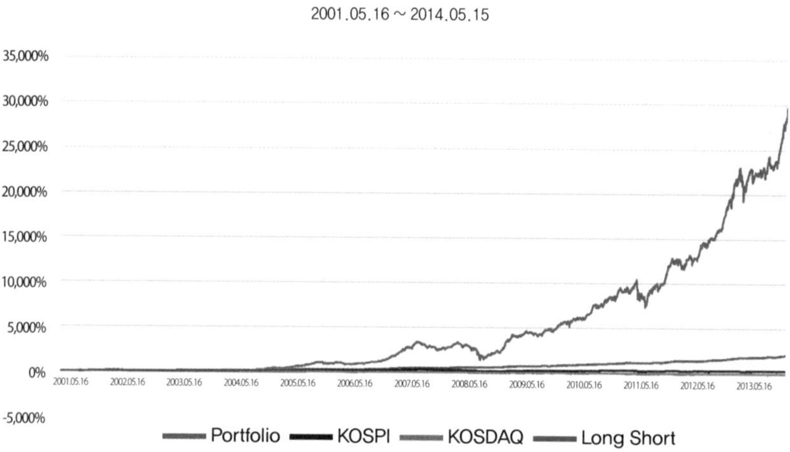

〈그림 3-1〉은 Back Test 누적수익률을 차트로 나타낸 것이다. 차트에서 체크해야 할 것은 수익률 차트는 등락을 반복하지만, 꾸준히 우상향

패턴이라는 것이다. 장기적으로 반복했을 때 꾸준히 수익이 발생한다는 것이 주요 체크포인트이다.

그렇다면 2001년 5월 16일부터 2014년 5월 15일까지 지난 13년 동안 한국 주식시장은 어떠했을까? 2000년 이전에 주요 이슈로는 1997년 12월 IMF로부터 구제금융을 받기 시작하면서 주식시장은 바닥으로 곤두박질쳤고, 1998년 곧바로 반등을 시작하여 1999년 2월 김대중정부의 벤처기업 활성화 정책으로 코스닥기업의 주가가 천정부지로 올라갔었다. 2000년과 2001년을 거치며 IT 버블이 꺼지면서, 주가는 그동안 상승폭을 반납하고 장기간 우하향 곡선을 그리며 떨어졌다. 2001년 9월11일 미국 쌍둥이 빌딩이 테러 공격을 받으면서 글로벌 주식시장은 충격에 휩싸이기도 했었고, 2002년도에는 LG카드 사태가 터지면서 국내 경기는 급속도로 식어갔다. 2003년은 SK글로벌 분식회계가 드러나면서 시장에 충격을 줬으며, 2005년부터 중국의 산업재 버블이 시작되면서 2007년까지 대세 상승장을 경험하기도 하였다. 2007년 미국의 서브 프라임 사태로 인한 금융위기로 전 세계 주식시장이 충격에 휩싸이기도 했었고, 2010년 유럽재정 위기가 발생했으며, 2011년 전대미문의 미국 신용등급 강등 사태도 있었다.

그렇다면 지금부터는 2001년 5월부터 2014년 5월까지 연도별수익률과 분기별수익률을 살펴보도록 하자.

2001년도

2001년도 한국경제는 IMF 위기 이후 구조조정을 통해 경제가 한창 회복되던 시기로, 8월 한국 정부는 IMF 구제금융 상환을 완료하여 IMF 관리 체제에서 벗어나게 되면서 환율은 점차 안정화되어 갔다. 그러나 세계 경제는 IT 버블이 꺼지면서 경기침체의 경착륙 우려가 커졌으며, 미국에서 9·11테러가 발생하면서 세계 경제에 큰 충격을 주었다.

2001년도 한국 주식시장은 경기둔화와 미국의 9·11테러 등으로 인해 변동성이 극에 달했다. 4월에는 현대그룹의 유동성 위기로 인해 KOSPI 지수가 500포인드 밑으로 하락하기도 했고, 9월 11일 미국의 테러참사 후 주식시장은 전 세계 증시 폭락과 더불어 9월 17일 468포인트로 연중 최저치를 기록하기도 했으나, 이후에는 빠르게 안정화되면서 연말에는 전년보다 20% 상승에서 마감하였다.

2001년은 포트폴리오 50종목을 구성하여 가상으로 투자한 첫 번째 해이며, 투자기간은 2001년 5월 16일부터 2002년 5월 15일까지이다. 2001년도 포트폴리오 연간 수익률은 79.87%, Long Short 수익률은 36.44%로, 동일 기간 KOSPI 지수 수익률은 46.57%, KOSDAQ 지수 수익률은 -2.86%로, KOSPI 지수가 큰 폭으로 상승한 한 해였으며, 지수 대비 포트폴리오 수익률이 큰 폭으로 초과수익을 달성한 해였다. 특이한 것은 2분기 수익률이 미국의 9·11테러로 인해 큰 폭으로 하락하여 저점을 확인한 후, 점진적 반등으로 하반기까지 꾸준히 상승하여 마감한 것을 확인할 수 있었다.

2001		1Q(05.16~08.15)	2Q(08.16~11.15)	3Q(11.16~02.15)	4Q(02.16~05.15)	누적(05.16~05.15)
수익률	Long Only	18.41%	5.61%	21.64%	18.24%	79.87%
	Long Short	15.67%	3.32%	5.86%	7.85%	36.44%
KOSPI		0.83%	4.39%	28.27%	8.56%	46.57%
KOSDAQ		-12.93%	-1.03%	9.93%	2.55%	-2.86%

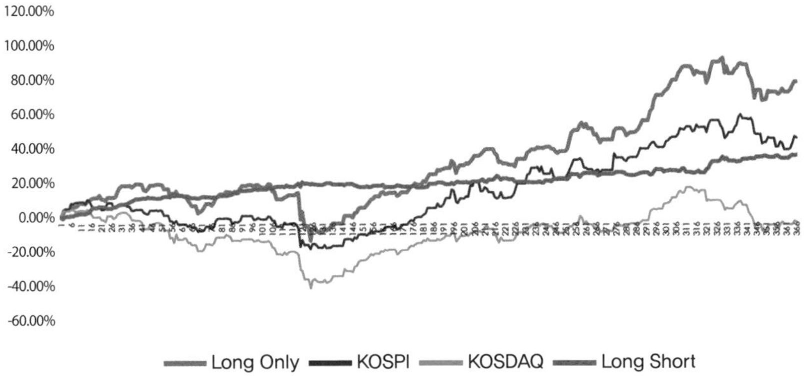

1분기 실제투자기간 2001년 5월 16일부터 2001년 8월 15일까지로 포트폴리오 수익률은 18.41%, Long Short 수익률은 15.67%, KOSPI 지수 상승률은 0.83%, KOSDAQ 지수 하락률은 -12.93%이다.

2분기 실제투자기간 2001년 8월 16일부터 2001년 11월 15일까지로 포트폴리오 수익률은 5.61%, Long Short 수익률은 3.32%, KOSPI 지수 상승률은 4.39%, KOSDAQ 지수 하락률은 -1.03%이다.

3분기 실제투자기간 2001년 11월 16일부터 2002년 2월 15일까지로 포트폴리오 수익률은 21.64%, Long Short 수익률은 5.86%, KOSPI 지수 상승률은 28.27%, KOSDAQ 지수 상승률은 9.93%이다.

4분기 실제투자기간 2002년 2월 16일부터 2002년 5월 15일까지로 포트폴리오 수익률은 18.24%, Long Short 수익률은 7.85%, KOSPI 지수 상승률은 8.56%, KOSDAQ 지수 상승률은 2.55%이다.

2002년도

2002년도 한국경제는 전년도 하반기부터 시작된 세계 경제 침체에도 불구하고 상반기에는 소비 및 건설투자 등 내수 증가, 하반기에는 수출 호조 등에 힘입어 연간 6%대 성장률을 달성하였다. 2001년도 하반기 이후 경기회복을 주도해 온 민간 소비와 건설투자는 하반기에 들어 증가세가 둔화하였으며, 2분기 이후 선진국 경기회복이 부진하였다. 그렇지만 한국 경제는 수출 호조가 지속되면서 국내 경제성장을 주도하였다.

2002년도 한국 주식시장은 IT 거품 붕괴 이후 금리정책 등의 경기부양으로 국내 증시가 살아나는 듯하였으나, 카드대란이 일어나면서 지속해서 하락하였다. 그리고 2분기부터는 금리도 하락 전환하면서 연말까지 하락세가 이어졌으며, 종합지수는 4월 중순에 연중최고치를 기록한 이후 하락 전환하여 연말까지 약세장이 이어졌다.

2002년은 포트폴리오 50종목을 구성하여 가상으로 투자한 두 번째 해이며, 투자기간은 2002년 5월 16일부터 2003년 5월 15일까지이다. 2002년도 포트폴리오 연간 수익률은 -17.94%, Long Short 수익률은 19.84%로, 동일 기간 KOSPI 지수 수익률은 -31.09%, KOSDAQ 지수 수익률은 -45.62%로, IT 거품 붕괴와 카드대란 사태로 인해 국내 증시는 큰 폭으로 하락하였으나 포트폴리오 50종목은 지수 대비 손실 폭이 비교적 작고 상대적으로 양호한 성과를 기록한 한 해였다.

2002		1Q(05.16~08.15)	2Q(08.16~11.15)	3Q(11.16~02.15)	4Q(02.16~05.15)	누적(05.16~05.15)
수익률	Long Only	-13.84%	-7.86%	-8.12%	12.50%	-17.94%
	Long Short	5.94%	4.82%	1.59%	6.23%	19.84%
KOSPI		-17.11%	-6.31%	-13.77%	2.90%	-31.09%
KOSDAQ		-25.71%	-17.51%	-11.30%	0.05%	-45.62%

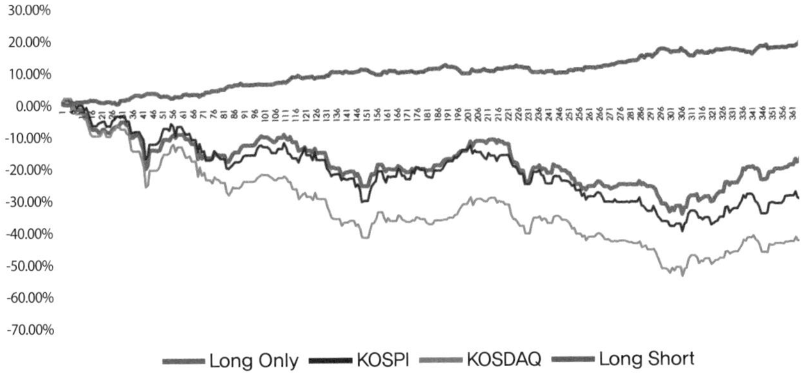

1분기 실제투자기간 2002년 5월 16일부터 2002년 8월 15일까지로 포트폴리오 수익률은 −13.84%, Long Short 수익률은 5.94%, KOSPI 지수 하락률은 −17.11%, KOSDAQ 지수 하락률은 −25.71%이다.

2분기 실제투자기간 2002년 8월 16일부터 2002년 11월 15일까지로 포트폴리오 수익률은 −7.86%, Long Short 수익률은 4.82%, KOSPI 지수 하락률은 −6.31%, KOSDAQ 지수 하락률은 −17.51%이다.

3분기 실제투자기간 2002년 11월 16일부터 2003년 2월 15일까지로 포트폴리오 수익률은 −8.12%, Long Short 수익률은 1.59%, KOSPI 지수 하락률은 −13.77%, KOSDAQ 지수 하락률은 −11.30%이다.

4분기 실제투자기간 2003년 2월 16일부터 2003년 5월 15일까지로 포트폴리오 수익률은 12.50%, Long Short 수익률은 6.23%, KOSPI 지수 상승률은 2.90%, KOSDAQ 지수 상승률은 0.05%이다.

2003년도

2003년도 한국경제는 부실기업 처리 문제로 1년 동안 혼란스러웠고, 특히 하이닉스반도체와 LG카드, SK글로벌 분식회계 문제는 국내경제와 주식시장에 큰 부담을 주었다. 또한, 가계대출 급증은 부동산가격 급등으로 이어졌으며, 이는 빈부격차를 더 크게 만들어 사회 양극화로 인한 갈등을 부추기도 하였다. 그리고 전년 대비 크게 위축된 내수 소비와 수출감소는 한국경제의 큰 부담으로 작용하였다.

2003년도 한국 주식시장은 초반에는 전년도에 이어 약세장을 이어갔으나 3월부터 빈등히기 시작하여 연말에는 24.2%나 상승하여 마감하였다. 연초 주식시장은 북한의 핵확산금지조약(NPT) 탈퇴와 미국과 이라크전쟁 가능성에 따른 불확실성이 커짐에 따라 하락을 거듭하였으나, 3월 SK글로벌 분식회계 발표로 저점을 기록하였고, 3월 20일 미국과 이라크 간의 전쟁을 시작으로 불확실성이 제거되면서 상승세로 전환하였다.

2003년은 포트폴리오 50종목을 구성하여 가상으로 투자한 세 번째 해이며, 투자기간은 2003년 5월 16일부터 2004년 5월 15일까지이다. 2003년도 포트폴리오 연간 수익률은 46.71%, Long Short 수익률은 27.42%로, 동일 기간 KOSPI 지수 수익률은 27.84%, KOSDAQ 지수 수익률은 -8.99%로, 대형주 위주의 KOSPI 지수는 반등하여 큰 폭으로 상승하였으나, 중·소형주 위주의 KOSDAQ 시장은 2002년도에 이어 조정을 받는 한해였다.

2003		1Q(05.16~08.15)	2Q(08.16~11.15)	3Q(11.16~02.15)	4Q(02.16~05.15)	누적(05.16~05.15)
수익률	Long Only	27.03%	5.48%	-1.35%	10.98%	46.71%
	Long Short	8.08%	4.97%	2.00%	10.11%	27.42%
KOSPI		19.02%	10.93%	11.04%	-12.80%	27.84%
KOSDAQ		10.87%	-4.46%	-5.34%	-9.23%	-8.99%

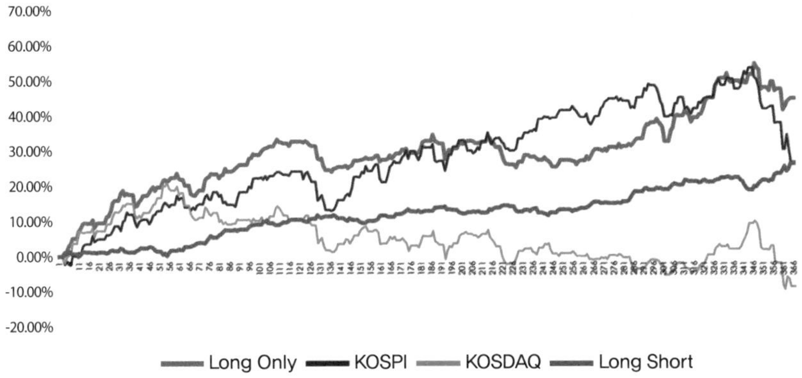

1분기 실제투자기간 2003년 5월 16일부터 2003년 8월 15일까지로 포트폴리오 수익률은 27.03%, Long Short 수익률은 8.08%, KOSPI 지수 상승률은 19.02%, KOSDAQ 지수 상승률은 10.87%이다.

2분기 실제투자기간 2003년 8월 16일부터 2003년 11월 15일까지로 포트폴리오 수익률은 5.48%, Long Short 수익률은 4.97%, KOSPI 지수 상승률은 10.93%, KOSDAQ 지수 하락률은 −4.46%이다.

3분기 실제투자기간 2003년 11월 16일부터 2004년 2월 15일까지로 포트폴리오 수익률은 −1.35%, Long Short 수익률은 2.00%, KOSPI 지수 상승률은 11.04%, KOSDAQ 지수 하락률은 −5.34%이다.

4분기 실제투자기간 2004년 2월 16일부터 2004년 5월 15일까지로 포트폴리오 수익률은 10.98%, Long Short 수익률은 10.11%, KOSPI 지수 하락률은 −12.80%, KOSDAQ 지수 하락률은 −9.23%이다.

2004년도

2004년도 한국경제는 수출 호조에 힘입어 완만한 회복세를 보였고 2003년도부터 서서히 경기가 회복되기 시작하여 2004년도에는 기업의 이익이 큰 폭으로 증가한 해였다. 하지만 가계부채 부담과 투자심리 위축으로 소비지출 및 설비투자가 억제되면서, 내수 부진이 지속되는 경기 양극화 현상을 보였다. 5월 이후 국제유가가 사상 최고 수준으로 급등하면서 고유가가 세계 경제의 주요 변수로 부상하였으며, 석유의 수입 의존도가 높은 한국경제에 큰 부담을 주었다.

2004년도 한국 주식시장은 경기회복 기대감과 함께 큰 폭으로 상승하였다. 삼성전자 중심의 대형주는 큰 폭으로 상승하였고, 중·소형주는 대형주에 비해 상대적으로 부진한 움직임을 보이다가 정부의 코스닥시장 활성화 대책 이후 반등하는 모습을 보였다. 또한, 2004년 기업의 이익이 증가하면서 주가도 큰 폭으로 상승하였다.

2004년은 포트폴리오 50종목을 구성하여 가상으로 투자한 네 번째 해였으며, 투자기간은 2004년 5월 16일부터 2005년 5월 15일까지이다. 2004년도 포트폴리오 연간 수익률은 118.87%, Long Short 수익률은 44.35%로, 동일 기간 KOSPI 지수 수익률은 27.47%, KOSDAQ 지수 수익률은 14.31%로, 포트폴리오 수익률이 100% 이상 넘어서는 기록을 한 첫해이며, 특히 3분기 수익률은 분기 사상 처음으로 70%를 넘는 수익률을 기록했다.

2004		1Q(05.16~08.15)	2Q(08.16~11.15)	3Q(11.16~02.15)	4Q(02.16~05.15)	누적(05.16~05.15)
수익률	Long Only	2.15%	21.27%	73.43%	1.88%	118.87%
	Long Short	5.02%	6.79%	18.22%	8.88%	44.35%
KOSPI		6.45%	14.02%	10.53%	-4.98%	27.47%
KOSDAQ		-7.89%	7.69%	36.99%	-15.88%	14.31%

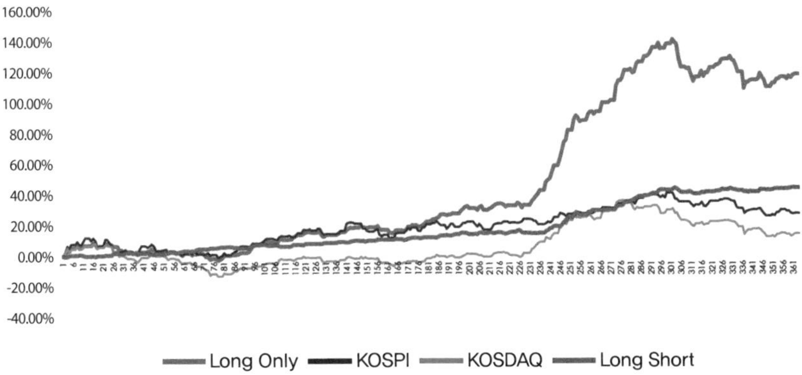

1분기 실제투자기간 2004년 5월 16일부터 2004년 8월 15일까지로 포트폴리오 수익률은 2.15%, Long Short 수익률은 5.02%, KOSPI 지수 상승률은 6.45%, KOSDAQ 지수 하락률은 −7.89%이다.

2분기 실제투자기간 2004년 8월 16일부터 2004년 11월 15일까지로 포트폴리오 수익률은 21.27%, Long Short 수익률은 6.79%, KOSPI 지수 상승률은 14.02%, KOSDAQ 지수 상승률은 7.69%이다.

3분기 실제투자기간 2004년 11월 16일부터 2005년 2월 15일까지로 포트폴리오 수익률은 73.43%, Long Short 수익률은 18.22%, KOSPI 지수 상승률은 10.53%, KOSDAQ 지수 상승률은 36.99%이다.

4분기 실제투자기간 2005년 2월 16일부터 2005년 5월 15일까지로 포트폴리오 수익률은 1.88%, Long Short 수익률은 8.88%, KOSPI 지수 상승률은 −4.98%, KOSDAQ 지수 하락률은 −15.88%이다.

2005년도

2005년도 한국경제는 1월 1일부터 시행된 자유무역협정(FTA)과 미국의 금리인상 등으로 경제성장률은 전년도 4.6%에서 4.0%로 감소하였지만, 수출은 전년 대비 15.5% 증가하여 2,539억 달러로 역대 최고치를 달성하였다. 이는 대중국 수출액 급증으로, 2004년도에 이어 국내기업의 이익이 큰 폭으로 증가하게 되어 증시에도 긍정적인 영향을 미쳤다.

2005년도 한국 주식시장은 적립식펀드라는 새로운 투자 방식이 등장하면서, 종합지수는 사상 최고치를 경신한 한해였다. 대부분 종목이 상승하였으며, KOSPI 지수는 연초 대비 52.06% 상승하였고 KOSDAQ 지수는 81.75% 상승하여 한국증시 재평가의 한 해였다. 이는 정부의 부동산개발 억제 정책으로 시중의 풍부한 유동자금이 증시로 유입되어 2년 연속 주식시장은 큰 폭으로 상승하게 되었다.

2005년은 포트폴리오 50종목을 구성하여 가상 투자한 다섯 번째 해였으며, 투자기간은 2005년 5월 16일부터 2006년 5월 15일까지이다. 2005년도 포트폴리오 연간 수익률은 130.83%, Long Short 수익률은 27.37%로, 동일 기간 KOSPI 지수 수익률은 51.18%, KOSDAQ 지수 수익률은 55.35%로, 2004년도에 이어 코스피 시장과 코스닥 시장이 큰 폭으로 상승하였고 증시 호황으로 인해 포트폴리오 수익률 또한 2년 연속 100% 이상 수익을 달성한 해였다.

2005		1Q(05.16~08.15)	2Q(08.16~11.15)	3Q(11.16~02.15)	4Q(02.16~05.15)	누적(05.16~05.15)
수익률	Long Only	47.93%	40.28%	0.33%	10.88%	130.83%
	Long Short	13.55%	7.95%	0.80%	3.09%	27.37%
KOSPI		21.65%	12.26%	2.89%	7.58%	51.18%
KOSDAQ		20.83%	24.39%	-1.27%	4.69%	55.35%

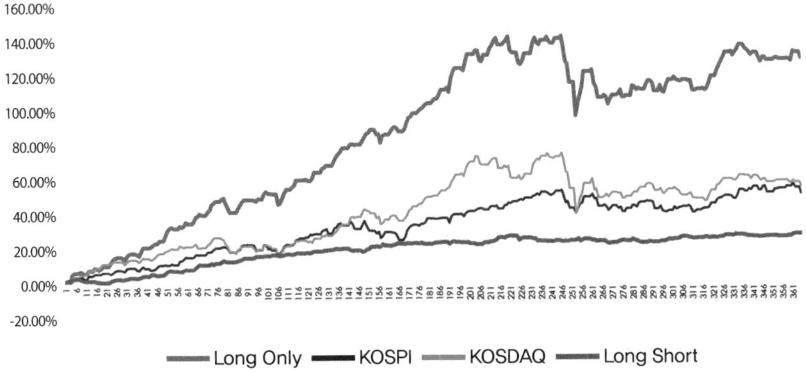

1분기 실제투자기간 2005년 5월 16일부터 2005년 8월 15일까지로 포트폴리오 수익률은 47.93%, Long Short 수익률은 13.55%, KOSPI 지수 상승률은 21.65%, KOSDAQ 지수 상승률은 20.83%이다.

2분기 실제투자기간 2005년 8월 16일부터 2005년 11월 15일까지로 포트폴리오 수익률은 40.23%, Long Short 수익률은 7.95%, KOSPI 지수 상승률은 12.26%, KOSDAQ 지수 상승률은 24.39%이다.

3분기 실제투자기간 2005년 11월 16일부터 2006년 2월 15일까지로 포트폴리오 수익률은 0.33%, Long Short 수익률은 0.80%, KOSPI 지수 상승률은 2.89%, KOSDAQ 지수 하락률은 −1.27%이다.

4분기 실제투자기간 2006년 2월 16일부터 2006년 5월 15일까지로 포트폴리오 수익률은 10.88%, Long Short 수익률은 3.09%, KOSPI 지수 상승률은 7.58%, KOSDAQ 지수 상승률은 4.69%이다.

2006년도

2006년도 한국경제는 수출 증가와 내수 소비증진으로 인해 전년 대비 5.1%의 성장률을 보였다. 특히 반도체를 포함한 IT산업과 자동차, 화학, 조선, 철강 등 한국의 주요 산업이 고루 성장하면서 성장률을 견인했다. 또한, 시중의 풍부한 유동자금이 부동산시장으로 흘러 들어가면서, 유례를 찾아보기 힘들 정도로 서울 아파트값이 19.7% 상승한 부동산 급등의 한 해였다. 그리고 7월에는 북한이 핵실험을 강행하면서, 한반도 지정학적 리스크가 부각되면서 한반도를 위기 상황으로 몰고 갔다.

2006년도 한국 주식시장은 평균 18% 상승한 선진시장과 26% 상승한 신흥시장과 비교해서 상대적으로 부진한 11%대 상승을 기록하였다. 2년 연속 큰 폭의 상승으로 인해 추가 상승에 부담을 느낀 것도 있었지만, 2월 말 황우석 박사의 논문 조작 사건으로 인해 큰 폭으로 하락한 후에 회복하였으나 상승폭에는 제한이 있었다. 이런 상대적으로 부진한 흐름은 글로벌 경기둔화 우려로 인해 정보통신 부문의 상대적 약세와 기업실적증가율 둔화로 인해 모멘텀이 약화된 것, 그리고 북한 핵실험 강행으로 인한 지정학적 리스크 부각이 그 원인이었다.

2006년은 포트폴리오 50종목을 구성하여 가상 투자한 여섯 번째 해였으며, 투자기간은 2006년 5월 16일부터 2007년 5월 15일까지이다. 2006년도 포트폴리오 연간 수익률은 90.19%, Long Short 수익률은 38.67%로, 동일 기간 KOSPI 지수 수익률은 12.94%, KOSDAQ 지수 수익률은 5.00%로, 3년 연속 포트폴리오 수익률이 큰 폭으로 상승한 해였다.

2006		1Q(05.16~08.15)	2Q(08.16~11.15)	3Q(11.16~02.15)	4Q(02.16~05.15)	누적(05.16~05.15)
수익률	Long Only	-11.80%	18.91%	24.31%	45.88%	90.19%
	Long Short	2.58%	4.12%	12.60%	15.30%	38.67%
KOSPI		-6.29%	7.37%	2.33%	9.70%	12.94%
KOSDAQ		-16.96%	10.67%	-0.90%	15.28%	5.00%

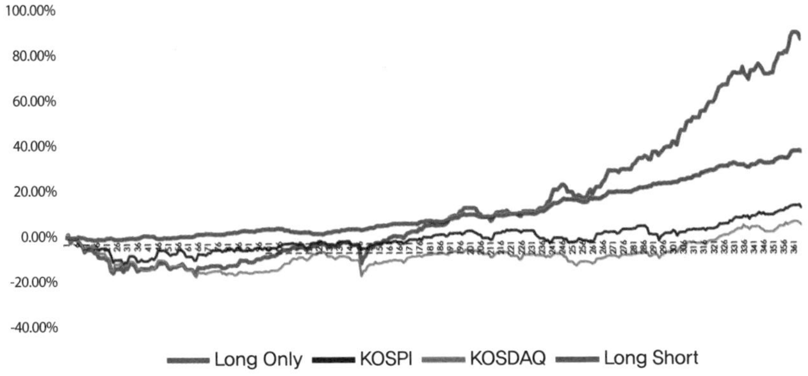

1분기 실제투자기간 2006년 5월 16일부터 2006년 8월 15일까지로 포트폴리오 수익률은 -11.80%, Long Short 수익률은 2.58%, KOSPI 지수 하락률은 -6.29%, KOSDAQ 지수 하락률은 -16.96%이다.

2분기 실제투자기간 2006년 8월 16일부터 2006년 11월 15일까지로 포트폴리오 수익률은 18.91%, Long Short 수익률은 4.12%, KOSPI 지수 상승률은 7.37%, KOSDAQ 지수 상승률은 10.67%이다.

3분기 실제투자기간 2006년 11월 16일부터 2007년 2월 15일까지로 포트폴리오 수익률은 24.31%, Long Short 수익률은 12.60%, KOSPI 지수 상승률은 2.33%, KOSDAQ 지수 하락률은 -0.90%이다.

4분기 실제투자기간 2007년 2월 16일부터 2007년 5월 15일까지로 포트폴리오 수익률은 45.88%, Long Short 수익률은 15.30%, KOSPI 지수 상승률은 9.70%, KOSDAQ 지수 상승률은 15.28%이다.

2007년도

2007년도 한국경제는 비교적 안정적인 경제성장을 지속하고 있었다. GDP 성장률은 양호하게 유지되고, 수출은 증가하는 등 경제 지표들이 호조를 나타냈다. 특히 산업 부문에서는 제조업과 정보통신 분야에서 성과를 내고 있었다. 삼성전자 등 주요 기업들의 기술혁신과 수출 호조가 경제를 견조하게 지탱했다. 한국경제가 안정된 성장을 보였음에도, 하반기로 갈수록 미국의 서브프라임 모기지 위기에 대한 우려감이 대두되면서 글로벌 경기침체에 대한 경고음이 울리는 시기였다.

2007년도 한국 주식시장 IT산업은 세계적으로 주목받아 삼성전자와 같은 기업들이 기술혁신과 수출 호조로 지수상승을 견인했고, 국내 자동차산업도 세계시장에서 경쟁력을 강화하며 성과를 나타내기 시작하였다. 전반적으로는 글로벌경기가 양호한 영향을 미쳤으며, 국내 기업들은 경쟁력을 확보하며 주가에 긍정적인 영향을 주었으나, 미국발 금융위기의 조짐이 나타나면서 2007년 후반기에는 불안한 상황이 시작되기도 하였다.

2007년은 포트폴리오 50종목을 구성하여 가상 투자한 일곱 번째 해였으며, 투자기간은 2007년 5월 16일부터 2008년 5월 15일까지이다. 2007년도 포트폴리오 연간 수익률은 56.60%, Long Short 수익률은 25.33%로, 동일 기간 KOSPI 지수 수익률은 27.88%, KOSDAQ 지수 수익률은 2.66%로, 4년 연속으로 지수 대비 포트폴리오 수익률이 큰 폭으로 초과수익을 달성한 해였다.

2007		1Q(05.16~08.15)	2Q(08.16~11.15)	3Q(11.16~02.15)	4Q(02.16~05.15)	누적(05.16~05.15)
수익률	Long Only	33.44%	7.35%	-9.31%	20.55%	56.60%
	Long Short	12.05%	-0.84%	2.21%	10.36%	25.33%
KOSPI		13.58%	15.12%	-12.01%	11.17%	27.88%
KOSDAQ		9.34%	9.03%	-13.73%	-0.18%	2.66%

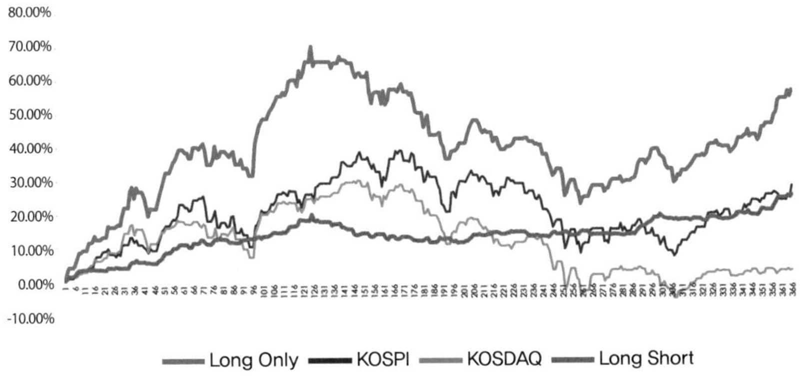

1분기 실제투자기간 2007년 5월 16일부터 2007년 8월 15일까지로 포트폴리오 수익률은 33.44%, Long Short 수익률은 12.05%, KOSPI 지수 상승률은 13.58%, KOSDAQ 지수 상승률은 9.34%이다.

2분기 실제투자기간 2007년 8월 16일부터 2007년 11월 15일까지로 포트폴리오 수익률은 7.35%, Long Short 수익률은 -0.84%, KOSPI 지수 상승률은 15.12%, KOSDAQ 지수 상승률은 9.03%이다.

3분기 실제투자기간 2007년 11월 16일부터 2008년 2월 15일까지로 포트폴리오 수익률은 -9.31%, Long Short 수익률은 2.21%, KOSPI 지수 하락률은 -12.01%, KOSDAQ 지수 하락률은 -13.73%이다.

4분기 실제투자기간 2008년 2월 16일부터 2008년 5월 15일까지로 포트폴리오 수익률은 20.55%, Long Short 수익률은 10.36%, KOSPI 지수 상승률은 11.17%, KOSDAQ 지수 하락률은 -0.18%이다.

2008년도

2008년도 한국경제는 글로벌 금융위기의 영향으로, 한국의 주력산업의 수출이 급감하면서 경기 침체의 흐름에 휩싸였다. 특히 자동차와 반도체 등 주요 수출산업에서는 생산과 수출이 급격하게 축소되었고, 금융시장에서는 신용경색과 함께 주식시장이 폭락했으며, 정부는 긴급대책으로 금융시장을 안정시키려 노력했다. 하지만 내수 경기의 둔화로 소비와 투자가 부진했고, 경기 부진에 따른 고용 문제 또한 심각해졌다. 그러나 이러한 위기 상황에서 수출은 점차 반등했으며, 정부의 적극적인 경기부양 정책으로 경제는 비교적 빠른 속도로 회복하게 되었다.

2008년도 한국 주식시장은 글로벌 금융위기로 인한 경기침체와 불안한 금융 상황의 영향을 크게 받았다. IT산업에서는 세계적인 경기침체로 수출이 감소하였고, 자동차산업은 유가 상승과 소비위축으로 생산과 수출이 감소하였으며, 금융산업은 위기의 직격탄을 받아 신용경색과 주가 폭락이 발생했다. 주요 산업 전반에서 어려운 상황에 직면하게 되었지만, 후반기로 갈수록 글로벌 경기 회복기대감과 시장의 반등 조짐이 나타났다.

2008년은 포트폴리오 50종목을 구성하여 가상으로 투자한 여덟 번째 해였으며, 투자기간은 2008년 5월 16일부터 2009년 5월 15일까지이다. 2008년도 포트폴리오 연간 수익률은 24.82%, Long Short 수익률은 26.07%로, 동일 기간 KOSPI 지수 수익률은 -24.35%, KOSDAQ 지수 수익률은 -16.63%로, 금융위기 여파로 인해 2분기는 포트폴리오 분기수익률이 최초로 -20%를 넘어서기도 하였다.

2008		1Q(05.16~08.15)	2Q(08.16~11.15)	3Q(11.16~02.15)	4Q(02.16~05.15)	누적(05.16~05.15)
수익률	Long Only	-5.34%	-38.89%	35.72%	58.99%	24.82%
	Long Short	7.27%	-0.15%	5.05%	12.04%	26.07%
KOSPI		-16.77%	-30.58%	10.58%	18.40%	-24.35%
KOSDAQ		-19.88%	-38.60%	25.62%	34.92%	-16.63%

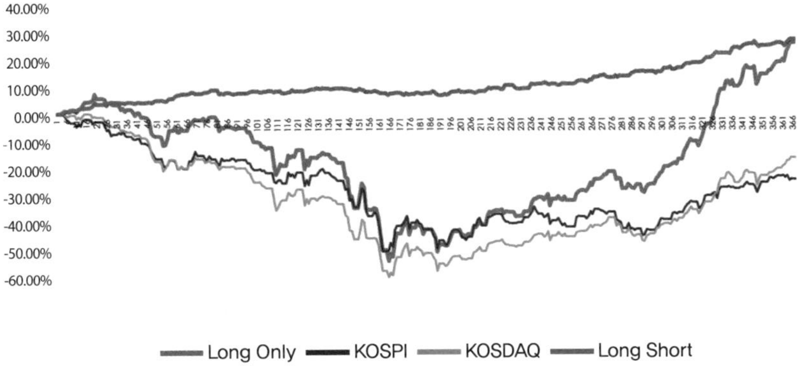

1분기 실제투자기간 2008년 5월 16일부터 2008년 8월 15일까지로 포트폴리오 수익률은 -5.34%, Long Short 수익률은 7.27%, KOSPI 지수 하락률은 -16.77%, KOSDAQ 지수 하락률은 -19.88%이다.

2분기 실제투자기간 2008년 8월 16일부터 2008년 11월 15일까지로 포트폴리오 수익률은 -38.89%, Long Short 수익률은 -0.15%, KOSPI 지수 하락률은 -30.58%, KOSDAQ 지수 하락률은 -38.60%이다.

3분기 실제투자기간 2008년 11월 16일부터 2009년 2월 15일까지로 포트폴리오 수익률은 35.72%, Long Short 수익률은 5.05%, KOSPI 지수 상승률은 10.58%, KOSDAQ 지수 상승률은 25.62%이다.

4분기 실제투자기간 2009년 2월 16일부터 2009년 5월 15일까지로 포트폴리오 수익률은 58.99%, Long Short 수익률은 12.04%, KOSPI 지수 상승률은 18.40%, KOSDAQ 지수 상승률은 34.92%이다.

2009년도

2009년도 한국경제는 글로벌 금융위기로 인해 경기침체와 불확실성 속에서 큰 변화를 겪었다. 세계 경제는 금융위기 여파로 위축되었으며, 이에 따라 수출 중심의 한국경제도 심각한 위기에 직면하게 되었다. 하지만 정부의 적극적인 경기부양책으로 점차 안정되어 갔다. 특히 자동차산업은 내수와 수출의 증가로 회복 조짐이 보였고, IT산업은 수출 증가와 기술혁신을 통해 경제에 긍정적으로 기여하면서 경제는 반등하였으며, 한국경제는 글로벌 금융위기를 극복하고 안정화의 토대를 다졌다.

2009년도 한국 주식시장은 글로벌 금융위기로 인한 경기침체와 정부의 적극적인 경기부양 정책으로 변동성이 큰 한 해였다. IT산업과 자동차산업은 수출 증가로 양적성장을 이뤄냈으나 금융산업은 금융위기 여파로 신용경색과 자산평가 하락이 지속되면서, 주식시장전체는 여전히 글로벌 경기둔화의 영향으로 주가는 등락을 반복했고 변동성도 컸다.

2009년은 포트폴리오 50종목을 구성하여 가상으로 투자한 아홉 번째 해였으며, 투자기간은 2009년 5월 16일부터 2010년 5월 15일까지이다. 2009년도 포트폴리오 연간 수익률은 44.36%, Long Short 수익률은 21.77%로, 동일 기간 KOSPI 지수 수익률은 23.59%, KOSDAQ 지수 수익률은 -0.99%로, 2008년도에 이어 지수 대비 포트폴리오 수익률이 큰 폭으로 초과수익을 달성한 해였다.

2009		1Q(05.16~08.15)	2Q(08.16~11.15)	3Q(11.16~02.15)	4Q(02.16~05.15)	누적(05.16~05.15)
수익률	Long Only	14.54%	-6.38%	10.95%	21.34%	44.36%
	Long Short	8.54%	0.31%	2.52%	9.10%	21.77%
KOSPI		14.76%	1.61%	0.07%	5.91%	23.59%
KOSDAQ		-2.55%	-7.00%	5.91%	3.15%	-0.99%

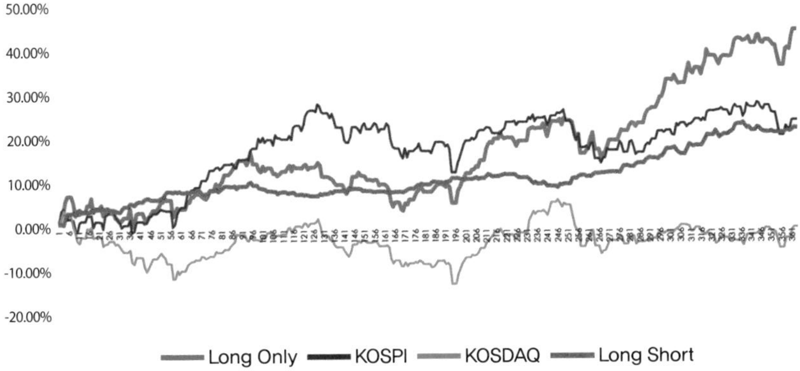

1분기 실제투자기간 2009년 5월 16일부터 2009년 8월 15일까지로 포트폴리오 수익률은 14.54%, Long Short 수익률은 8.54%, KOSPI 지수 상승률은 14.76%, KOSDAQ 지수 하락률은 -2.55%이다.

2분기 실제투자기간 2009년 8월 16일부터 2009년 11월 15일까지로 포트폴리오 수익률은 -6.38%, Long Short 수익률은 0.31%, KOSPI 지수 상승률은 1.61%, KOSDAQ 지수 하락률은 -7.00%이다.

3분기 실제투자기간 2009년 11월 16일부터 2010년 2월 15일까지로 포트폴리오 수익률은 10.95%, Long Short 수익률은 2.52%, KOSPI 지수 상승률은 0.07%, KOSDAQ 지수 상승률은 5.91%이다.

4분기 실제투자기간 2010년 2월 16일부터 2010년 5월 15일까지로 포트폴리오 수익률은 21.34%, Long Short 수익률은 9.10%, KOSPI 지수 상승률은 5.91%, KOSDAQ 지수 상승률은 3.15%이다.

2010년도

2010년도 한국경제는 글로벌 경기회복과 함께 안정적인 성장을 이룬 해였다. 글로벌 금융위기 여파를 극복하고자 정부의 적극적인 경기부양 정책이 성과를 거두면서 경제성장률은 6.2%로 큰 폭으로 상승했으며, 특히 제조업과 수출 중심의 한국경제는 세계 경기 회복과 더불어 수출이 큰 폭으로 증가하면서 뚜렷한 회복 신호를 보여주었다. 그리고 내수 측면에서도 적극적인 정부 정책으로 소비 심리 개선과 소매업, 서비스업종의 회복세를 보인 해였다. 그러나 유럽 국가들의 재정 악화로 글로벌 경기회복에 불확실성이 대두되기도 하였다.

2010년도 한국 주식시장은 글로벌 경기회복과 함께 안정성을 되찾으며 상당한 성과를 보였다. 특히 자동차업종은 수출 증가와 국제적인 경쟁 우위 확보로 큰 성과를 거두었으며, 반도체업종은 세계 경기 회복으로 수요가 증가하면서 삼성전자 등 대표기업은 큰 폭으로 주가가 상승하였다. 또한, 내수 소비의 증가로 소매업과 서비스업종의 주가도 상승하였다.

2010년은 포트폴리오 50종목을 구성하여 가상 투자한 열 번째 해이며, 투자기간은 2010년 5월 16일부터 2011년 5월 15일까지이다. 2010년도 포트폴리오 연간 수익률은 58.14%, Long Short 수익률은 26.60%로, 동일 기간 KOSPI 지수 수익률은 30.98%, KOSDAQ 지수 수익률은 0.15%로, 2009년도에 이어 지수 대비 포트폴리오 수익률이 큰 폭으로 초과수익을 달성한 해였다.

2010		1Q(05.16~08.15)	2Q(08.16~11.15)	3Q(11.16~02.15)	4Q(02.16~05.15)	누적(05.16~05.15)
수익률	Long Only	4.52%	20.05%	16.38%	8.29%	58.14%
	Long Short	5.50%	7.00%	6.42%	5.38%	26.60%
KOSPI		5.74%	9.78%	5.87%	6.58%	30.98%
KOSDAQ		-6.48%	6.04%	3.55%	-2.46%	0.15%

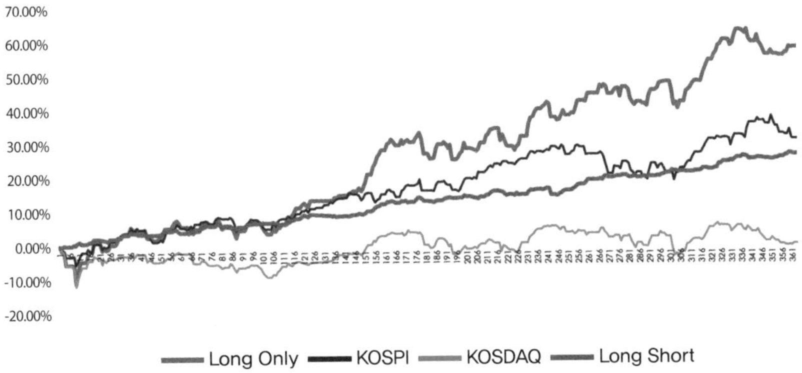

1분기 실제투자기간 2010년 5월 16일부터 2010년 8월 15일까지로 포트폴리오 수익률은 4.52%, Long Short 수익률은 5.50%, KOSPI 지수 상승률은 5.74%, KOSDAQ 지수 하락률은 -6.48%이다.

2분기 실제투자기간 2010년 8월 16일부터 2010년 11월 15일까지로 포트폴리오 수익률은 20.05%, Long Short 수익률은 7.00%, KOSPI 지수 상승률은 9.78%, KOSDAQ 지수 상승률은 6.04%이다.

3분기 실제투자기간 2010년 11월 16일부터 2011년 2월 15일까지로 포트폴리오 수익률은 16.38%, Long Short 수익률은 6.42%, KOSPI 지수 상승률은 5.87%, KOSDAQ 지수 상승률은 3.55%이다.

4분기 실제투자기간 2011년 2월 16일부터 2011년 5월 15일까지로 포트폴리오 수익률은 8.29%, Long Short 수익률은 5.38%, KOSPI 지수 상승률은 6.58%, KOSDAQ 지수 하락률은 -2.46%이다.

2011년도

2011년도 한국경제는 글로벌 경기둔화와 유럽의 재정 위기, 중동지역의 정세 불안 등으로 불확실성이 커지면서 어려움을 겪었다. 경제성장률은 3.7%로 하락하였으며, 주요 산업의 수출 부진은 한국경제에 큰 타격을 주었다. 미국과 중국 등 주요 수출 시장에서의 수요 축소와 환율 변동성이 커지면서 수출 기업은 더욱 어려움에 봉착했다. 이에 정부는 다양한 경기부양 정책을 시행하면서 내수 확대와 일자리 창출에 노력했으나 경제의 불안정성은 지속되었다.

2011년도 한국 주식시장은 글로벌 경기둔화와 불확실성 증가로 인해 주가는 큰 폭으로 등락을 거듭하면서 변동성이 높았다. 경제 불안과 신용위험으로 외국인 투자자들의 주식매도로 코스피 지수가 큰 폭으로 하락하였고, 주요 수출기업들의 수출감소로 자동차와 반도체 기업들의 주가가 하락하였다. 그러나 정부의 내수 확대정책과 소비 진작 노력으로 소매업과 서비스업종은 상대적으로 안정된 모습을 보여주었다.

2011년은 포트폴리오 50종목을 구성하여 가상 투자한 열한 번째 해이며, 투자기간은 2011년 5월 16일부터 2012년 5월 15일까지이다. 2011년도 포트폴리오 연간 수익률은 30.78%, Long Short 수익률은 18.70%로, 동일 기간 KOSPI 지수 수익률은 -11.29%, KOSDAQ 지수 수익률은 -6.87%로, 지수 대비 포트폴리오 수익률이 큰 폭으로 초과수익을 달성한 해였다.

2011		1Q(05.16~08.15)	2Q(08.16~11.15)	3Q(11.16~02.15)	4Q(02.16~05.15)	누적(05.16~05.15)
수익률	Long Only	-5.03%	7.60%	21.05%	5.74%	30.78%
	Long Short	0.64%	2.58%	6.48%	7.99%	18.70%
KOSPI		-14.77%	0.33%	9.12%	-4.93%	-11.29%
KOSDAQ		-6.31%	2.44%	8.10%	-10.24%	-6.87%

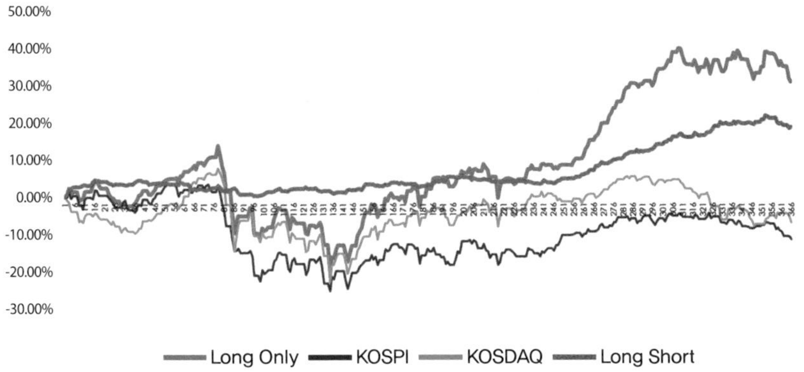

1분기 실제투자기간 2011년 5월 16일부터 2011년 8월 15일까지로 포트폴리오 수익률은 −5.03%, Long Short 수익률은 0.64%, KOSPI 지수 하락률은 −14.77%, KOSDAQ 지수 하락률은 −6.31%이다.

2분기 실제투자기간 2011년 8월 16일부터 2011년 11월 15일까지로 포트폴리오 수익률은 7.60%, Long Short 수익률은 2.58%, KOSPI 지수 상승률은 0.33%, KOSDAQ 지수 상승률은 2.44%이다.

3분기 실제투자기간 2011년 11월 16일부터 2012년 2월 15일까지로 포트폴리오 수익률은 21.05%, Long Short 수익률은 6.48%, KOSPI 지수 상승률은 9.12%, KOSDAQ 지수 상승률은 8.10%이다.

4분기 실제투자기간 2012년 2월 16일부터 2012년 5월 15일까지로 포트폴리오 수익률은 5.74%, Long Short 수익률은 7.99%, KOSPI 지수 하락률은 −4.93%, KOSDAQ 지수 하락률은 −10.24%이다.

2012년도

2012년도 한국경제는 여러 어려움에도 불구하고 점차 안정을 찾고 회복하였다. 유럽의 재정위기와 미국의 신용등급 강등 사태로 세계 경제는 여전히 불확실성이 높아졌지만, 한국경제는 상당한 경기 안정화를 이루어 냈다. 내수 증가와 수출 회복으로 경제성장률 2.0%를 달성했다. 수출은 중국과 아시아 등 신흥시장에서 수요 증가로 정보통신제품의 수출이 늘어나면서 회복하였으며, 내수는 정부의 내수 촉진정책과 소비자심리 회복으로 소매업과 서비스업종이 큰 폭으로 성장했다. 그리고 실업률이 점차 감소하면서 고용 상황도 점차 개선되었다.

2012년도 한국 주식시장은 글로벌 경기둔화와 유럽 재정위기, 중국의 성장둔화 등으로 불확실성이 증대되면서 변동성이 컸다. 이러한 상황에서 일부 섹터(Sector)는 회복 조짐을 보이며, 적극적인 정부정책과 기업들의 노력으로 주식시장에 일부 긍정적인 영향을 미쳤다. 자동차산업은 수출감소로 인해 주가가 조정을 받았으나, IT산업은 세계적으로 스마트폰 시장의 성장으로 반등하기도 하였다.

2012년은 포트폴리오 50종목을 구성하여 가상 투자한 열두 번째 해이며, 투자기간은 2012년 5월 16일부터 2013년 5월 15일까지이다. 2012년도 포트폴리오 연간 수익률은 75.97%, Long Short 수익률은 21.82%로, 동일 기간 KOSPI 지수 수익률은 7.58%, KOSDAQ 지수 수익률은 22.27%로, 지수 대비 포트폴리오 수익률이 큰 폭으로 초과수익을 달성한 해였다.

2012		1Q(05.16~08.15)	2Q(08.16~11.15)	3Q(11.16~02.15)	4Q(02.16~05.15)	누적(05.16~05.15)
수익률	Long Only	6.97%	13.77%	15.48%	25.21%	75.97%
	Long Short	1.79%	6.01%	4.47%	8.06%	21.82%
KOSPI		6.33%	-4.45%	6.47%	-0.54%	7.58%
KOSDAQ		3.38%	1.76%	6.54%	9.09%	22.27%

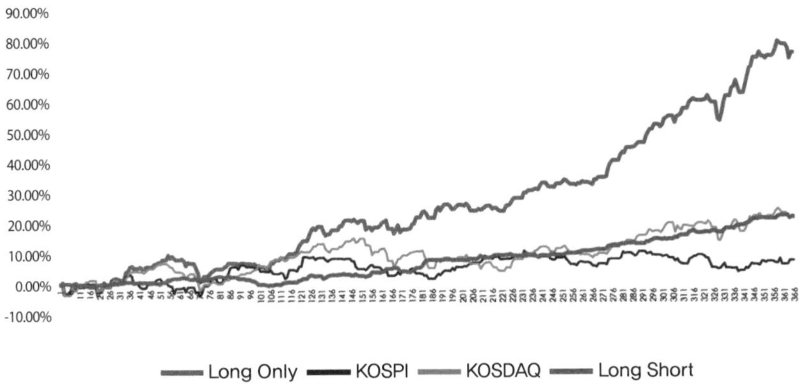

1분기 실제투자기간 2012년 5월 16일부터 2012년 8월 15일까지로 포트폴리오 수익률은 6.97%, Long Short 수익률은 1.79%, KOSPI 지수 상승률은 6.33%, KOSDAQ 지수 상승률은 3.38%이다.

2분기 실제투자기간 2012년 8월 16일부터 2012년 11월 15일까지로 포트폴리오 수익률은 13.77%, Long Short 수익률은 6.01%, KOSPI 지수 하락률은 −4.45%, KOSDAQ 지수 상승률은 1.76%이다.

3분기 실제투자기간 2012년 11월 16일부터 2013년 2월 15일까지로 포트폴리오 수익률은 15.48%, Long Short 수익률은 4.47%, KOSPI 지수 상승률은 6.47%, KOSDAQ 지수 상승률은 6.54%이다.

4분기 실제투자기간 2013년 2월 16일부터 2013년 5월 15일까지로 포트폴리오 수익률은 25.21%, Long Short 수익률은 8.06%, KOSPI 지수 하락률은 −0.54%, KOSDAQ 지수 상승률은 9.09%이다.

2013년도

2013년도 한국경제는 전반적으로 안정을 찾아가면서 성장추세를 이어갔다. 글로벌 경기는 안정되어 갔고 주요 국가들은 회복 조짐을 보이면서 한국의 수출은 회복되었으며, 내수가 탄탄한 성장추세를 이어갔다. 특히 자동차와 반도체 산업은 중국 등 신흥국에서의 수요 증가로 수출이 증가하였다. 내수는 정부의 내수 확대정책과 소비자 심리의 회복으로 소매업과 서비스업종의 성장추세가 지속되었고, 또한 고용은 실업률이 감소하면서 고용 상황이 개선되었다.

2013년도 한국 주식시장은 안정된 국내경제와 수출산업의 회복세에 대한 긍정적인 면으로 인해, 외국인 투자자들의 국내시장 참여가 확대되었다. 그런데도 2013년도는 주식시장은 박스권 내에서 등락이 지속된 한 해였으며, 이는 미국의 양적 완화 정책축소에 따른 금리상승과 중국의 경기둔화 우려로 인해 글로벌 경기 불확실성이 증대되면서 변동성이 증대되었기 때문이다.

2013년은 포트폴리오 50종목을 구성하여 가상 투자한 마지막 해이며, 투자기간은 2013년 5월 16일부터 2014년 5월 15일까지이다. 2015년도 포트폴리오 연간 수익률은 48.90%, Long Short 수익률은 22.96%로, 동일 기간 KOSPI 지수 수익률은 0.80%, KOSDAQ 지수 수익률은 0.35%로, 2012년도에 이어 지수 대비 포트폴리오 수익률이 큰 폭으로 초과수익을 달성한 해였다.

2013		1Q(05.16~08.15)	2Q(08.16~11.15)	3Q(11.16~02.15)	4Q(02.16~05.15)	누적(05.16~05.15)
수익률	Long Only	7.40%	-1.08%	11.29%	25.94%	48.90%
	Long Short	5.04%	2.74%	4.37%	9.16%	22.96%
KOSPI		-3.17%	4.45%	-3.51%	3.28%	0.80%
KOSDAQ		-2.68%	-6.57%	2.56%	7.61%	0.35%

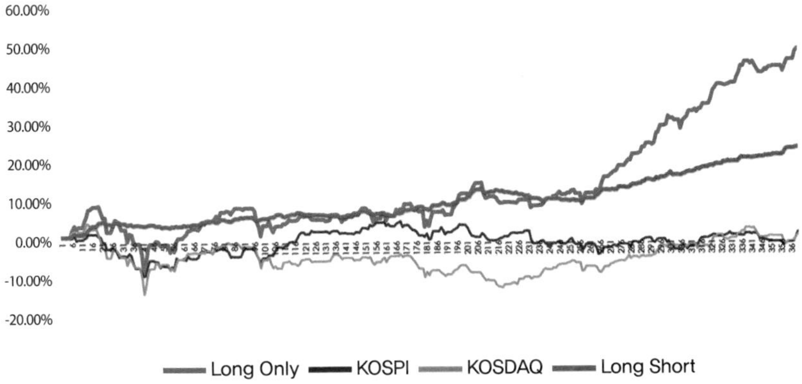

1분기 실제투자기간 2013년 5월 16일부터 2013년 8월 15일까지로 포트폴리오 수익률은 7.40%, Long Short 수익률은 5.04%, KOSPI 지수 하락률은 −3.17%, KOSDAQ 지수 하락률은 −2.68%이다.

2분기 실제투자기간 2013년 8월 16일부터 2013년 11월 15일까지로 포트폴리오 수익률은 −1.08%, Long Short 수익률은 2.74%, KOSPI 지수 상승률은 4.45%, KOSDAQ 지수 하락률은 −6.57%이다.

3분기 실제투자기간 2013년 11월 16일부터 2014년 2월 15일까지로 포트폴리오 수익률은 11.29%, Long Short 수익률은 4.37%, KOSPI 지수 하락률은 −3.51%, KOSDAQ 지수 상승률은 2.56%이다.

4분기 실제투자기간 2014년 2월 16일부터 2014년 5월 15일까지로 포트폴리오 수익률은 25.94%, Long Short 수익률은 9.16%, KOSPI 지수 상승률은 3.28%, KOSDAQ 지수 상승률은 7.61%이다.

2010~2014년까지 5년 동안 종목선정기준의 컨셉과 여기에 포함되는 주요 재무항목을 정하는 것부터 시작하여, 포트폴리오 구성을 위한 종목 수를 정하기까지 Back Test를 무수히 반복하였다. Back Test를 통해서 많은 시행착오와 그 결과로 일반 원칙 8개를 수립할 수 있었고, 13년이라는 과거의 시간을 돌이켜 가상 투자를 하면서 앞으로 견지해야 할 투자자로서 자세를 갖출 수 있었다. 하지만 이런 정성적인 부분은 수치화하기 힘들고 주관적인 부분이라 생략하며, 숫자로 정리할 수 있고 통계적 결과로 객관적 의미를 부여할 수 있는 부분을 정리하면 다음과 같다.

Back Test를 통해 얻은 결과를 종합해 보면 아래와 같다.

<표 3-2> Back Test 결과 분석

구분	분기(수)	분기수익확률	분기평균수익률
수익 분기	41	78.85%	19.50%
손실 분기	11	21.15%	-8.47%
합계	52	100.00%	13.17%

구분	년(수)	연간수익확률	연 평균수익률
수익 년	12	92.31%	59.01%
손실 년	1	7.69%	-17.31%
합계	13	100.00%	53.13%

〈표 3-2〉는 Back Test의 결과를 정리한 것이다. 총 투자기간은 2001년 5월 16일부터 2014년 5월 15일까지 만 13년이다. 총 투자분기는 52개 분기이며, 이 중에서 수익이 난 분기는 41개 분기, 손실이 난 분기는 11개 분기이다. 비율로 나누면 수익 분기 비율이 78.85%, 손실 분기 비

율은 21.15%이다. 수익 분기 41개 분기의 평균수익률은 19.50%이며, 손실 분기 11개 분기의 평균손실률은 -8.47%이다. 총 52개 분기의 평균수익률은 13.17%이다.

투자기간을 연간으로 구분해서 평가한다면, 13년 동안 수익이 난 연수는 12년으로 92.31%, 손실이 난 연수는 1년으로 7.69%이다. 수익이 난 12년 동안 평균수익률은 59.01%이고, 손실이 난 1년 평균손실율은 -17.31%이다. 총 13년 동안 평균수익률은 53.13%이다.

<표 2-3 > 실제투자결과 분석

구분	분기(수)	분기수익확률	분기평균수익률
수익 분기	28	71.79%	13.59%
손실 분기	11	28.21%	-4.29%
합계	39	100.00%	8.47%

구분	년(수)	연간수익확률	연 평균수익률
수익 년	9	90.00%	43.52%
손실 년	1	10.00%	-1.40%
합계	10	100.00%	39.08%

〈표 3-2〉 Back Test 결과와 앞서 제2장 실제투자에서 설명한 188페이지의 〈표 2-3〉 실제투자 결과를 비교하면 다음과 같다.

첫째, 분기수익확률(승률)은 78.85%와 71.79%로 7.06%의 차이가 있다. 그 차이는 Back Test 기간 13년과 실제투자기간 9년 9개월로, 3년 3개월, 즉 13개 분기라는 기간 차이가 존재하기도 하고 Back Test에는

2004년에서 2007년 3년간 대세 상승장이 포함되어 있기 때문이라고도 생각이 된다. 실제투자기간에는 그 정도 연속으로 상승하는 구간이 없었기 때문에 실제투자의 분기수익확률이 Back Test 분기수익확률보다 낮은 것으로 판단된다.

둘째, 분기평균수익률은 13.17%와 8.47%로 4.70%의 차이가 존재하는데, 이는 첫째와 마찬가지로 Back Test 기간 중인 2005년에서 2007년 사이 대세 상승구간의 큰 폭의 분기수익률이 있었기 때문에, 분기평균수익률을 높이는 이유가 되었다. 207페이지의 〈표 3-1〉을 보면, 2004년 2분기(21.27%), 2004년 3분기(73.43%), 2005년 1분기(47.93%), 2005년 2분기(40.28%), 2006년 3분기(24.31%), 2006년 4분기(45.88%), 2007년 1분기(33.44%) 등 분기수익률이라고 생각하기에는 너무 높은 수익률이 여러 분기에 나타났다. 따라서 분기평균수익률도 자연히 높게 나올 수밖에 없었다. 그에 비해서 162페이지의 실제투자수익률은 〈표 2-2〉에 나와 있듯이 분기에 30% 이상 수익률 2번, 20% 이상 수익률은 5번으로 그 숫자가 그리 많지 않고, 수익률도 Back Test처럼 40% 이상 높게 나오는 분기가 거의 없다. 이는 실제투자기간은 주식시장이 긴 횡보 구간에 포함되어 있어서 그런 것으로 해석된다. 실제투자와 Back Test를 비교했을 때 정확하게 분기평균수익률이 일치하기는 힘들 것으로 보이며, 큰 틀에서는 대략 분기평균수익률이 10% 내외로 나올 것으로 예상된다. 이처럼 Back Test 결과와 실제투자 결과가 비슷한 수준으로 나온다면 Back Test 결과를 통계적으로 활용할 수 있을 것으로 판단된다.

셋째, 연간수익확률(승률)은 Back Test가 92.30%와 실제투자의 90.00%로 비슷하고, 연평균수익률은 Back Test 53.13%와 실제투자 39.08%로 14.05% 차이가 존재한다. 이유는 위에 언급한 것처럼 2005년에서 2007년 사이 대세 상승장에서 연간으로 100% 이상 수익이 나왔기 때문이다. 실제투자에서는 그런 대세 상승장을 아직 경험하지 못했기 때문에 분기수익률이나 연간 수익률이 Back Test에 못 미치는 것이 사실이다. Back Test 결과와 실제투자 결과를 비교했을 때, 분기평균수익률과 연평균수익률에서 차이가 존재하긴 하지만, 대세 상승 기간 포함 여부를 감안하면 납득할 만하다. 또한, 분기수익확률과 연간수익확률 측면에서 Back Test와 실제투자가는 차이가 크지 않기 때문에, 이 두 수치를 합산해서 종목선정기준과 포트폴리오 구성 방식에 대해 통계적으로 분석해도 될 것으로 판단된다.

<표 3-3 > Back Test와 실제투자 결과를 합산했을 때

구분	분기(수)	분기수익확률	분기평균수익률
수익 분기	69	75.82%	17.24%
손실 분기	22	24.18%	-7.01%
합계	91	100.00%	11.23%

구분	년(수)	연간수익확률	연 평균수익률
수익 년	21	91.31%	48.37%
손실 년	2	8.69%	-9.35%
합계	23	100.00%	39.08%

〈표 3-3〉은 Back Test와 실제투자결과를 합산한 것이며, 투자기간은 22년 9개월 총 91개 분기로, 앞에서 언급했던 종목선정기준의 한계점 중 하나인 기간이 부족한 부분을 일부 해소할 수 있다고 생각된다. 어떤

주식시장이든지 일관된 원칙으로 91개 분기 동안 투자해서 얻은 결과가 있다면, 그 일관된 원칙의 특징을 파악할 수 있을 것이다.

위의 두 결과를 합산한 〈표 3-3〉에 나와 있는 것처럼, 총 투자기간은 2001년 5월 16일부터 2024년 2월 15일까지이며 만 22년 9개월이다. 앞에서도 언급했듯이, 22년 9개월간의 누적수익률을 따지는 것은 크게 의미가 없다. Back Test 기간의 수익률은 단지 숫자일 뿐, 근거로 쓸 수 있는 실제수익률이 아니며, 투자 업계에서는 그 누구도 Back Test 수익률이나 수익금액을 인정해 주지 않기 때문이다. 하지만 분기수익확률이나 분기평균수익률은 약간 다르다. 오랫동안 동일한 투자 원칙을 적용했을 때 나온 결과에 공통점이나 일관성이 있다면, 통계적인 측면에서 어떤 의미를 부여할 수 있기 때문이다.

총투자 분기는 91개 분기이며, 이 중에서 수익이 난 분기는 69개 분기, 손실이 난 분기는 22개 분기이다. 비율로 나누면 수익 분기 비율이 75.82%, 손실 분기 비율은 24.18%이다. 수익 분기 69개 분기의 평균수익률은 17.24%이며, 손실 분기 22개 분기의 평균손실률은 -7.01%이다. 총 91개 분기의 평균수익률은 11.23%이다. 총 투자기간 22년 9개월을 연간으로 구분해서 평가한다면, 수익이 난 연수는 21년으로 91.31%이며, 손실이 난 연수는 2년으로 8.69%이다. 수익이 난 21년 동안 평균수익률은 48.37%이고, 손실이 난 2년 평균손실률은 -9.35%이다. 총 23년 동안 평균수익률은 39.08%이다. Back Test를 통해서, 종목선정기준과 포트폴리오 구성방법이 지닌 한계점 중 투자기간이 짧다는 한계점에 대해서 일부 해소할 수 있었다. 한마디로 정리하면, 50종목으로 구성된 포트폴리오는 금융위기와 같은 폭락 장을 제외하고 대세 상승장, 박스권의 횡보장 등 어느 시기에도 시장대비 초과수익을 얻을 수 있었고, 대세 상승장에서는 놀랄만한 수익률을 달성할 수 있다는 것이다. 하지만 안타까운 점은 이런 데이터를 제시해도 믿지 못하는 사람들이 많다는 것이다. 아마도 너무 높은 수익률은 현실성이 떨어져서 믿지 못할 수도 있겠다는 생각마저 들기도 했다. 그렇지만 이 책을 읽는 독자들은 수익률 자체보다는 투자 원칙 안에 녹아 있는 투자아이디어와 컨셉에 집중해 주길 바란다.

한계점

한국시장을 대상으로 13년 동안의 Back Test에도 불구하고, 종목선정기준과 포트폴리오 구성방법에는 해소되지 않은 한계점이 존재한다. 투자기간이 짧다는 한계점은 일부 해소되었지만, 지역적인 한계와 통계적 자료가 부족하다는 한계점은 여전히 존재한다. 아마도 이런 한계점을 극복하기 위해서는 상당한 기간과 검증을 위한 과정이 더 필요할 것이다.

첫째, Back Test와 실제투자 결과를 합산해서 종목선정기준과 포트폴리오 구성방법을 평가한다고 했을 때, 기간적 한계는 일부 해소되었다고 판단한다. 어느 지역이든 22년 9개월 정도의 데이터가 있다면, 그 기간 안에는 대세 상승장, 상승장, 횡보장, 하락장, 대세 하락장, 시장충격 등 웬만한 주식시장의 유형은 모두 포함되어 있다고 봐도 된다. 해당 유형의 시장을 겪으면서 포트폴리오 수익률이 어떠했는지를 잘 살펴보면, 어떤 공통점을 확인할 수 있다. 하지만 투자기간에 대해서는 부족한 부분이 남아있다.

둘째, Back Test와 실제투자 결과를 합산해서 평가한다고 하더라도 지역적 한계점은 여전히 남아 있다. 제2장의 실제투자와 Back Test는 한국시장만 대상으로 했기 때문에, 세계 시장을 대상으로 일관성 있는 결과가 나올지에 대해서는 확인할 수 없었다. 주식의 본질에 따라 종목선정기준과 포트폴리오 선정방법이라면, 한국시장뿐만 아니라 어느 국가의 주식시장에도 적용할 수 있어야 하고, 그 결과가 비슷하게 나와야 의미가 있을 것이다. 그런 측면에서 해외시장을 대상으로 한 과거 데이터 기반 Back Test가 필요하다. 해외시장을 대상으로 한 Test Simulation은 다음 장에서 확인할 수 있다.

셋째, Back Test와 다음에 설명할 Forward Test는 Simulation이 가지는 고유 한계점이 있다. 실제투자가 아니기 때문에 가상 투자 그 이상도 그 이하도 아니다. Back Test 누적수익률이 원금의 317배가 되었다 한들, 아무도 이걸로 실제 이익을 얻지 못했기 때문에 가상 투자는 그 자체 한계점이 늘 존재한다. 이런 한계점은 실제투자를 통해서만 극복될 수 있을 것이다. Simulation 고유한계를 일부 해소하기 위해 2020년 6월 1일 Website를 만들어서 포트폴리오 수익률을 모니터링 해오고 있는데, 다음 장에서 자세히 설명하도록 하겠다.

해외시장대상 과거데이터 기반 Back Test

2014년 5월 16일 한국시장을 대상으로 실제투자를 시작하면서, 2014년 6월 1일부터는 해외시장에 상장 되어있는 기업들의 재무데이터를 확보하여 Forward Test를 진행하기 시작하였다. 따라서 엄격히 얘기하면 해외 시장을 대상으로 하는 Test Simulation은 2001년 6월 1일부터 2014년 5월 31일까지는 과거 데이터를 기반으로 한 Back Test이고, 2014년 6월 1일부터 2024년 2월 29일까지는 매 분기 발표하는 실적 데이터를 그때마다 실제투자와 동일한 프로세스대로 포트폴리오를 구성해서 그 결과를 확인한 Forward Test이다. 그래서 단순히 과거 데이터를 가지고 결과만 확인한 Back Test는 그 의미가 또 다르다. 이 두 가지를 합해서 Test Simulation이라 하고, 여기서는 국가별로 나눠서 진행한 결과를 설명하고자 한다.

대상 국가는 미국, 중국, 한국, 홍콩, 일본, 대만, 유럽, 인도, 베트남, 인도네시아, 태국, 싱가포르 이상 12개국이다. 여기서 미국과 중국, 한국은 대상 기간이 2001년 6월 1일부터 2024년 2월 29일까지 각 22년 9개월이고, 세 나라를 제외한 나머지 9개 국가는 2003년 6월 1일부터 2024년 2월 29일까지 20년 9개월이다. 한국, 미국, 중국은 상장기업의 재무데이터를 2001년부터 확보할 수 있었지만, 나머지 국가는 2003년 데이터부터 확보할 수 있었기 때문에 2년이라는 기간 차이가 생긴다. 또한, 한국시장을 대상으로 실제투자나 Back Test는 1분기 실적 취합 기한이 5월 15일까지이고 포트폴리오 구성 및 종목 편입일이 5월 16일부터 가능하였지만, 한국을 제외한 해외시장은 1분기 실적 취합 기한이 5월 31일까지여서 2주간의 시차가 존재한다. 즉, 한국과 해외시장의 경우 2주간의 차이가 발생하는 이유는 데이터 확보 기간의 차이 때문이다. 그래서 여기에서는 해외시장과 동일한 조건으로 테스트를 진행하기 위하여, 한국시장도 1분기 실적을 5월 31일까지 취합하여 6월 1일에 편입한 것으로 하여 Test Simulation을 진행하였다.

참고로 2주간의 시차가 포트폴리오 수익률에 어떤 영향을 주는지 간단히 설명하자면, 한국시장의 경우 1분기 실적을 5월 15일까지 취합하여 5월 16일에 주식을 매수한 포트폴리오와 2주간의 시차를 두고 5월 31일까지 취합하여 6월 1일에 매수한 포트폴리오를 비교했을 때, 5월 16일 매수한 포트폴리오가 수익률 측면에서 평균적으로 2% 정도 높게 나왔다. 2주간의 시간이 길지는 않지만, 2%의 수익률 차이가 나기엔 충분한 시간이다. 항상 그렇다는 것은 아니지만, 평균적으로 2% 정도 수익률이 높게 나왔기 때문에 실제투자를 진행하면서 5월 16일에 매수하는 것을 일반 원칙으로 정하였다.

Test Simulation 중 유럽 시장은 영국은 제외되고, 프랑스, 스위스, 독일, 이탈리아, 스페인 등의 시장에 상장된 600개 종목으로 구성된 STOXX 600 편입 종목만 그 대상으로 한다. 왜냐하면 유럽은 국가별로 재무데이터를 확보하는데 한계가 있었기 때문이다. 유럽 시장전체 대상 종목이 600개로 한정되어 있으므로, 이 중에서 50종목을 골라서 포트폴리오를 구성하는 것은 수익률에도 영향을 주어 시장수익률과 변별력이 줄어드는 이유가 된다. 다시 말해 3,000개 종목 중에서 50종목을 선택해서 운용하는 포트폴리오와 600개 종목에서 50개 종목을 골라서 운용하는 포트폴리오를 비교하면, 후자가 포트폴리오 수익률과 시장수익률 측면에서 별로 차이가 없다는 의미이다.

이런 측면에서 영국을 포함한 유럽의 개별 국가와 캐나다, 호주, 아프리카 몇몇 국가들을 대상으로 한 Test Simulation을 진행한다고 가정하면, 좀 더 지역적 대상을 확장하여 종목선정기준과 포트폴리오 구성방법에 대하여 추가적인 검증을 할 수 있을 것이다.

해외시장 Back Test 개요

- 대상 국가: 12개국
  미국, 중국, 한국, 홍콩, 일본, 대만, 유럽, 인도, 베트남, 인도네시아, 태국, 싱가폴

- 대상기간
  ① Back Test: 2001년 6월 1일 ~ 2014년 5월 31일(13년)
  ② Forward Test: 2014년 6월 1일 ~ 2024년 2월 29일(9년 9개월)

- 분기수: 총 1,010개 분기
  ① 미국, 중국, 한국은 각 91개 분기
  ② 홍콩, 일본, 유럽, 인도, 인도네시아, 베트남, 싱가폴은 각 83개 분기
  ③ 태국 80개 분기 / 대만 76개 분기

- 총 연수: 총 252년 3개월
  ① 미국, 중국, 한국 각 22년 9개월씩
  ② 홍콩, 일본, 유럽, 인도, 인도네시아, 베트남, 싱가포르 각 20년 9개월씩
  ③ 태국 20년
  ④ 대만 19년

지금부터 미국을 비롯한 중국, 한국, 홍콩, 일본, 대만, 유럽, 인도, 베트남, 인도네시아, 태국, 싱가포르 주식시장을 대상으로 Test Simulation 진행한 결과를 각국별로 살펴보겠다.

미국은 2001년 6월 1일부터 2024년 2월 29일까지이며, 포트폴리오 50종목과 BM지수는 NASDAQ Index와 DOW JONES Index를 사용하였고, 분기별로 포트폴리오 수익률, BM수익률과 누적수익률을 표시하였다.

중국은 2001년 6월 1일부터 2024년 2월 29일까지이며, 포트폴리오 50종목과 BM지수는 Shanghai Index를 사용하였고, 분기별로 포트폴리오 수익률, BM수익률과 누적수익률을 표시하였다.

한국은 2001년 6월 1일부터 2024년 2월 29일까지이며, 포트폴리오 50종목과 BM지수는 KOSPI Index와 KOSDAQ Index를 사용하였고, 분기별로 포트폴리오 수익률, BM수익률과 누적수익률을 표시하였다.

홍콩은 2003년 6월 1일부터 2024년 2월 29일까지이며, 포트폴리오 50종목과 BM지수는 HANGSENG Index를 사용하였고, 분기별로 포트폴리오 수익률, BM수익률과 누적수익률을 표시하였다.

일본은 2003년 6월 1일부터 2024년 2월 29일까지이며, 포트폴리오 50종목과 BM지수는 NIKKEI Index를 사용하였고, 분기별로 포트폴리오 수익률, BM수익률과 누적수익률을 표시하였다.

대만은 2003년 6월 1일부터 2024년 2월 29일까지이며, 포트폴리오 50종목과 BM지수는 TSEC Weighted Index를 사용하였고, 분기별로 포트폴리오 수익률, BM수익률과 누적수익률을 표시하였다. 2020년 3분기부터 2022년 1분기까지 7개 분기 동안은 대만 상장기업의 재무데이터가 확보되지 않아 포트폴리오를 구성할 수 없어서 0으로 표시되어 있다.

유럽은 2003년 6월 1일부터 2024년 2월 29일까지이며, 포트폴리오 50종목과 BM지수는 STOXX Europe 600 Index를 사용하였고, 분기별로 포트폴리오 수익률, BM수익률과 누적수익률을 표시하였다.

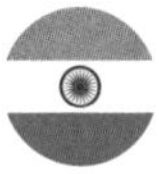

인도는 2003년 6월 1일부터 2024년 2월 29일까지이며, 포트폴리오 50종목과 BM지수는 BSE SENSEX Index를 사용하였고, 분기별로 포트폴리오 수익률, BM수익률과 누적수익률을 표시하였다.

베트남은 2003년 6월 1일부터 2024년 2월 29일까지이며, 포트폴리오 50종목과 BM지수는 HO Chi Minh Index를 사용하였고, 분기별로 포트폴리오 수익률, BM수익률과 누적수익률을 표시하였다.

인도네시아는 2003년 6월 1일부터 2024년 2월 29일까지이며, 포트폴리오 50종목과 BM지수는 JAKARTA Composite Index를 사용하였고, 분기별로 포트폴리오 수익률, BM수익률과 누적수익률을 표시하였다.

태국은 2003년 6월 1일부터 2024년 2월 29일까지이며, 포트폴리오 50종목과 BM지수는 SET Index를 사용하였고, 분기별로 포트폴리오 수익률, BM수익률과 누적수익률을 표시하였다. 태국도 2023년 1분기부터 재무데이터가 확보되지 않아 3개 분기 연속 0으로 표시되어 있다.

싱가폴은 2003년 6월 1일부터 2024년 2월 29일까지이며, 포트폴리오 50종목과 BM지수는 STRAITS TIMES Index를 사용하였고, 분기별로 포트폴리오 수익률, BM수익률과 누적수익률을 표시하였다.

미국

NO	Year	Quarter	Period	Portfolio	NASDAQ	DOW JONES	Portfolio Accumulation	NASDAQ Accumulation	DOW JONES Accumulation
1	2001	1Q	06.01~08.31	-4.50%	-16.00%	-6.00%	-4.50%	-16.00%	-6.00%
2	2001	2Q	09.01~11.30	-0.30%	6.90%	-1.50%	-4.79%	-10.20%	-7.41%
3	2001	3Q	12.01~02.28	23.50%	-6.60%	1.60%	17.59%	-16.13%	-5.93%
4	2001	4Q	03.01~05.31	12.40%	-10.40%	-3.00%	32.17%	-24.85%	-8.75%
5	2002	1Q	06.01~08.31	-13.90%	-18.60%	-14.20%	13.80%	-38.83%	-21.71%
6	2002	2Q	09.01~11.30	10.90%	12.50%	-0.10%	26.20%	-31.18%	-21.79%
7	2002	3Q	12.01~02.28	-3.40%	-9.60%	-9.90%	21.91%	-37.79%	-29.53%
8	2002	4Q	03.01~05.31	48.60%	19.30%	15.30%	81.16%	-25.78%	-18.75%
9	2003	1Q	06.01~08.31	20.50%	13.40%	4.10%	118.30%	-15.84%	-15.42%
10	2003	2Q	09.01~11.30	21.00%	8.30%	7.30%	164.14%	-8.85%	-9.24%
11	2003	3Q	12.01~02.28	18.90%	3.50%	10.20%	214.06%	-5.66%	0.02%
12	2003	4Q	03.01~05.31	0.90%	-2.10%	-3.10%	216.89%	-7.64%	-3.08%
13	2004	1Q	06.01~08.31	6.70%	-6.30%	-0.50%	238.12%	-13.46%	-3.57%
14	2004	2Q	09.01~11.30	30.20%	12.90%	9.20%	340.23%	-2.30%	5.30%
15	2004	3Q	12.01~02.28	16.00%	-1.70%	4.50%	410.67%	-3.96%	10.04%
16	2004	4Q	03.01~05.31	-2.90%	0.50%	-2.40%	395.86%	-3.48%	7.40%
17	2005	1Q	06.01~08.31	10.40%	2.20%	2.70%	447.43%	-1.36%	10.30%
18	2005	2Q	09.01~11.30	7.40%	6.70%	5.00%	487.94%	5.25%	15.81%
19	2005	3Q	12.01~02.28	14.70%	1.10%	4.90%	574.37%	6.41%	21.49%
20	2005	4Q	03.01~05.31	3.10%	-3.40%	1.40%	595.27%	2.79%	23.19%
21	2006	1Q	06.01~08.31	2.80%	-3.20%	0.90%	614.74%	-0.50%	24.30%
22	2006	2Q	09.01~11.30	25.50%	10.00%	6.10%	797.00%	9.45%	31.88%
23	2006	3Q	12.01~02.28	5.40%	-1.90%				
						-4.00%	1151.20%	17.71%	42.07%
68	2017	4Q	03.01~05.31	8.30%	3.00%	0.40%	14541.94%	284.52%	134.39%
69	2018	1Q	06.01~08.31	4.80%	7.30%	4.00%	15244.75%	312.59%	143.76%
70	2018	2Q	09.01~11.30	-4.40%	-10.30%	-4.80%	14569.58%	270.10%	132.06%
71	2018	3Q	12.01~02.28	4.20%	2.70%	1.50%	15185.70%	280.09%	135.54%
72	2018	4Q	03.01~05.31	-3.20%	-1.80%	-3.40%	14696.56%	273.25%	127.53%
73	2019	1Q	06.01~08.31	10.00%	6.80%	3.90%	16176.22%	298.63%	136.41%
74	2019	2Q	09.01~11.30	8.10%	8.80%	6.40%	17494.59%	333.71%	151.54%
75	2019	3Q	12.01~02.28	-8.10%	-1.10%	-8.60%	16069.43%	328.94%	129.91%
76	2019	4Q	03.01~05.31	2.40%	10.70%	-4.60%	16457.50%	374.83%	119.33%
77	2020	1Q	06.01~08.31	9.40%	12.80%	7.90%	18013.90%	435.61%	136.66%
78	2020	2Q	09.01~11.30	8.00%	-0.10%	4.50%	19463.01%	435.08%	147.31%
79	2020	3Q	12.01~02.28	21.51%	3.21%	6.59%	23671.02%	452.25%	163.60%
80	2020	4Q	03.01~05.31	15.84%	1.18%	9.49%	27436.92%	458.75%	188.63%
81	2021	1Q	06.01~08.31	-0.84%	11.09%	2.27%	27205.61%	520.72%	195.18%
82	2021	2Q	09.01~11.30	5.13%	11.09%	2.27%	28606.38%	589.52%	201.89%
83	2021	3Q	12.01~02.28	21.09%	-9.85%	-0.38%	34661.13%	521.60%	200.74%
84	2021	4Q	03.01~05.31	15.41%	-0.71%	2.31%	40017.82%	517.20%	207.68%
85	2022	1Q	06.01~08.31	-13.59%	-1.49%	-3.97%	34565.81%	508.02%	195.46%
86	2022	2Q	09.01~11.30	9.34%	-6.91%	0.01%	37804.58%	466.02%	195.48%
87	2022	3Q	12.01~02.28	-2.22%	-0.24%	-5.05%	36964.32%	464.69%	180.55%
88	2022	4Q	03.01~05.31	-16.52%	13.67%	0.75%	30841.29%	541.88%	182.65%
89	2023	1Q	06.01~08.31	2.65%	1.79%	1.98%	31661.24%	553.37%	188.25%
90	2023	2Q	09.01~11.30	-2.20%	1.39%	3.20%	30962.64%	562.42%	197.46%
91	2023	3Q	12.01~02.29	6.02%	12.10%	7.52%	32832.61%	642.58%	219.83%

중국

NO	Year	Quarter	Period	Portfolio	Shanghai	Portfolio Accumulation	Shanghai Accumulation
1	2001	1Q	06.01~08.31	-7.7%	-9.7%	-7.70%	-9.70%
2	2001	2Q	09.01~11.30	0.5%	-3.6%	-7.24%	-12.95%
3	2001	3Q	12.01~02.28	18.1%	16.9%	9.55%	1.76%
4	2001	4Q	03.01~05.31	-10.1%	-7.9%	-1.51%	-6.28%
5	2002	1Q	06.01~08.31	-11.7%	-15.0%	-13.04%	-20.34%
6	2002	2Q	09.01~11.30	7.6%	1.5%	-6.43%	-19.17%
7	2002	3Q	12.01~02.28	3.0%	-2.1%	-3.62%	-20.87%
8	2002	4Q	03.01~05.31	-17.5%	-18.6%	-20.49%	-35.59%
9	2003	1Q	06.01~08.31	7.1%	11.8%	-14.84%	-27.99%
10	2003	2Q	09.01~11.30	-7.6%	-7.2%	-21.31%	-33.17%
11	2003	3Q	12.01~02.28	25.0%	18.2%	-1.64%	-21.01%
12	2003	4Q	03.01~05.31	44.7%	25.6%	42.33%	-0.79%
13	2004	1Q	06.01~08.31	5.2%	-1.5%	49.73%	-2.28%
14	2004	2Q	09.01~11.30	65.0%	25.5%	147.05%	22.64%
15	2004	3Q	12.01~02.28	55.9%	37.0%	285.15%	68.02%
16	2004	4Q	03.01~05.31	104.9%	46.9%	689.17%	146.82%
17	2005	1Q	06.01~08.31	45.5%	30.4%	1048.24%	221.85%
18	2005	2Q	09.01~11.30	-15.2%	-6.6%	873.71%	200.61%
19	2005	3Q	12.01~02.28	16.5%	-11.7%	1034.37%	165.44%
20	2005	4Q	03.01~05.31	-20.0%	-21.0%	807.49%	109.70%
21	2006	1Q	06.01~08.31	-20.0%	-30.1%	626.00%	46.58%
22	2006	2Q	09.01~11.30	-20.0%	[illegible]	[illegible]	18.00%
[illegible]	[illegible]	[illegible]	[illegible]	[illegible]	-0.4%	18871.57%	[illegible]
67	2017	3Q	12.01~02.28	1.7%	-0.6%	19194.09%	60.19%
68	2017	4Q	03.01~05.31	-3.2%	-0.9%	18576.68%	58.75%
69	2018	1Q	06.01~08.31	35.5%	16.8%	25206.90%	85.42%
70	2018	2Q	09.01~11.30	-12.5%	-2.0%	22043.54%	81.71%
71	2018	3Q	12.01~02.28	4.2%	1.5%	22973.57%	84.43%
72	2018	4Q	03.01~05.31	-3.2%	-3.4%	22235.21%	78.16%
73	2019	1Q	06.01~08.31	10.0%	3.9%	24468.73%	85.11%
74	2019	2Q	09.01~11.30	8.1%	6.4%	26458.80%	96.96%
75	2019	3Q	12.01~02.28	-8.1%	-8.6%	24307.54%	80.02%
76	2019	4Q	03.01~05.31	2.4%	-4.6%	24893.32%	71.74%
77	2020	1Q	06.01~08.31	35.5%	7.9%	33760.95%	85.31%
78	2020	2Q	09.01~11.30	-8.8%	4.5%	30787.96%	93.65%
79	2020	3Q	12.01~02.28	3.1%	5.3%	31754.75%	103.99%
80	2020	4Q	03.01~05.31	0.0%	1.8%	31754.75%	107.66%
81	2021	1Q	06.01~08.31	11.2%	-2.2%	35322.48%	103.03%
82	2021	2Q	09.01~11.30	9.6%	-1.8%	38723.04%	99.37%
83	2021	3Q	12.01~02.28	2.6%	-3.2%	39744.72%	92.99%
84	2021	4Q	03.01~05.31	-6.0%	-9.1%	37336.40%	75.39%
85	2022	1Q	06.01~08.31	-1.3%	0.6%	36834.13%	76.49%
86	2022	2Q	09.01~11.30	-8.0%	-5.9%	33865.85%	66.10%
87	2022	3Q	12.01~02.28	-0.2%	3.6%	33798.03%	72.09%
88	2022	4Q	03.01~05.31	-13.6%	-5.2%	29187.90%	63.19%
89	2023	1Q	06.01~08.31	0.9%	-0.5%	29457.35%	62.39%
90	2023	2Q	09.01~11.30	-5.7%	-3.3%	27767.37%	57.02%
91	2023	3Q	12.01~02.29	-1.4%	-0.5%	27380.02%	56.19%

한국

NO	Year	Quarter	Period	Portfolio	KOSDAQ	KOSPI	Portfolio Accumulation	KOSDAQ Accumulation	KOSPI Accumulation
1	2001	1Q	06.01~08.31	1.30%	-22.80%	-10.20%	1.30%	-22.80%	-10.20%
2	2001	2Q	09.01~11.30	20.60%	14.00%	18.10%	22.17%	-11.99%	6.05%
3	2001	3Q	12.01~02.28	28.00%	11.60%	27.40%	56.37%	-1.78%	35.11%
4	2001	4Q	03.01~05.31	16.40%	-10.60%	-0.50%	82.02%	-12.19%	34.44%
5	2002	1Q	06.01~08.31	-4.30%	-15.30%	-7.50%	74.19%	-25.63%	24.35%
6	2002	2Q	09.01~11.30	-4.00%	-12.20%	-1.60%	67.23%	-34.70%	22.36%
7	2002	3Q	12.01~02.28	-12.10%	-19.50%	-20.60%	46.99%	-47.43%	-2.84%
8	2002	4Q	03.01~05.31	25.40%	12.90%	10.10%	84.33%	-40.65%	6.97%
9	2003	1Q	06.01~08.31	22.40%	5.00%	19.90%	125.62%	-37.69%	28.26%
10	2003	2Q	09.01~11.30	-2.50%	-9.30%	4.20%	119.98%	-43.48%	33.64%
11	2003	3Q	12.01~02.28	-0.80%	-8.50%	9.40%	118.22%	-48.29%	46.21%
12	2003	4Q	03.01~05.31	3.40%	-6.50%	-9.00%	125.64%	-51.65%	33.05%
13	2004	1Q	06.01~08.31	-1.90%	-12.40%	-1.50%	121.35%	-57.64%	31.05%
14	2004	2Q	09.01~11.30	15.10%	2.10%	7.40%	154.77%	-56.75%	40.75%
15	2004	3Q	12.01~02.28	75.90%	32.50%	15.40%	348.14%	-42.70%	62.43%
16	2004	4Q	03.01~05.31	-1.80%	-6.10%	-4.20%	340.08%	-46.19%	55.60%
17	2005	1Q	06.01~08.31	34.20%	6.20%	10.60%	490.58%	-42.86%	72.10%
18	2005	2Q	09.01~11.30	52.20%	39.00%	17.30%	798.87%	-20.57%	101.87%
19	2005	3Q	12.01~02.28	-4.40%	-6.20%	5.00%	759.32%	-25.50%	111.96%
20	2005	4Q	03.01~05.31	-0.90%	-7.60%	-3.90%	751.58%	-31.16%	103.70%
21	2006	1Q	06.01~08.31	-0.10%	-7.80%	3.60%	750.73%	-36.53%	111.03%
22	2006	2Q	09.01~11.30	18.70%	7.70%	[illegible]	[illegible]	[illegible]	[illegible]
[illegible]	[illegible]	[illegible]	[illegible]	[illegible]	[illegible]	5.00%	55526.41%	-17.39%	[illegible]
67	2017	3Q	12.01~02.28	7.90%	8.80%	-1.90%	59920.90%	-10.12%	252.12%
68	2017	4Q	03.01~05.31	10.10%	2.60%	-0.20%	65983.01%	-7.78%	251.42%
69	2018	1Q	06.01~08.31	-11.50%	-8.90%	-5.40%	58383.46%	-15.99%	232.44%
70	2018	2Q	09.01~11.30	-16.10%	-14.80%	-9.70%	48967.62%	-28.42%	200.20%
71	2018	3Q	12.01~02.28	16.00%	5.10%	4.70%	56818.44%	-24.77%	214.30%
72	2018	4Q	03.01~05.31	16.60%	-4.80%	-7.00%	66266.91%	-28.39%	192.30%
73	2019	1Q	06.01~08.31	-7.20%	-12.30%	-3.60%	61488.49%	-37.19%	181.78%
74	2019	2Q	09.01~11.30	0.50%	3.70%	6.10%	61796.43%	-34.87%	198.97%
75	2019	3Q	12.01~02.28	0.90%	-3.50%	-4.80%	62353.50%	-37.15%	184.62%
76	2019	4Q	03.01~05.31	11.80%	16.90%	2.10%	69723.01%	-26.53%	190.60%
77	2020	1Q	06.01~08.31	19.35%	15.29%	12.64%	83233.77%	-15.29%	227.33%
78	2020	2Q	09.01~11.30	18.66%	3.84%	10.29%	98783.85%	-12.04%	261.01%
79	2020	3Q	12.01~02.28	11.47%	2.54%	14.38%	110125.82%	-9.81%	312.92%
80	2020	4Q	03.01~05.31	28.81%	6.35%	5.26%	141881.88%	-4.08%	334.64%
81	2021	1Q	06.01~08.31	6.67%	5.46%	-0.70%	151352.08%	1.16%	331.60%
82	2021	2Q	09.01~11.30	8.29%	5.46%	-0.70%	163907.45%	6.68%	328.57%
83	2021	3Q	12.01~02.28	5.46%	-9.83%	-6.92%	172862.26%	-3.81%	298.93%
84	2021	4Q	03.01~05.31	7.66%	5.23%	1.13%	186116.75%	1.22%	303.42%
85	2022	1Q	06.01~08.31	-15.83%	-9.66%	-7.96%	156633.80%	-8.56%	271.30%
86	2022	2Q	09.01~11.30	-12.13%	-12.09%	-0.06%	137619.64%	-19.62%	271.09%
87	2022	3Q	12.01~02.28	2.93%	6.89%	-2.70%	141653.26%	-14.09%	261.07%
88	2022	4Q	03.01~05.31	6.04%	8.25%	6.81%	150215.15%	-7.00%	285.66%
89	2023	1Q	06.01~08.31	5.32%	0.72%	-0.27%	158211.92%	-6.33%	284.62%
90	2023	2Q	09.01~11.30	-4.72%	-9.57%	-1.11%	150742.71%	-15.30%	280.35%
91	2023	3Q	12.01~02.29	2.90%	4.80%	5.20%	155117.15%	-11.23%	300.13%

홍콩

NO	Year	Quarter	Period	Portfolio	HANGSENG COMPOSITE INDEX	Portfolio Accumulation	HANGSENG INDEX Accumulation
1	2003	1Q	06.01~08.31	42.89%	15.37%	42.89%	15.37%
2	2003	2Q	09.01~11.30	20.60%	12.15%	72.33%	29.39%
3	2003	3Q	12.01~02.28	25.08%	10.25%	115.54%	42.65%
4	2003	4Q	03.01~05.31	-14.94%	-12.64%	83.34%	24.62%
5	2004	1Q	06.01~08.31	14.54%	5.36%	110.00%	31.30%
6	2004	2Q	09.01~11.30	34.22%	9.45%	181.86%	43.71%
7	2004	3Q	12.01~02.28	16.13%	1.38%	227.33%	45.69%
8	2004	4Q	03.01~05.31	1.36%	-2.68%	231.78%	41.78%
9	2005	1Q	06.01~08.31	-4.04%	7.76%	218.37%	52.79%
10	2005	2Q	09.01~11.30	0.06%	-1.48%	218.57%	50.53%
11	2005	3Q	12.01~02.28	22.97%	9.75%	291.74%	65.20%
12	2005	4Q	03.01~05.31	24.56%	1.21%	387.95%	67.20%
13	2006	1Q	06.01~08.31	7.91%	-1.92%	426.55%	63.99%
14	2006	2Q	09.01~11.30	14.31%	11.16%	501.90%	82.29%
15	2006	3Q	12.01~02.28	19.84%	6.23%	621.31%	93.65%
16	2006	4Q	03.01~05.31	21.12%	9.37%	773.65%	111.79%
17	2007	1Q	06.01~08.31	30.08%	17.82%	1036.45%	149.54%
18	2007	2Q	09.01~11.30	6.48%	11.79%	1110.09%	178.96%
19	2007	3Q	12.01~02.28	-8.32%	-14.46%	1009.41%	138.62%
20	2007	4Q	03.01~05.31	-4.83%	0.84%	955.83%	140.62%
21	2008	1Q	06.01~08.31	-20.00%	-16.29%	744.66%	101.43%
22	2008	2Q	09.01~11.30	-20.00%	[illegible]	[illegible]	31.29%
					[illegible]	[illegible]	
59	2017	3Q	12.01~02.28	1.32%	6.45%	9674.75%	180.84%
60	2017	4Q	03.01~05.31	3.91%	-1.47%	10056.94%	176.72%
61	2018	1Q	06.01~08.31	-8.32%	-10.57%	9211.88%	147.47%
62	2018	2Q	09.01~11.30	-8.78%	-5.70%	8394.30%	133.36%
63	2018	3Q	12.01~02.28	5.94%	8.77%	8898.86%	153.83%
64	2018	4Q	03.01~05.31	7.67%	-7.21%	9589.07%	135.53%
65	2019	1Q	06.01~08.31	-11.39%	-3.81%	8485.49%	126.55%
66	2019	2Q	09.01~11.30	6.59%	3.34%	9051.27%	134.12%
67	2019	3Q	12.01~02.28	5.21%	0.61%	9528.05%	135.55%
68	2019	4Q	03.01~05.31	-11.31%	-7.76%	8439.12%	117.27%
69	2020	1Q	06.01~08.31	28.10%	15.04%	10838.61%	149.95%
70	2020	2Q	09.01~11.30	18.94%	6.18%	12910.39%	165.39%
71	2020	3Q	12.01~02.28	29.53%	5.54%	16752.36%	180.10%
72	2020	4Q	03.01~05.31	19.95%	-2.36%	20114.40%	173.49%
73	2021	1Q	06.01~08.31	8.56%	-13.05%	21844.75%	137.80%
74	2021	2Q	09.01~11.30	-2.90%	-9.14%	21208.36%	116.06%
75	2021	3Q	12.01~02.28	6.60%	-5.73%	22614.71%	103.68%
76	2021	4Q	03.01~05.31	15.91%	-8.10%	26228.62%	87.18%
77	2022	1Q	06.01~08.31	-5.21%	-7.09%	24856.90%	73.91%
78	2022	2Q	09.01~11.30	-7.18%	-6.74%	23064.99%	62.19%
79	2022	3Q	12.01~02.28	13.87%	6.07%	26277.97%	72.03%
80	2022	4Q	03.01~05.31	-6.29%	-12.27%	24618.80%	50.93%
81	2023	1Q	06.01~08.31	-2.10%	-0.12%	24099.71%	50.75%
82	2023	2Q	09.01~11.30	1.64%	-6.56%	24496.58%	40.86%
83	2023	3Q	12.01~02.29	9.74%	-0.23%	26892.29%	40.53%

일본

NO	Year	Quarter	Period	Portfolio	NIKKEI	Portfolio Accumulation	NIKKEI Accumulation
1	2003	1Q	06.01~08.31	35.40%	22.80%	35.40%	22.80%
2	2003	2Q	09.01~11.30	5.60%	-2.30%	42.98%	19.98%
3	2003	3Q	12.01~02.28	17.00%	9.30%	67.29%	31.13%
4	2003	4Q	03.01~05.31	12.30%	2.40%	87.87%	34.28%
5	2004	1Q	06.01~08.31	-0.80%	-0.90%	86.36%	33.07%
6	2004	2Q	09.01~11.30	-0.50%	-3.40%	85.43%	28.55%
7	2004	3Q	12.01~02.28	10.90%	7.60%	105.64%	38.32%
8	2004	4Q	03.01~05.31	1.70%	-4.00%	109.14%	32.78%
9	2005	1Q	06.01~08.31	18.10%	11.50%	146.99%	48.05%
10	2005	2Q	09.01~11.30	22.20%	22.40%	201.83%	81.22%
11	2005	3Q	12.01~02.28	1.80%	1.60%	207.26%	84.12%
12	2005	4Q	03.01~05.31	-6.20%	0.80%	188.21%	85.59%
13	2006	1Q	06.01~08.31	-3.20%	2.20%	178.99%	89.67%
14	2006	2Q	09.01~11.30	-2.00%	1.20%	173.41%	91.95%
15	2006	3Q	12.01~02.28	11.70%	5.50%	205.39%	102.51%
16	2006	4Q	03.01~05.31	2.00%	4.30%	211.50%	111.22%
17	2007	1Q	06.01~08.31	-6.70%	-7.70%	190.63%	94.95%
18	2007	2Q	09.01~11.30	-2.80%	-5.40%	182.49%	84.42%
19	2007	3Q	12.01~02.28	-12.10%	-13.20%	148.31%	60.08%
20	2007	4Q	03.01~05.31	10.20%	5.40%	173.64%	68.72%
21	2008	1Q	06.01~08.31	-9.80%	-8.80%	146.82%	53.88%
22	2008	2Q	09.01~11.30	-20.00%	[illegible]	[illegible]	[illegible]
					[illegible]	3974.44%	[illegible]
59	2017	3Q	12.01~02.28	9.80%	-1.90%	6569.73%	185.98%
60	2017	4Q	03.01~05.31	-10.60%	1.40%	5862.74%	189.98%
61	2018	1Q	06.01~08.31	7.60%	3.10%	6315.91%	198.97%
62	2018	2Q	09.01~11.30	-8.70%	-2.30%	5757.73%	192.09%
63	2018	3Q	12.01~02.28	-3.90%	-4.30%	5529.28%	179.53%
64	2018	4Q	03.01~05.31	-8.00%	-4.60%	5078.93%	166.68%
65	2019	1Q	06.01~08.31	-4.90%	-0.70%	4825.17%	164.81%
66	2019	2Q	09.01~11.30	21.90%	12.50%	5903.78%	197.91%
67	2019	3Q	12.01~02.28	4.40%	-5.80%	6167.94%	180.63%
68	2019	4Q	03.01~05.31	-1.00%	1.30%	6105.26%	184.28%
69	2020	1Q	06.01~08.31	7.50%	4.90%	6570.66%	198.21%
70	2020	2Q	09.01~11.30	6.94%	12.40%	7033.60%	235.19%
71	2020	3Q	12.01~02.28	7.84%	11.70%	7592.88%	274.40%
72	2020	4Q	03.01~05.31	0.79%	-2.71%	7653.87%	264.26%
73	2021	1Q	06.01~08.31	4.13%	-2.52%	7974.10%	255.08%
74	2021	2Q	09.01~11.30	4.13%	-2.52%	8307.26%	246.15%
75	2021	3Q	12.01~02.28	-9.56%	-5.04%	7503.93%	228.70%
76	2021	4Q	03.01~05.31	-2.09%	-4.03%	7345.00%	215.44%
77	2022	1Q	06.01~08.31	10.53%	2.31%	8129.01%	222.72%
78	2022	2Q	09.01~11.30	-2.69%	-0.98%	7908.02%	219.57%
79	2022	3Q	12.01~02.28	7.26%	-2.77%	8489.06%	210.73%
80	2022	4Q	03.01~05.31	-5.20%	12.25%	8042.43%	248.79%
81	2023	1Q	06.01~08.31	6.30%	6.05%	8555.40%	269.90%
82	2023	2Q	09.01~11.30	-3.43%	2.37%	8258.28%	278.67%
83	2023	3Q	12.01~02.29	7.84%	17.25%	8913.57%	344.00%

대만

NO	Year	Quarter	Period	Portfolio	TSEC weighted index	Portfolio Accumulation	weighted index Accumulation
1	2003	1Q	06.01~08.31	29.90%	24.00%	29.90%	24.00%
2	2003	2Q	09.01~11.30	6.70%	1.40%	38.60%	25.74%
3	2003	3Q	12.01~02.28	20.50%	15.00%	67.02%	44.60%
4	2003	4Q	03.01~05.31	-7.60%	-13.20%	54.32%	25.51%
5	2004	1Q	06.01~08.31	-4.30%	-3.70%	47.69%	20.87%
6	2004	2Q	09.01~11.30	1.20%	-0.20%	49.46%	20.62%
7	2004	3Q	12.01~02.28	14.30%	7.00%	70.83%	29.07%
8	2004	4Q	03.01~05.31	-1.40%	-4.30%	68.44%	23.52%
9	2005	1Q	06.01~08.31	4.70%	1.00%	76.36%	24.75%
10	2005	2Q	09.01~11.30	3.40%	2.80%	82.35%	28.25%
11	2005	3Q	12.01~02.28	9.20%	6.20%	99.13%	36.20%
12	2005	4Q	03.01~05.31	16.70%	3.60%	132.39%	41.10%
13	2006	1Q	06.01~08.31	-2.40%	-3.80%	126.81%	35.74%
14	2006	2Q	09.01~11.30	24.60%	13.80%	182.60%	54.47%
15	2006	3Q	12.01~02.28	10.30%	3.80%	211.71%	60.34%
16	2006	4Q	03.01~05.31	14.80%	6.10%	257.84%	70.12%
17	2007	1Q	06.01~08.31	9.90%	4.80%	293.27%	78.29%
18	2007	2Q	09.01~11.30	-20.00%	-7.90%	214.62%	64.20%
19	2007	3Q	12.01~02.28	0.30%	-3.30%	215.56%	58.78%
20	2007	4Q	03.01~05.31	14.80%	3.20%	262.26%	63.86%
21	2008	1Q	06.01~08.31	-16.50%	-18.30%	202.49%	33.88%
22	2008	2Q	09.01~11.30	-20.00%	[illegible]	[illegible]	-12.31%
					1.10%	2743.34%	[illegible]
59	2017	3Q	12.01~02.28	3.20%	2.00%	2834.32%	79.28%
60	2017	4Q	03.01~05.31	13.70%	1.90%	3236.32%	82.69%
61	2018	1Q	06.01~08.31	7.70%	1.10%	3493.22%	84.70%
62	2018	2Q	09.01~11.30	-8.20%	-10.60%	3198.58%	65.12%
63	2018	3Q	12.01~02.28	6.60%	5.10%	3416.28%	73.54%
64	2018	4Q	03.01~05.31	5.70%	1.10%	3616.71%	75.45%
65	2019	1Q	06.01~08.31	6.50%	1.10%	3858.30%	77.38%
66	2019	2Q	09.01~11.30	8.10%	9.40%	4178.92%	94.05%
67	2019	3Q	12.01~02.28	2.10%	-1.70%	4268.78%	90.75%
68	2019	4Q	03.01~05.31	11.90%	-3.10%	4788.66%	84.84%
69	2020	1Q	06.01~08.31	3.40%	13.70%	4954.88%	110.16%
70	2020	2Q	09.01~11.30	-1.90%	7.00%	4858.83%	124.88%
71	2020	3Q	12.01~02.28	0.00%	0.00%	4858.83%	124.88%
72	2020	4Q	03.01~05.31	0.00%	7.03%	4858.83%	140.69%
73	2021	1Q	06.01~08.31	0.00%	7.03%	4858.83%	157.62%
74	2021	2Q	09.01~11.30	0.00%	1.91%	4858.83%	162.54%
75	2021	3Q	12.01~02.28	0.00%	0.38%	4858.83%	163.53%
76	2021	4Q	03.01~05.31	0.00%	0.38%	4858.83%	164.52%
77	2022	1Q	06.01~08.31	0.00%	-9.47%	4858.83%	139.46%
78	2022	2Q	09.01~11.30	8.62%	3.27%	5286.20%	147.29%
79	2022	3Q	12.01~02.28	10.55%	6.29%	5854.44%	162.85%
80	2022	4Q	03.01~05.31	3.58%	2.48%	6067.61%	169.37%
81	2023	1Q	06.01~08.31	6.71%	4.74%	6481.46%	182.13%
82	2023	2Q	09.01~11.30	1.59%	-3.21%	6586.10%	173.08%
83	2023	3Q	12.01~02.29	3.93%	4.29%	6848.87%	184.79%

유럽

NO	Year	Quarter	Period	Portfolio	STOXX Europe 600	Portfolio Accumulation	STOXX Europe 600 Accumulation
1	2003	1Q	06.01~08.31	11.10%	9.20%	11.10%	9.20%
2	2003	2Q	09.01~11.30	9.30%	2.60%	21.43%	12.04%
3	2003	3Q	12.01~02.28	12.80%	7.00%	36.98%	19.88%
4	2003	4Q	03.01~05.31	2.40%	-3.20%	40.26%	16.05%
5	2004	1Q	06.01~08.31	2.90%	-0.90%	44.33%	15.00%
6	2004	2Q	09.01~11.30	8.00%	4.80%	55.88%	20.52%
7	2004	3Q	12.01~02.28	12.90%	6.00%	75.99%	27.75%
8	2004	4Q	03.01~05.31	3.90%	-0.70%	82.85%	26.86%
9	2005	1Q	06.01~08.31	12.20%	5.20%	105.16%	33.46%
10	2005	2Q	09.01~11.30	7.10%	4.40%	119.72%	39.33%
11	2005	3Q	12.01~02.28	10.00%	7.80%	141.69%	50.19%
12	2005	4Q	03.01~05.31	-2.60%	-3.60%	135.41%	44.79%
13	2006	1Q	06.01~08.31	6.40%	4.60%	150.48%	51.45%
14	2006	2Q	09.01~11.30	5.60%	4.60%	164.50%	58.41%
15	2006	3Q	12.01~02.28	13.80%	9.40%	201.00%	73.31%
16	2006	4Q	03.01~05.31	11.00%	9.70%	234.12%	90.12%
17	2007	1Q	06.01~08.31	-0.60%	-6.10%	232.11%	78.52%
18	2007	2Q	09.01~11.30	-2.10%	-3.20%	225.14%	72.81%
19	2007	3Q	12.01~02.28	0.10%	-10.90%	225.46%	53.97%
20	2007	4Q	03.01~05.31	2.90%	0.60%	234.90%	54.89%
21	2008	1Q	06.01~08.31	-1.29%	-10.50%	230.58%	38.63%
22	2008	2Q	09.01~11.30	-20.00%	[illegible]	[illegible]	-0.46%
					2.80%	2437.07%	[illegible]
59	2017	3Q	12.01~02.28	1.30%	-1.10%	2470.05%	85.04%
60	2017	4Q	03.01~05.31	1.50%	2.20%	2508.60%	89.12%
61	2018	1Q	06.01~08.31	2.70%	-1.20%	2579.04%	86.85%
62	2018	2Q	09.01~11.30	-2.80%	-6.50%	2504.02%	74.70%
63	2018	3Q	12.01~02.28	7.20%	4.30%	2691.51%	82.21%
64	2018	4Q	03.01~05.31	-0.50%	-1.40%	2677.56%	79.66%
65	2019	1Q	06.01~08.31	6.50%	2.80%	2858.10%	84.69%
66	2019	2Q	09.01~11.30	4.30%	8.00%	2985.29%	99.47%
67	2019	3Q	12.01~02.28	-0.50%	-7.80%	2969.87%	83.91%
68	2019	4Q	03.01~05.31	1.20%	-6.70%	3006.71%	71.59%
69	2020	1Q	06.01~08.31	4.40%	3.50%	3143.40%	77.59%
70	2020	2Q	09.01~11.30	8.98%	6.70%	3434.66%	89.49%
71	2020	3Q	12.01~02.28	5.24%	4.96%	3619.88%	98.89%
72	2020	4Q	03.01~05.31	7.25%	8.32%	3889.39%	115.44%
73	2021	1Q	06.01~08.31	3.22%	4.62%	4017.85%	125.39%
74	2021	2Q	09.01~11.30	3.22%	4.62%	4150.53%	135.80%
75	2021	3Q	12.01~02.28	-3.17%	-3.77%	4015.70%	126.91%
76	2021	4Q	03.01~05.31	2.41%	-1.36%	4115.02%	123.82%
77	2022	1Q	06.01~08.31	-9.62%	-5.38%	3709.57%	111.78%
78	2022	2Q	09.01~11.30	-1.10%	0.65%	3667.68%	113.16%
79	2022	3Q	12.01~02.28	3.51%	3.86%	3800.04%	121.39%
80	2022	4Q	03.01~05.31	-3.65%	-1.29%	3657.69%	118.54%
81	2023	1Q	06.01~08.31	-1.73%	-0.52%	3592.68%	117.40%
82	2023	2Q	09.01~11.30	1.12%	0.76%	3633.98%	119.05%
83	2023	3Q	12.01~02.29	5.65%	6.46%	3844.95%	133.20%

인도

NO	Year	Quarter	Period	Portfolio	BSE SENSEX	Portfolio Accumulation	BSE SENSEX Accumulation
1	2003	1Q	06.01~08.31	45.31%	33.45%	45.31%	33.45%
2	2003	2Q	09.01~11.30	27.41%	16.65%	85.14%	55.67%
3	2003	3Q	12.01~02.28	6.74%	9.82%	97.62%	70.96%
4	2003	4Q	03.01~05.31	-11.00%	-18.20%	75.88%	39.84%
5	2004	1Q	06.01~08.31	16.90%	7.38%	105.60%	50.16%
6	2004	2Q	09.01~11.30	36.69%	18.17%	181.04%	77.45%
7	2004	3Q	12.01~02.28	19.11%	7.80%	234.75%	91.29%
8	2004	4Q	03.01~05.31	13.01%	0.19%	278.30%	91.65%
9	2005	1Q	06.01~08.31	24.09%	15.98%	369.43%	122.28%
10	2005	2Q	09.01~11.30	7.04%	11.59%	402.48%	148.04%
11	2005	3Q	12.01~02.28	14.58%	14.95%	475.74%	185.12%
12	2005	4Q	03.01~05.31	16.92%	2.09%	573.15%	191.08%
13	2006	1Q	06.01~08.31	7.53%	16.16%	623.84%	238.12%
14	2006	2Q	09.01~11.30	25.61%	16.29%	809.22%	293.20%
15	2006	3Q	12.01~02.28	5.05%	-6.55%	855.13%	267.44%
16	2006	4Q	03.01~05.31	14.35%	10.52%	992.19%	306.10%
17	2007	1Q	06.01~08.31	22.71%	2.90%	1240.23%	317.88%
18	2007	2Q	09.01~11.30	41.41%	23.63%	1795.22%	416.62%
19	2007	3Q	12.01~02.28	-6.65%	-7.95%	1669.19%	375.55%
20	2007	4Q	03.01~05.31	-11.14%	-7.18%	1472.10%	341.40%
21	2008	1Q	06.01~08.31	-17.58%	-11.28%	1195.72%	291.61%
22	2008	2Q	09.01~11.30	-20.00%	[illegible]	[illegible]	145.58%
59	2017	3Q	12.01~02.28	12.17%	4.12%	151261.70%	711.88%
60	2017	4Q	03.01~05.31	-6.88%	2.52%	140848.02%	732.34%
61	2018	1Q	06.01~08.31	0.11%	9.70%	141003.06%	813.07%
62	2018	2Q	09.01~11.30	2.01%	-6.34%	143839.23%	755.18%
63	2018	3Q	12.01~02.28	-11.18%	-0.90%	127746.83%	747.49%
64	2018	4Q	03.01~05.31	10.73%	10.12%	141464.79%	833.25%
65	2019	1Q	06.01~08.31	10.05%	-6.00%	155692.05%	777.26%
66	2019	2Q	09.01~11.30	6.93%	9.29%	166488.44%	858.75%
67	2019	3Q	12.01~02.28	-13.51%	-6.12%	143982.34%	800.08%
68	2019	4Q	03.01~05.31	-15.20%	-15.34%	122081.83%	662.01%
69	2020	1Q	06.01~08.31	71.04%	18.91%	208879.80%	806.10%
70	2020	2Q	09.01~11.30	26.75%	11.67%	264781.89%	911.84%
71	2020	3Q	12.01~02.28	26.01%	11.41%	333677.67%	1027.30%
72	2020	4Q	03.01~05.31	36.34%	4.19%	454960.13%	1074.50%
73	2021	1Q	06.01~08.31	49.15%	10.82%	678622.19%	1201.59%
74	2021	2Q	09.01~11.30	49.15%	10.82%	1012232.47%	1342.37%
75	2021	3Q	12.01~02.28	9.78%	-2.49%	1111256.80%	1306.43%
76	2021	4Q	03.01~05.31	3.95%	0.42%	1155133.95%	1312.40%
77	2022	1Q	06.01~08.31	19.71%	7.50%	1382881.39%	1418.38%
78	2022	2Q	09.01~11.30	3.34%	1.79%	1429053.74%	1445.53%
79	2022	3Q	12.01~02.28	-5.51%	-6.83%	1350274.36%	1339.97%
80	2022	4Q	03.01~05.31	17.27%	5.40%	1583484.01%	1417.73%
81	2023	1Q	06.01~08.31	5.42%	1.58%	1669314.27%	1441.71%
82	2023	2Q	09.01~11.30	14.77%	2.45%	1915878.40%	1479.46%
83	2023	3Q	12.01~02.29	29.74%	8.32%	2485690.38%	1610.88%

베트남

NO	Year	Quarter	Period	Portfolio	Ho Chi Minh	Portfolio Accumulation	Ho Chi Minh Accumulation
1	2003	1Q	06.01~08.31	42.90%	15.40%	42.90%	15.40%
2	2003	2Q	09.01~11.30	20.60%	12.20%	72.34%	29.48%
3	2003	3Q	12.01~02.28	25.10%	10.30%	115.59%	42.82%
4	2003	4Q	03.01~05.31	-14.90%	-12.60%	83.47%	24.82%
5	2004	1Q	06.01~08.31	14.50%	5.40%	110.07%	31.56%
6	2004	2Q	09.01~11.30	34.20%	9.50%	181.92%	44.06%
7	2004	3Q	12.01~02.28	16.10%	1.40%	227.31%	46.08%
8	2004	4Q	03.01~05.31	1.40%	-2.70%	231.89%	42.13%
9	2005	1Q	06.01~08.31	-4.00%	7.80%	218.61%	53.22%
10	2005	2Q	09.01~11.30	0.10%	-1.50%	218.93%	50.92%
11	2005	3Q	12.01~02.28	23.00%	9.80%	292.29%	65.71%
12	2005	4Q	03.01~05.31	24.60%	1.20%	388.79%	67.70%
13	2006	1Q	06.01~08.31	7.90%	-1.90%	427.41%	64.51%
14	2006	2Q	09.01~11.30	14.30%	11.20%	502.82%	82.94%
15	2006	3Q	12.01~02.28	19.80%	6.20%	622.18%	94.28%
16	2006	4Q	03.01~05.31	21.10%	9.40%	774.56%	112.54%
17	2007	1Q	06.01~08.31	30.10%	17.80%	1037.81%	150.37%
18	2007	2Q	09.01~11.30	6.50%	11.80%	1111.77%	179.92%
19	2007	3Q	12.01~02.28	-8.30%	-14.50%	1011.19%	139.33%
20	2007	4Q	03.01~05.31	-4.80%	0.80%	957.85%	141.25%
21	2008	1Q	06.01~08.31	-20.00%	-16.30%	746.28%	101.92%
22	2008	2Q	09.01~11.30	-20.00%	[illegible]	[illegible]	31.65%
				[illegible]	5.30%	9579.37%	[illegible]
59	2017	3Q	12.01~02.28	1.30%	6.50%	9705.20%	145.57%
60	2017	4Q	03.01~05.31	3.90%	-1.50%	10087.61%	141.89%
61	2018	1Q	06.01~08.31	-8.30%	-10.60%	9242.04%	116.25%
62	2018	2Q	09.01~11.30	-8.80%	-5.70%	8419.94%	103.92%
63	2018	3Q	12.01~02.28	5.90%	8.80%	8922.61%	121.86%
64	2018	4Q	03.01~05.31	7.70%	-7.20%	9617.35%	105.89%
65	2019	1Q	06.01~08.31	-11.40%	-3.80%	8509.58%	98.07%
66	2019	2Q	09.01~11.30	6.60%	3.30%	9077.81%	104.60%
67	2019	3Q	12.01~02.28	5.20%	0.60%	9555.05%	105.83%
68	2019	4Q	03.01~05.31	-11.30%	-7.80%	8464.03%	89.78%
69	2020	1Q	06.01~08.31	14.00%	9.40%	9663.00%	107.61%
70	2020	2Q	09.01~11.30	17.78%	15.40%	11398.86%	139.59%
71	2020	3Q	12.01~02.28	23.39%	60.33%	14088.44%	284.13%
72	2020	4Q	03.01~05.31	22.32%	25.95%	17255.23%	383.80%
73	2021	1Q	06.01~08.31	21.43%	7.64%	20974.46%	420.76%
74	2021	2Q	09.01~11.30	21.43%	7.64%	25490.44%	460.56%
75	2021	3Q	12.01~02.28	-1.05%	0.33%	25221.29%	462.42%
76	2021	4Q	03.01~05.31	-0.44%	-3.50%	25109.00%	442.71%
77	2022	1Q	06.01~08.31	-0.69%	-1.46%	24933.86%	434.77%
78	2022	2Q	09.01~11.30	-18.00%	-22.42%	20428.97%	314.85%
79	2022	3Q	12.01~02.28	1.70%	-1.12%	20777.42%	310.21%
80	2022	4Q	03.01~05.31	11.54%	3.33%	23186.67%	323.87%
81	2023	1Q	06.01~08.31	1.91%	5.19%	23631.44%	345.87%
82	2023	2Q	09.01~11.30	-6.02%	-10.61%	22202.01%	298.54%
83	2023	3Q	12.01~02.29	6.03%	12.28%	23546.82%	347.48%

인도네시아

NO	Year	Quarter	Period	Portfolio	JAKARTA Composite	Portfolio Accumulation	JAKARTA Composite Accumulation
1	2003	1Q	06.01~08.31	24.20%	13.90%	24.20%	13.90%
2	2003	2Q	09.01~11.30	19.60%	10.60%	48.54%	25.97%
3	2003	3Q	12.01~02.28	18.40%	8.70%	75.88%	36.93%
4	2003	4Q	03.01~05.31	-10.70%	-14.20%	57.06%	17.49%
5	2004	1Q	06.01~08.31	13.30%	3.90%	77.95%	22.07%
6	2004	2Q	09.01~11.30	29.20%	7.90%	129.90%	31.71%
7	2004	3Q	12.01~02.28	11.00%	-0.10%	155.19%	31.58%
8	2004	4Q	03.01~05.31	2.30%	-4.20%	161.06%	26.06%
9	2005	1Q	06.01~08.31	8.50%	6.30%	183.25%	34.00%
10	2005	2Q	09.01~11.30	1.20%	-3.00%	186.65%	29.98%
11	2005	3Q	12.01~02.28	26.50%	8.20%	262.62%	40.64%
12	2005	4Q	03.01~05.31	21.60%	-0.30%	340.94%	40.21%
13	2006	1Q	06.01~08.31	6.20%	-3.40%	368.28%	35.45%
14	2006	2Q	09.01~11.30	15.30%	9.70%	439.93%	48.58%
15	2006	3Q	12.01~02.28	20.20%	4.70%	548.99%	55.57%
16	2006	4Q	03.01~05.31	26.50%	7.90%	720.98%	67.86%
17	2007	1Q	06.01~08.31	29.70%	16.30%	964.81%	95.22%
18	2007	2Q	09.01~11.30	15.20%	10.30%	1126.66%	115.33%
19	2007	3Q	12.01~02.28	-7.40%	-16.00%	1035.88%	80.87%
20	2007	4Q	03.01~05.31	-3.50%	-0.70%	996.13%	79.61%
21	2008	1Q	06.01~08.31	-20.00%	-17.80%	776.90%	47.64%
22	2008	2Q	09.01~11.30	-20.00%	[illegible]	[illegible]	-5.95%
[illegible]	[illegible]	[illegible]	[illegible]	[illegible]	3.80%	12559.90%	[illegible]
59	2017	3Q	12.01~02.28	7.00%	4.90%	13446.09%	15.65%
60	2017	4Q	03.01~05.31	4.10%	-3.00%	14001.48%	12.18%
61	2018	1Q	06.01~08.31	-7.20%	-12.10%	12986.17%	-1.39%
62	2018	2Q	09.01~11.30	-6.20%	-7.20%	12174.83%	-8.49%
63	2018	3Q	12.01~02.28	10.00%	7.30%	13402.31%	-1.81%
64	2018	4Q	03.01~05.31	-1.52%	-8.70%	13196.87%	-10.35%
65	2019	1Q	06.01~08.31	-0.20%	-5.30%	13170.28%	-15.10%
66	2019	2Q	09.01~11.30	9.60%	1.80%	14444.23%	-13.58%
67	2019	3Q	12.01~02.28	8.60%	-0.90%	15695.03%	-14.35%
68	2019	4Q	03.01~05.31	-6.20%	-9.30%	14715.74%	-22.32%
69	2020	1Q	06.01~08.31	14.00%	9.40%	16789.94%	-15.02%
70	2020	2Q	09.01~11.30	13.44%	3.88%	19059.95%	-11.72%
71	2020	3Q	12.01~02.28	18.09%	9.03%	22525.98%	-3.75%
72	2020	4Q	03.01~05.31	7.08%	6.62%	24127.90%	2.62%
73	2021	1Q	06.01~08.31	15.99%	3.41%	28001.95%	6.12%
74	2021	2Q	09.01~11.30	29.15%	7.27%	36193.66%	13.84%
75	2021	3Q	12.01~02.28	18.62%	5.85%	42951.54%	20.50%
76	2021	4Q	03.01~05.31	0.92%	0.21%	43347.62%	20.75%
77	2022	1Q	06.01~08.31	-6.95%	0.41%	40326.97%	21.25%
78	2022	2Q	09.01~11.30	5.16%	3.08%	42413.00%	24.99%
79	2022	3Q	12.01~02.28	-2.96%	-0.22%	41154.62%	24.71%
80	2022	4Q	03.01~05.31	-1.89%	0.60%	40374.90%	25.46%
81	2023	1Q	06.01~08.31	2.95%	1.26%	41568.91%	27.04%
82	2023	2Q	09.01~11.30	-0.30%	1.48%	41445.72%	28.92%
83	2023	3Q	12.01~02.29	-9.55%	3.19%	37478.10%	33.03%

태국

NO	Year	Quarter	Period	Portfolio	SET	Portfolio Accumulation	SET Accumulation
1	2003	1Q	06.01~08.31	24.30%	14.40%	24.30%	14.40%
2	2003	2Q	09.01~11.30	19.80%	11.20%	48.91%	27.21%
3	2003	3Q	12.01~02.28	18.60%	9.30%	76.61%	39.04%
4	2003	4Q	03.01~05.31	-10.50%	-13.60%	58.06%	20.13%
5	2004	1Q	06.01~08.31	13.40%	4.40%	79.25%	25.42%
6	2004	2Q	09.01~11.30	29.40%	8.50%	131.94%	36.08%
7	2004	3Q	12.01~02.28	11.10%	0.40%	157.69%	36.62%
8	2004	4Q	03.01~05.31	2.50%	-3.70%	164.13%	31.57%
9	2005	1Q	06.01~08.31	18.70%	6.80%	213.52%	40.52%
10	2005	2Q	09.01~11.30	1.30%	-2.50%	217.60%	37.00%
11	2005	3Q	12.01~02.28	26.70%	8.80%	302.40%	49.06%
12	2005	4Q	03.01~05.31	21.70%	0.20%	389.72%	49.36%
13	2006	1Q	06.01~08.31	6.30%	-2.90%	420.57%	45.03%
14	2006	2Q	09.01~11.30	15.50%	10.20%	501.26%	59.82%
15	2006	3Q	12.01~02.28	20.40%	5.30%	623.92%	68.29%
16	2006	4Q	03.01~05.31	26.70%	8.40%	817.21%	82.43%
17	2007	1Q	06.01~08.31	29.80%	16.80%	1090.53%	113.07%
18	2007	2Q	09.01~11.30	15.40%	10.80%	1273.87%	136.09%
19	2007	3Q	12.01~02.28	-7.20%	-15.40%	1174.96%	99.73%
20	2007	4Q	03.01~05.31	-3.40%	-0.10%	1131.61%	99.53%
21	2008	1Q	06.01~08.31	-20.00%	-17.30%	885.29%	65.01%
22	2008	2Q	09.01~11.30	-20.00%	[illegible]	[illegible]	5.94%
[illegible]	[illegible]	[illegible]	[illegible]	[illegible]	4.30%	20711.26%	[illegible]
59	2017	3Q	12.01~02.28	7.10%	5.50%	22188.86%	71.30%
60	2017	4Q	03.01~05.31	4.30%	-2.40%	23147.28%	67.19%
61	2018	1Q	06.01~08.31	-7.10%	-11.50%	21496.72%	47.96%
62	2018	2Q	09.01~11.30	-6.00%	-6.70%	20200.92%	38.05%
63	2018	3Q	12.01~02.28	10.10%	7.80%	22251.31%	48.82%
64	2018	4Q	03.01~05.31	-1.40%	-8.20%	21938.40%	36.62%
65	2019	1Q	06.01~08.31	0.00%	-4.80%	21938.40%	30.06%
66	2019	2Q	09.01~11.30	9.70%	2.40%	24076.12%	33.18%
67	2019	3Q	12.01~02.28	8.70%	-0.40%	26179.44%	32.65%
68	2019	4Q	03.01~05.31	-6.10%	-8.70%	24576.40%	21.11%
69	2020	1Q	06.01~08.31	13.24%	9.40%	27843.55%	32.49%
70	2020	2Q	09.01~11.30	13.87%	15.40%	31719.32%	52.89%
71	2020	3Q	12.01~02.28	19.05%	-1.48%	37780.90%	50.63%
72	2020	4Q	03.01~05.31	32.79%	6.17%	50203.34%	59.93%
73	2021	1Q	06.01~08.31	12.43%	1.25%	56456.04%	61.93%
74	2021	2Q	09.01~11.30	12.43%	1.25%	63486.98%	63.95%
75	2021	3Q	12.01~02.28	10.36%	5.93%	70076.56%	73.67%
76	2021	4Q	03.01~05.31	0.36%	1.19%	70331.42%	75.74%
77	2022	1Q	06.01~08.31	0.88%	-1.27%	70948.00%	73.51%
78	2022	2Q	09.01~11.30	-0.50%	-1.43%	70591.53%	71.02%
79	2022	3Q	12.01~02.28	3.83%	-1.58%	73298.33%	68.31%
80	2022	4Q	03.01~05.31	-2.44%	-5.34%	71507.41%	59.32%
81	2023	1Q	06.01~08.31	0.00%	-3.05%	71507.41%	54.46%
82	2023	2Q	09.01~11.30	0.00%	-11.61%	71507.41%	36.53%
83	2023	3Q	12.01~02.29	0.00%	0.97%	71507.41%	37.85%

싱가포르

NO	Year	Quarter	Period	Portfolio	STRAITS TIMES	Portfolio Accumulation	STRAITS TIMES Accumulation
1	2003	1Q	06.01~08.31	21.10%	13.90%	21.10%	13.90%
2	2003	2Q	09.01~11.30	18.50%	10.70%	43.50%	26.09%
3	2003	3Q	12.01~02.28	17.30%	8.80%	68.33%	37.18%
4	2003	4Q	03.01~05.31	-11.70%	-14.10%	48.64%	17.84%
5	2004	1Q	06.01~08.31	12.20%	3.90%	66.77%	22.44%
6	2004	2Q	09.01~11.30	28.10%	8.00%	113.63%	32.23%
7	2004	3Q	12.01~02.28	9.90%	-0.10%	134.78%	32.10%
8	2004	4Q	03.01~05.31	1.20%	-4.20%	137.60%	26.55%
9	2005	1Q	06.01~08.31	17.40%	6.30%	178.94%	34.52%
10	2005	2Q	09.01~11.30	0.10%	-3.00%	179.22%	30.49%
11	2005	3Q	12.01~02.28	25.40%	8.30%	250.14%	41.32%
12	2005	4Q	03.01~05.31	20.50%	-0.30%	321.92%	40.89%
13	2006	1Q	06.01~08.31	5.10%	-3.40%	343.44%	36.10%
14	2006	2Q	09.01~11.30	14.20%	9.70%	406.40%	49.31%
15	2006	3Q	12.01~02.28	19.10%	4.70%	503.13%	56.32%
16	2006	4Q	03.01~05.31	25.40%	7.90%	656.32%	68.67%
17	2007	1Q	06.01~08.31	28.60%	16.30%	872.63%	96.17%
18	2007	2Q	09.01~11.30	14.10%	10.30%	1009.77%	116.37%
19	2007	3Q	12.01~02.28	8.50%	-15.90%	915.44%	81.97%
20	2007	4Q	03.01~05.31	-4.60%	-0.60%	868.73%	80.88%
21	2008	1Q	06.01~08.31	-20.00%	-17.80%	674.98%	48.68%
22	2008	2Q	09.01~11.30	-20.00%	[illegible]	[illegible]	-5.29%
[illegible]				[illegible]	3.80%	10854.39%	[illegible]
59	2017	3Q	12.01~02.28	5.90%	5.00%	11500.70%	17.33%
60	2017	4Q	03.01~05.31	3.00%	-3.00%	11848.72%	13.81%
61	2018	1Q	06.01~08.31	-8.30%	-12.10%	10856.98%	0.04%
62	2018	2Q	09.01~11.30	-7.20%	-7.20%	10068.08%	-7.16%
63	2018	3Q	12.01~02.28	8.90%	7.30%	10973.04%	-0.38%
64	2018	4Q	03.01~05.31	-2.60%	-8.70%	10685.14%	-9.05%
65	2019	1Q	06.01~08.31	-1.20%	-5.30%	10555.72%	-13.87%
66	2019	2Q	09.01~11.30	8.50%	1.90%	11461.45%	-12.23%
67	2019	3Q	12.01~02.28	7.50%	-0.90%	12328.56%	-13.02%
68	2019	4Q	03.01~05.31	-7.30%	-9.20%	11421.27%	-21.03%
69	2020	1Q	06.01~08.31	2.00%	-0.80%	11651.70%	-21.66%
70	2020	2Q	09.01~11.30	2.40%	8.30%	11933.74%	-15.15%
71	2020	3Q	12.01~02.28	20.19%	4.06%	14363.35%	-11.71%
72	2020	4Q	03.01~05.31	16.47%	6.43%	16745.44%	-6.03%
73	2021	1Q	06.01~08.31	13.57%	6.43%	19031.37%	0.02%
74	2021	2Q	09.01~11.30	1.15%	-4.15%	19251.38%	-4.13%
75	2021	3Q	12.01~02.28	-1.44%	4.65%	18971.97%	0.32%
76	2021	4Q	03.01~05.31	0.51%	0.94%	19068.67%	1.27%
77	2022	1Q	06.01~08.31	0.50%	-0.69%	19164.30%	0.57%
78	2022	2Q	09.01~11.30	-9.81%	-6.48%	17275.24%	-5.95%
79	2022	3Q	12.01~02.28	1.52%	-0.91%	17539.20%	-6.81%
80	2022	4Q	03.01~05.31	0.17%	-2.96%	17569.19%	-9.57%
81	2023	1Q	06.01~08.31	3.84%	1.33%	18247.69%	-8.37%
82	2023	2Q	09.01~11.30	-3.27%	-4.96%	17648.42%	-12.91%
83	2023	3Q	12.01~02.29	-2.91%	2.17%	17131.94%	-11.02%

지금까지 12개국 상장기업의 재무데이터를 확보하여 진행한 Test Simulation을 분기별 수익률현황과 동일 기간 각 국가의 BM수익률현황을 살펴보았다. 국가별로 시장상황이 달랐기 때문에 포트폴리오 수익률결과에도 차이가 있다. 하지만 여기서 주목할 것은 국가별로 누적수익률이 얼마인지보다는 수익률결과를 분석한 통계결과이다. 그 속에서 종목선정기준과 포트폴리오 구성방법에 대한 특징을 찾아내는 것이 훨씬 더 중요하다. Test Simulation을 실시한 이유와 목적이 종목선정기준과 포트폴리오 구성방법에 대한 유효성확인과 통계적 결과를 확인할 뿐만 아니라, 그 속에서 어떤 일관된 특징이 발견된다면 그것을 실제투자에 적극적으로 활용할 수 있기 때문이다.

<표 3-4> 해외시장대상 Test Simulation 통계결과

NO	국가	종목수	투자기간	분기수	분기 수익확률	수익분기 평균수익률	손실분기 평균손실률	분기평균 수익률	연평균 수익률
1	미국	5,173	22년 9개월	91	74.73%	12.10%	-6.29%	7.25%	28.68%
2	중국	5,188	22년 9개월	91	61.54%	19.23%	-9.27%	8.35%	33.05%
3	한국	3,600	22년 9개월	91	73.63%	15.86%	-6.48%	9.59%	37.90%
4	홍콩	2,781	20년 9개월	83	73.49%	14.42%	-8.17%	8.02%	32.76%
5	일본	3,987	20년 9개월	83	63.86%	13.05%	-5.65%	6.29%	25.58%
6	대만	987	19년 0개월	76	81.58%	10.15%	-9.67%	5.95%	24.07%
7	유럽	600	20년 9개월	83	78.31%	7.14%	-3.79%	4.77%	18.94%
8	인도	4,678	20년 9개월	83	80.72%	20.83%	-10.50%	14.64%	57.96%
9	베트남	721	20년 9개월	83	73.49%	13.86%	-8.27%	7.86%	30.80%
10	인도네시아	909	20년 9개월	83	69.88%	14.80%	-6.90%	8.26%	32.66%
11	태국	820	20년 0개월	80	75.00%	15.14%	-7.21%	9.25%	36.04%
12	싱가포르	590	20년 9개월	83	72.29%	13.13%	-7.78%	7.28%	28.63%
	합계	30,034	252년 3개월	1,010	73.21%	14.14%	-7.50%	8.13%	32.26%

〈표 3-4〉는 한국시장을 포함한 12개국의 주식시장에 상장된 기업을 대상으로 진행한 Test Simulation을 취합한 통계결과이다. 현재 각국별로 상장 되어있는 종목 중에 우선주, ETF는 제외했고, 상장기업만 대상으

로 진행했다. 테스트기간에 대만과 태국은 데이터수급이 원활하지 않아 일부 기간은 제외되었고, 확보할 수 있는 데이터만 평가하여 진행하였다.

12개국 전체 상장종목 수는 30,034개이며, 총 투자기간은 252년 3개월이며 총 분기수는 1,010개 분기이다. 그리고 Test Simulation은 매 분기 11개씩 증가하고 있다(데이터가 확보되지 않는 태국은 제외).

총 1,010개 분기 중에 738개 분기가 수익을 기록하여 분기에 수익이 날 확률은 73.2%이며, 272개 분기가 손실을 기록하여 분기에 손실이 날 확률은 26.8%이다. 수익분기확률이 손실분기확률의 2.7배 수준으로 높다. 수익이 난 738개 분기의 평균수익률은 14.14%이고, 손실이 난 272개 분기의 평균손실률은 -7.50%이다. 수익분기평균수익률 중 가장 높은 수익률은 20.83%로 인도이며, 가장 낮은 수익률은 7.14%로 유럽이다. 손실분기평균손실률중 가장 높은 손실률은 -10.50%로 인도이며, 평균손실률중 가장 낮은 손실률은 -3.79%로 유럽이다. 분기수익확률이 가장 높게 기록한 국가는 대만으로 81.58%이며, 분기수익확률이 가장 낮게 기록한 국가는 중국으로 61.54%이다.

총 1,010개 분기의 평균수익률은 8.13%이며, 분기평균수익률이 가장 높은 국가는 인도로 14.64%, 분기평균수익률이 가장 낮은 지역은 유럽으로 4.77%이다. 총 투자기간 252년 3개월을 연평균수익률로 나누면 32.26%이며, 연평균수익률이 가장 높은 국가는 인도로 57.96%이고, 연평균수익률이 가장 낮은 지역은 유럽으로 18.94%이다.

여기서 주목할 지역은 인도다. 인도시장은 미국과 중국 다음으로 많은 4,678개 기업이 상장되어 거래되고 있고, 분기평균수익률이 14.42%, 연평균수익률 57.96%로 12개 국가 중 가장 높다. Back Test와 Forward Test 결과 가장 높은 수익률이 나오는 인도시장에 대해 좀 더 적극적으로 연구를 해볼 만하다. 인도시장에 대한 설명은 다음 Website 소개 부분에 다시 언급하도록 하겠다.

정리해 보면 글로벌 12개국을 대상으로 종목선정기준과 포트폴리오 구성방법으로 투자를 진행했을 때, 분기에 수익이 날 확률 73.21%와 분기평균수익률 8.13%가 한국시장만 대상으로 진행한 Back Test와 실제투자결과와 유사한 것을 확인할 수 있다. 앞에서 살펴본 것처럼, 한국시장의 과거데이터를 대상으로 한 Back Test 결과로 분기에 수익이 날 확률은 78.85%, 분기평균수익률은 13.17%이며, 실제투자 결과로 분기의 수익이 날 확률은 71.79%, 분기평균수익률은 8.47%이다.

이로써 종목선정기준과 포트폴리오 구성방법의 글로벌 주식시장에 대한 1차적인 검증은 완료되었다고 판단된다. 통계적인 숫자가 아직 부족한 부분이 있지만, 20년 이상이라는 기간 동안 서로 다른 지역을 대상으로 테스트한 결과가 유사하게 나왔다는 것은 종목선정기준의 유효성이 어느 정도 입증되었다고 할 수 있다. 앞서 밝힌 것처럼, Back Test는 2001년 6월 1일부터 2014년 5월 31일까지 13년이라는 기간만 해당되고, 2014년 6월 1일부터 2024년 2월 29일까지 9년 9개월 동안은 Forward Test를 진행했기 때문에, Test이지만 실제투자와 거의 같은 결과라고 할 수 있다.

그런데도 Simulation이기 때문에 수익률결과에 대한 객관성이 부족하다는 생각이 들어, 2020년 6월 1일부터 Website를 만들어 포트폴리오를 공개하면서 현재까지 Website를 운영하고 있으며, 매 분기 수익률결과를 모니터링하면서 그 결과에 대한 객관성을 확보하고 있다.

Website 공개를 통한 현재데이터 기반 Forward Test

과거데이터를 대상으로 Back Test 진행을 했건, 현재 발표되는 데이터로 Forward Test 진행을 했건, 실제 자금이 투자되지 않고 가상으로 투자한 결과에 대해서는 평가가 인색할 수밖에 없다. 심지어 실제투자 결과가 있어도 과거 수익률데이터가 미래수익을 보장하지 않기 때문에, 투자세계에서는 그 또한 단순히 참고자료로만 사용하기도 한다. 그럼에도 불구하고, Forward Test로서의 한계점을 일부 극복하기 위해, 2020년 6월 1일 Website(https://fmway.io)를 만들어 글로벌 12개국의 포트폴리오와 수익률현황을 공개하고 있다.

Website를 만든 목적은 두 가지이다.
첫 번째는 앞에서도 언급했지만 Forward Test 결과자료에 대한 객관성 확보다. 누구나 접속해서 확인할 수 있는 Website를 만들어서 처음부터 끝까지 공개하면, 그 자체로서 어느 정도 객관적인 자료로 인정을 받을 수 있을 거라고 생각했기 때문이다.

두 번째는 글로벌 비즈니스를 진행하기 위해서이다. 앞에서 언급한 것처럼, 2014년 한국시장을 대상으로 실제투자를 시작하면서, 글로벌 12개국을 대상으로 Forward Test를 시작하여 현재까지 진행 중이다. 투자 결과를 확인하면서 2020년에는 Website와 한국에 투자법인을 만들었고, 2022년부터는 해외진출을 위한 준비를 하고 있다.

Website는 포트폴리오 공개와 글로벌 국가를 대상으로 한 포트폴리오의 수익률을 기록하는 것이 목적이지, 포트폴리오를 추천하거나 매수를 권유하기 위해서가 아니다. 한국을 제외한 11개국의 포트폴리오가 매분기 공개되며, 포트폴리오 편입종목과 BM지수는 15분 지연시세로 자동 반영되어 수익률로 나타나고 차트로도 표시되어 있다.

단, Website에서 한국의 포트폴리오 50종목은 공개하지 않고 있다. 그 이유는 2020년 6월 한국에 법인을 설립한 후, 2021년 6월에 금융위로부터 투자일임업 인가를 받아 ㈜FM투자일임이라는 금융투자업을 하고 있고, 위탁받은 고객자산을 한국 포트폴리오 50종목으로 실제 운용하고 있기 때문이다.

Website(https://fmway.io) 화면에 대해 간략히 설명하자면, 우측상단에 언어(한국어, 영어, 중국어)를 선택할 수 있고, About 화면은 알고리즘에 대한 개괄적 설명을 하고 있다. 알고리즘을 이 책에서는 종목선정기준이라고 표현했는데, Website와 책에서 굳이 다르게 표현한 것은 한국의 투자업계에서 흔히 갖고 있는 알고리즘이라는 표현에 대한 선입견과 거부감을 피하고자 했으며, Website에서 알고리즘이라는 표현을

쓴 것은 해외사업을 추진하면서 그런 용어에 대한 선입견이 없을 거라고 판단했기 때문이었다.

Simulation 화면은 미국, 중국, 한국, 홍콩, 일본, 대만, 유럽, 인도, 베트남, 인도네시아, 싱가포르, 태국(이상 12개국)의 주식시장에 상장된 기업을 대상으로 과거 재무데이터를 확보하여 진행한 Test Simulation의 결과에 대한 설명이다. 바로 앞에 설명한 해외시장의 과거데이터를 기반으로 한 Back Test의 내용과 동일하다.

Test Simulation은 종목선정기준의 유효성 검증을 위해서 진행되었으며, 앞에서 언급한 종목선정기준의 지역적 한계를 극복하기 위해, 한국을 포함하여 12개국의 주식시장을 대상으로 하였다. Simulation기간은 2001년 6월 1일부터 2024년 2월 29일까지 총 22년 9개월로 91개 분기이고, 현재 92번째 분기 포트폴리오가 공개되어 있다. 분기별로 각 국가의 포트폴리오 수익률과 BM수익률이 업데이트되고 있다. 앞서 설명한 것처럼, 미국, 한국, 중국을 제외한 나머지 국가는 2001년, 2002년도 재무데이터가 확보되지 않아서 2003년도부터 Back Test를 진행하였다.

1. 대상 국가: 미국, 중국, 한국, 홍콩, 일본, 대만, 유럽, 인도, 베트남, 인도네시아, 태국, 싱가포르 (이상 12개국)
2. 기간: 2001년 6월 1일부터 2024년 2월 29일
3. 수익률: 분기수익률 및 누적수익률
4. 수익률 계산 방식: 분기 복리
5. Test Simulation에는 위의 해외시장 대상 과거 데이터 기반 Back Test와 Forward Test 기간이 합산되어 작성되었다.

그 결과를 요약하면 다음과 같다. 이는 Website에서 누구나 언제든지 확인할 수 있다. 분기에 수익이 날 확률(승률)은 73.2%를 나타내고 있다. Test를 진행한 1,010개 분기 중에 738개 분기가 수익이 났으며, 분기에 손실이 날 확률은 26.8%이다. 수익분기가 손실분기보다 3배 이상 많다. 수익이 난 738개 분기의 평균수익률은 14.1%이며, 손실분기 272개 분기의 평균손실률은 -7.5%이다. 수익분기의 평균수익률이 손실분기의 평균손실률보다 1.9배 정도로 높다.

1,010개 전체 분기의 평균수익률은 8.1%이며, 이는 분기에 한 번 투자할 때 기대수익률이 8.1%정도 된다는 의미이다. 연간 승률 89.9%로 10년간 투자한다고 했을 때, 연간으로 9번 정도는 수익이 나고, 1번 정도 손실이 난다는 의미이다. 연평균수익률 32.3%는 252년 전체를 연간으로 평균으로 냈을 때 수익률이다.

<표 3-5> Back test Simulation Summary

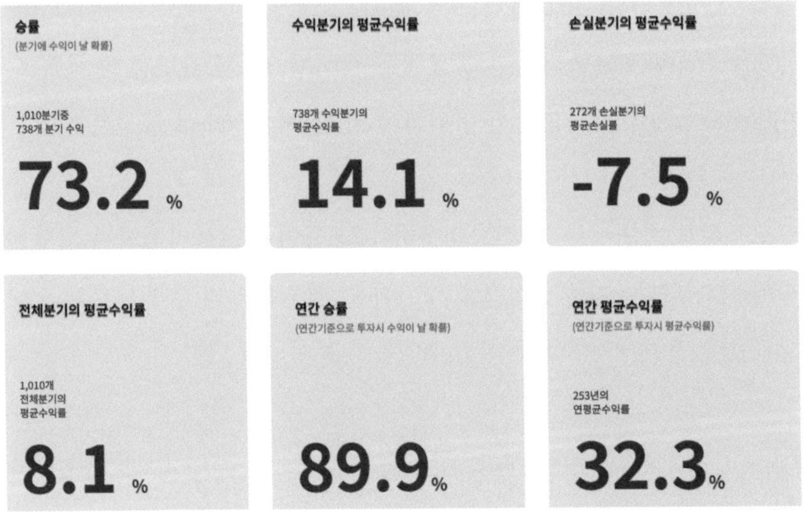

Simulation을 지나 Portfolio화면으로 들어가면, Portfolio개요와 포트폴리오 구성현황에 대한 설명이 〈그림 3-2〉에 있다. Portfolio는 제1장에서 설명한 종목선정기준과 포트폴리오 구성방법으로, 한국을 포함한 글로벌 12개국의 주식시장에 상장된 기업을 대상으로 국가별 50종목씩 선정해서 공개하고 있다.

포트폴리오는 제2장 실제투자에서 언급한 것처럼 투자의 일반원칙을 그대로 적용하여 50종목을 종목당 2%씩 매수한다. 포트폴리오 보유기간은 3개월이며, 다음 분기실적이 발표되는 시점에 새로운 포트폴리오를 구성하여 리밸런싱을 진행한다. 리밸런싱은 1년에 4번 진행하며, 모든 프로세스는 실제투자와 동일하게 진행된다.

포트폴리오 최초공개일은 2020년 6월 1일이며, 가장 최근 포트폴리오 수정일은 2024년 3월 1일로 2023년 4분기 실적을 기반으로 구성되었다. Long Only 포트폴리오는 50종목으로 주식 100%로 운용하며, Long Short 포트폴리오는 50종목을 종목당 1%씩 50%를 주식으로, Index Inverse ETF 50%를 편입하여 Short포지션으로 구성하였다.

포트폴리오 화면에는 미국을 비롯한 12개국이 포트폴리오와 수익률현황이 나와 있다. 공통 사항으로 대상시장, 해당분기의 투자시작일, BM으로 삼는 Index와 포트폴리오 수익률이 표시되어 있다.

Long Only 포트폴리오, Long Short 포트폴리오 수익률차트와 BM차트가 매일 자동 업데이트되고 있으며, 아래에는 수익률표가 있고, 그 아래에는 50종목이 나열되어 있다.

<그림 3-2> Portfolio 개요

개요

분기별로 기업의 재무데이터가 확보되면 알고리즘을 통해 포트폴리오를 구성합니다.
본 포트폴리오는 2020년 6월 1일부터 현재까지 구성된 포트폴리오와 그 누적수익률을 공개합니다.

대상	주요 12개국 시장의 상장 종목
종목선정 방법	최근 발표된 기업의 재무데이터를 기반으로 알고리즘을 통한 실제투자 포트폴리오(50 종목)구성
포트폴리오 구성	- 50개 종목을 2%씩 균등하게 편입 - 다음 실적발표시까지 3개월간 보유
편입비 전략	- 주식 100% (Long Only) - 주식 50% + Index Inverse ETF 50% (Long Shot)
포트폴리오 최초공개 시점	2020.06.01
현재 포트폴리오 구성 시점	2024.03.01

첫 번째 국가인 미국을 살펴보면, 투자대상은 미국주식시장에서 거래되고 있는 모든 상장기업 5,173종목(우선주, ETF제외)을 대상으로 한다.

〈그림 3-3〉은 2023년 4분기 미국시장 포트폴리오와 BM수익률 현황을 나타낸 것이다. 투자기간은 2023년 4분기 실적을 바탕으로 포트폴리오

가 구성된 2024년 3월 1일부터 2024년 3월 31일까지이다. 화면상에는 2024년 3월 31일 종가까지 반영된 수익률과 차트가 표시되어 있다. 날짜는 수익률표 우측상단의 Updated Date를 통해 확인할 수 있다. BM은 NASDAQ Index와 DOW JONES Index로 구성되어 있고, 현재 포트폴리오 수익률은 1.35%, L/S 포트폴리오 수익률은 0.35%, NASDAQ Index 0.64%, DOW JONES Index 1.84%를 나타내고 있다.

<그림 3-3> 미국 2023.4Q 포트폴리오 수익률현황

USA

Target	Period	BM	Rate of return
NASDAQ / DOW JONES listed stocks	2024.03.01 ~ Present	NASDAQ / DOW JONES	1.35%

USA Portfolio　　**USA Accumulated**

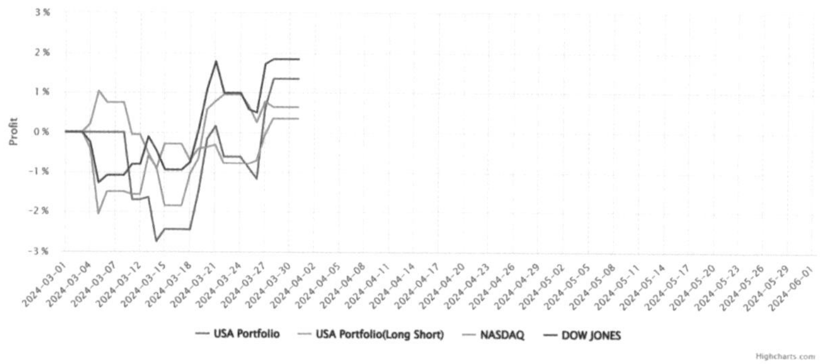

Updated Date: 2024-03-31

	Starting price	Previous day closing price	Rate of return	Max Draw Down
USA Portfolio	1,000.0	1,013.5	1.35%	2.75%
USA Portfolio(L/S)	1,000.0	1,003.5	0.35%	1.94%
NASDAQ	1,000.0	1,006.4	0.64%	2.06%
DOW JONES	1,000.0	1,018.4	1.84%	1.28%

〈그림 3-3〉 화면에서 USA Accumulated를 클릭하면 〈그림 3-4〉와 같이 미국 포트폴리오의 누적수익률현황이 나온다. 누적수익률은 2020년 6월 1일부터 2024년 3월 31일까지이며, 3월 31일 현재 USA 포트폴리오의 누적수익률은 126.49%, USA 포트폴리오(L/S)는 70.11%이고, 동일 기간 NASDAQ Index는 53.40%, DOW JONES Index는 33.45%이다.

<그림 3-4> 미국 포트폴리오 누적수익률현황

USA

Target	Period	BM	Rate of return
NASDAQ / DOW JONES listed stocks	2020.06.01 ~ Present	NASDAQ / DOW JONES	126.49%

USA Portfolio　　**USA Accumulated**

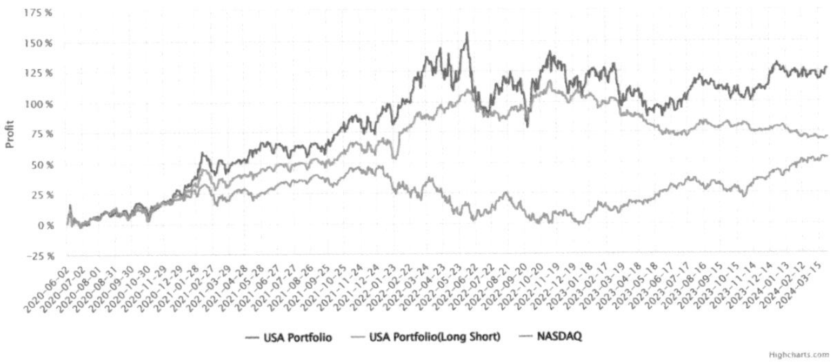

Updated Date : 2024-03-31

	Starting price	Previous day closing price	Rate of return	Max Draw Down
USA Portfolio	1,000.0	2,264.9	126.49%	30.61%
USA Portfolio(L/S)	1,000.0	1,701.1	70.11%	22.46%
NASDAQ	1,000.0	1,534.0	53.40%	36.40%
DOW JONES	1,000.0	1,334.5	33.45%	21.94%

Long Only 포트폴리오는 50종목을 종목당 2%씩 주식 100%를 편입했고, Long Short 포트폴리오는 Long포지션에 50종목을 각 종목당 1%씩, Short포지션에는 NASDAQ Index 인버스 ETF를 50% 편입하였다. Short 포지션에 NASDAQ Index 인버스 ETF를 편입한 이유는 한국시장과 마찬가지로, 미국 포트폴리오 수익률 상관관계가 S&P Index나 DOW JONES Index보다 NASDAQ Index가 높았기 때문이다.

투자기간이 3년 9개월이 지난 시점에서 누적수익률 126.49%는 연평균 수익률로 환산하면 33.7% 정도이며, 이는 BM대비 매우 뛰어난 성과이다. 종목선정기준에 의해 구성된 포트폴리오 수익률이 3년 9개월 동안 절대적인 수준에서도 126%면 매우 높은 수익률이고, 상대적으로 BM수익률과 비교해도 매우 큰 폭의 초과수익률을 기록하고 있다.

2020년 6월 1일 시작일로부터 약 2년 동안 포트폴리오 수익률은 우상향패턴을 보이며 누적수익률이 150%까지 꾸준히 상승하다가, 2022년 6월부터 큰 폭의 조정을 겪었으며, 이후 약 1년 6개월 동안 포트폴리오 수익률은 횡보 중이다. 동일 기간 BM인 NASDAQ 지수는 시작일 이후 1년 6개월 동안 30% 정도 상승하였다가, 이후 2년 동안은 지속적으로 하락하였다. 2023년에 들어서면서 바닥을 찍고 점진적 상승을 하는 모습을 보이고 있다.

USA Portfolio로 돌아와서 밑으로 내려가면 〈그림 3-5〉와 같이 미국 포트폴리오 50종목이 나와 있다.

<그림 3-5> 미국 포트폴리오 50종목

Stocks	Price	Stocks	Price
ROIV-US Roivant Sciences	10.5	FRHC-US Freedom Holding	70.6
GEOS-US Geospace Technologies	13.2	AYX-US Alteryx Class A	48.3
NOG-US Northern Oil and Gas	39.7	CMPR-US Cimpress	88.5
CLCO-US Cool Company	11.1	ESOA-US Energy Services of America	8.3
WTM-US White Mountains Insurance Group	1,794.3	SSTI-US SoundThinking	15.9
MCY-US Mercury General	51.6	RPRX-US Royalty Pharma Class A Shs	30.4
MARA-US Marathon Digital Holdings	22.6	NXT-US Nextracker Class A	56.3

포트폴리오는 종목별로 종목코드, 기업명 그리고 조회일을 기준으로 가격이 표시되어 있다. 좌측상단의 첫 번째 위치하고 있는 기업을 살펴보면, 종목 Code는 ROIV-US이며, 기업명은 Roivant Sciences이다. 이 종목의 2024년 3월 31일 종가가 $10.5이다. 시세는 장중에는 15분 지연시세로 자동으로 반영되며, 장마감 후에는 종가로 기록되어 업데이트 된다.

〈그림 3-5〉에서 우측 상단에 있는 종목 FRHC-US을 클릭하면, 〈그림 3-6〉 화면이 팝업으로 뜬다. 이는 2024년 3월 31일 기준으로 개별종목 Freedom Holding의 차트와 BM차트이다. 화면에는 Freedom Holding의 포트폴리오 편입시점인 2024년 3월 1일 가격인 시작가격(Starting price) $75.88와 전일 종가(Previous day closing price) $70.57이 표시되어 있고, 수익률(Rate of return)이 표시되어 있다. 수

익률은 시작일과 전일 종가가 계산되며 -7.00%로 표시되어 있으며, 매일 자동 업데이트 된다. 동일기간 BM지수인 NDSDAQ Index와 Dow Jones Index도 시작일 지수와 기준일 지수가 자동으로 계산되어 업데이트되고 있다.

<그림 3-6> Freedom Holding 수익률 현황

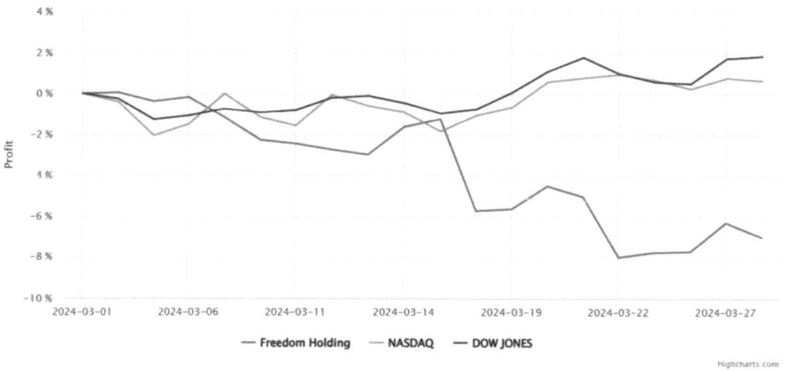

Updated Date : 2024-03-28

	Starting price	Previous day closing price	Rate of return	Max Draw Down
Freedom Holding	75.88	70.57	-7.00%	8.02%
NASDAQ	16,274.90	16,379.50	0.64%	2.06%
DOW JONES	39,087.40	39,807.40	1.84%	1.28%

두 번째 시장인 홍콩을 살펴보면, 투자대상은 홍콩주식시장에서 거래되고 있는 모든 상장기업 2,633종목(우선주, ETF 제외)으로 한다.

〈그림 3-7〉은 2023년 4분기 홍콩시장 포트폴리오 수익률현황을 나타낸 것이다. 투자기간은 2023년 4분기 실적을 바탕으로 포트폴리오가

구성된 2024년 3월 1일부터 2024년 3월 31일까지이다. 〈그림 3-7〉에는 2024년 3월 31일 종가까지 반영된 수익률과 차트가 표시되어 있다. BM은 홍콩 HANGSENG Index이고, 현재 분기 포트폴리오 수익률은 1.47%이다. HANGSENG Index 수익률은 -0.29%이며, BM대비 포트폴리오 수익률이 BM대비 소폭 초과수익을 기록하고 있다.

<그림 3-7> 홍콩 2023.4Q 포트폴리오 수익률현황

HONGKONG

Target	Period	BM	Rate of return
HANGSENG listed stocks	2024.03.01 ~ Present	HANGSENG	1.47%

HONGKONG Portfolio **HONGKONG Accumulated**

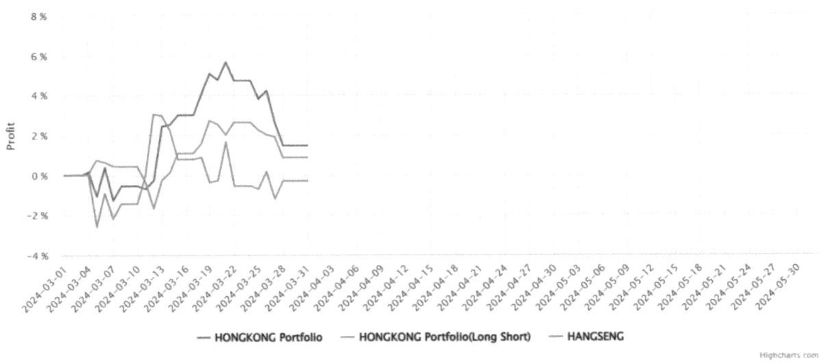

Updated Date: 2024-03-31

	Starting price	Previous day closing price	Rate of return	Max Draw Down
HONGKONG Portfolio	1,000.0	1,014.7	1.47%	3.97%
HONGKONG Portfolio(L/S)	1,000.0	1,008.8	0.88%	2.39%
HANGSENG	1,000.0	997.1	-0.29%	4.10%

〈그림 3-7〉의 화면에서 HONGKONG Accumulated를 누르면 〈그림 3-8〉과 같이 2020년 6월 1일부터 포트폴리오 누적수익률이 나온다. 홍콩 포트폴리오의 누적수익률은 78.54%, Long Short 포트폴리오(L/S)는 79.18%이고, 동일기간 HANGSENG Index는 -43.49%이다.

Long Only 포트폴리오는 50종목을 종목당 2%씩 주식 100%를 편입했고, Long Short 포트폴리오는 Long포지션에 50종목을 각 종목당 1%씩, Short포지션에는 HANGSENG Index 인버스 ETF를 50% 편입하였다. 홍콩시장은 BM이 HANGSENG Index밖에 없기 때문에 Short포지션은 HANGSENG Index 인버스 ETF를 편입하였다.

홍콩 포트폴리오의 누적수익률은 2020년 6월 후 1년 3개월 동안 꾸준히 우상향 패턴을 보이면서 125%까지 상승하였으나, 고점형성 뒤 2021년 10월부터 1년 이상 박스권에서 등락을 거듭하고 있다. 2022년 6월부터 2022년 12월까지는 우하향 패턴을 보이면서 분기수익률이 마이너스가 나왔었는데, 이는 홍콩시장이 꾸준히 약세를 보였기 때문으로 해석된다. Long Only 포트폴리오는 현물주식을 편입하기 때문에 박스권 시장에서는 수익률이 어느 정도 방어가 되지만, 시장전체가 약세로 접어드는 시기에서는 시장의 영향으로 수익률이 약세를 보이는 경향이 있다. 지난 2023년 1년 동안은 Long Only 포트폴리오가 약세를 보이다가 2024년에 접어들면서 포트폴리오 수익률이 반등을 나타내고 있다.

<그림 3-8> 홍콩 포트폴리오 누적수익률현황

HONGKONG

Target	Period	BM	Rate of return
HANGSENG listed stocks	2020.06.01 ~ Present	HANGSENG	78.54%

HONGKONG Portfolio **HONGKONG Accumulated**

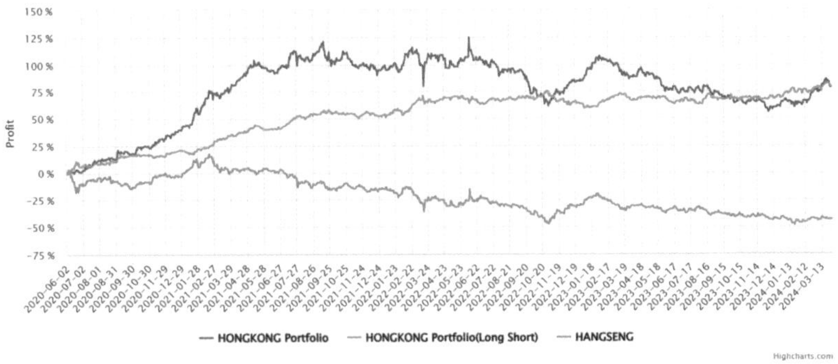

Updated Date : 2024-03-31

	Starting price	Previous day closing price	Rate of return	Max Draw Down
HONGKONG Portfolio	1,000.0	1,785.4	78.54%	50.06%
HONGKONG Portfolio(L/S)	1,000.0	1,791.8	79.18%	35.28%
HANGSENG	1,000.0	565.1	-43.49%	52.75%

홍콩 포트폴리오 50종목은 〈그림 3-9〉와 같다. 마찬가지로 포트폴리오는 종목별로 종목코드, 기업명 그리고 가격이 표시되어 있다. 좌측 상단에 위치하고 있는 기업의 종목 Code는 8095-HK이며, 기업명은 Beijing Beida Jade Bird Universal Sci-Tech H이다. 이 종목의 2024년 3월 31일 종가가 HK$ 0.4이다. 포트폴리오는 순서에 따라 아래로 50개 종목이 표시되어 있다.

<그림 3-9> 홍콩 포트폴리오 50종목

Stocks	Price	Stocks	Price
8095-HK Beijing Beida Jade Bird Universal …	0.4	8412-HK New Amante Group	0.5
0975-HK Mongolian Mining	9.1	0212-HK Nanyang Holdings	25.7
1909-HK Fire Rock Holdings	0.2	0871-HK CH Dredging Env Protect Hldgs	0.1
9696-HK Tianqi Lithium Class H H	36.4	1383-HK Let Group Holdings	0.0
1138-HK COSCO SHIPPING Energy Transpo…	8.1	2096-HK Simcere Pharmaceutical Group	5.3
1152-HK Momentum Financial Holdings	0.1	2377-HK China Boqi Environmental (Hol…	0.7
1003-HK Huanxi Media Group	0.6	8621-HK Metropolis Capital Holdings	0.0
00943-HK Zhongzheng International	0.0	1900-HK China ITS (Holdings)	0.2

좌측상단에 위치한 종목 8095-HK을 살펴보면, 〈그림 3-10〉와 같이 Beijing Beida Jade Bird Universal Sci-Tech H에 대한 수익률현황이 나온다.

Beijing Beida Jade Bird Universal Sci-Tech H의 포트폴리오 편입 시점인 2024년 3월 1일 가격 Strating Price HK$ 0.34와 업데이트 기준일 2024년 3월 31일 종가 HK$0.36이 표시되어 있고, 시작일 이후 수익률 8.96%과 동일기간 BM인 HONGKONG HANGSENG Index는 -0.29%이 표시되어 있다.

<그림 3-10> Beijing Beida Jade Bird Universal Sci-Tech H 수익률 현황

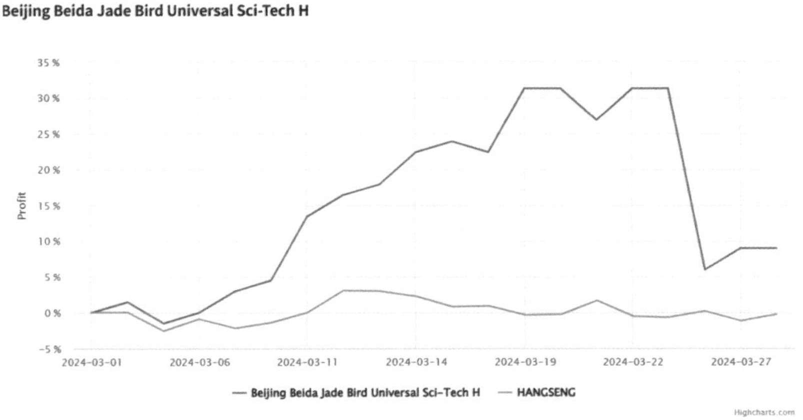

Updated Date : 2024-03-28

	Starting price	Previous day closing price	Rate of return	Max Draw Down
Beijing Beida Jade Bird U···	0.34	0.36	8.96%	19.32%
HANGSENG	16,589.40	16,541.40	-0.29%	4.10%

세 번째 국가인 중국을 살펴보면, 투자대상은 중국주식시장에서 거래되고 있는 모든 상장기업 5,188종목(우선주, ETF 제외)을 대상으로 한다.

〈그림 3-11〉은 2023년 4분기 중국 포트폴리오 수익률현황을 나타낸 것이다. 투자기간은 2023년 4분기 실적을 바탕으로 포트폴리오가 구성된 2024년 3월 1일부터 기준일인 2024년 3월31일까지이다. 〈그림 3-11〉에는 2024년 3월 31일 종가까지 반영된 수익률과 차트가 표시되어 있다.

BM은 Shanghai Index이고, 2024년 3월 31일 현재 중국 포트폴리오 수익률은 6.53%이며, Long Short 포트폴리오 수익률은 3.03%이다. BM지수 Shanghai Index의 수익률은 0.47%이며, 포트폴리오 수익률은 BM대비 6.06% 초과수익을 기록하고 있다.

<그림 3-11> 중국 2023.4Q 포트폴리오 수익률현황

Updated Date: 2024-03-31

	Starting price	Previous day closing price	Rate of return	Max Draw Down
China Portfolio	1,000.0	1,065.3	6.53%	3.37%
China Portfolio(L/S)	1,000.0	1,030.3	3.03%	0.41%
Shanghai	1,000.0	1,004.7	0.47%	2.98%

중국 포트폴리오 누적수익률현황은 〈그림 3-12〉에 나와 있다. 시작일 2020년 6월 1일부터 중국 포트폴리오의 누적수익률은 -0.73%, 중국

Long Short 포트폴리오는 -1.22%이고, 동일 기간 Shanghai Index는 6.40%이다.

Long Only 포트폴리오는 50종목을 종목당 2%씩 주식 100%를 편입했고, Long Short 포트폴리오는 Long포지션에 50종목을 각 종목당 1%씩, Short포지션에는 Shanghai Index 인버스 ETF를 50% 편입하였다. 중국시장은 대표지수인 Shanghai Index를 BM으로 하였다.

중국 포트폴리오의 누적수익률을 살펴보면, 2020년 6월 1일 이후 약 1년 3개월 동안 꾸준히 우상향 패턴으로 75%까지 상승하며 BM대비 초과 수익률을 보이다가, 2021년 9월 이후부터 급격한 조정을 받기 시작하였다. 이후 2022년 12월까지 1년간은 누적수익률이 25%대까지 하락하며 등락을 거듭하였다. 2023년 12월까지 1년 동안은 지속적으로 우하향하며, 수익률이 하락하였다. 2023년 2분기는 분기수익률이 마이너스가 나왔는데, 이는 지난 1년 동안 중국주식시장이 꾸준히 약세를 보였기 때문으로 해석된다. 시장이 횡보하거나 박스권 내에서 등락을 거듭할 때는 포트폴리오 수익률이 시장대비 초과수익을 나타내지만, 지속적인 하락장에서는 동반 하락하는 경향을 보인다.

글로벌 12개국 중에서 유일하게 중국시장만 지난 3년 9개월 동안 포트폴리오와 Shanghai Index 모두 부진하였다. 중국 포트폴리오 누적수익률은 -0.73%이며, Long Short 포트폴리오는 -1.22%, BM수익률은 6.40%를 기록하고 있다. 이는 미국과 중국 간의 무역갈등과 기술주도권 다툼이 지속되고, 중국 내 부동산이슈에서 시작된 중국경기에 대한 불확실성이 확대되고 있어서, 이 모든 상황이 주식시장에 그대로 반영되고 있기 때문에 당분간은 조정국면이 지속될 것으로 예상된다.

<그림 3-12> 중국 포트폴리오 누적수익률현황

China

Target	Period	BM	Rate of return
Shanghai listed stocks	2020.06.01 ~ Present	Shanghai	-0.73%

China Portfolio　　**China Accumulated**

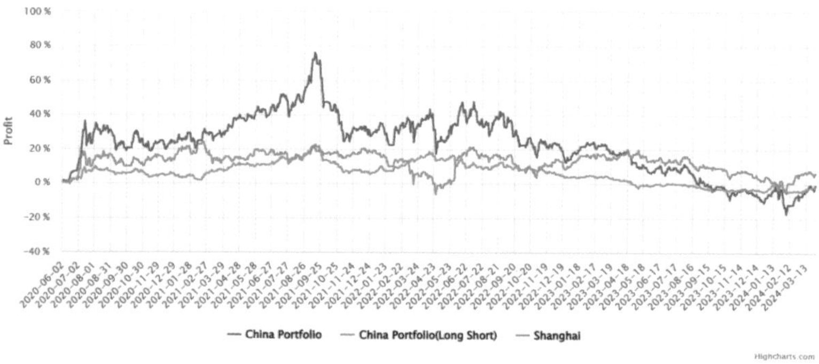

Updated Date : 2024-03-31

	Starting price	Previous day closing price	Rate of return	Max Draw Down
China Portfolio	1,000.0	992.7	-0.73%	53.15%
China Portfolio(L/S)	1,000.0	987.8	-1.22%	22.64%
Shanghai	1,000.0	1,064.0	6.40%	27.27%

중국 포트폴리오 50종목은 〈그림 3-13〉과 같다. 미국, 홍콩과 마찬가지로 중국 포트폴리오도 종목코드, 기업명 그리고 가격이 표시되어 있

다. 좌측상단에 위치하고 있는 기업의 종목Code는 603688-CN이며, 기업명은 Jiangsu Pacific Quartz A이다. 이 종목의 2024년 3월 31일 종가는 90.3위안이다.

<그림 3-13> 중국 포트폴리오 50종목

Stocks	Price	Stocks	Price
603688-CN Jiangsu Pacific Quartz A	90.3	000923-CN HBIS Resources A	17.0
002159-CN Wuhan Sante Cableways Group A	16.2	601111-CN Air China A	7.3
601021-CN Spring Airlines A	55.3	600054-CN Huangshan Tourism Developme···	12.2
603099-CN Changbai Shan Tourism A	22.8	002588-CN Stanley Agricultural Group A	6.3
600593-CN Dalian Sunasia Tourism Holdings A	26.9	300144-CN Songcheng Performance Develo···	10.3
600737-CN COFCO Sugar Holding A	9.6	600221-CN Hainan Airlines Holding A	1.4
600675-CN China Enterprise A	2.9	000543-CN An Hui Wenergy A	8.3
603167-CN Bohai Ferry A	8.6	688036-CN Shenzhen Transsion Holdings A	168.3
900942-CN Huangshan Tourism Development B	0.8	600897-CN Xiamen International Airport A	13.1

좌측상단의 종목 603688-CN을 살펴보면, 종목명은 Jiangsu Pacific Quartz A이다.

Jiangsu Pacific Quartz A의 포트폴리오 편입시점인 2024년 3월 1일의 가격 Strating Price는 80.10위안이며, 2024년 3월 31일 종가 90.32위안이 표시되어 있고, 수익률 12.76%이다. 동일기간 Shanghai Index는 0.47%로 표시되고 있다.

<그림 3-14> Jiangsu Pacific Quartz A수익률 현황

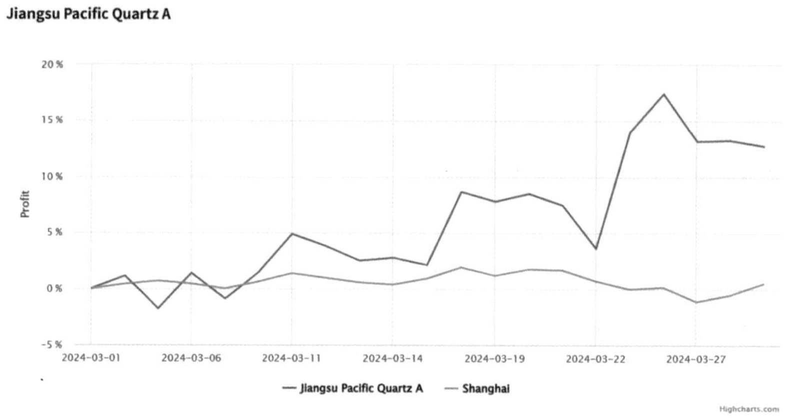

Updated Date : 2024-03-29

	Starting price	Previous day closing price	Rate of return	Max Draw Down
Jiangsu Pacific Quartz A	80.10	90.32	12.76%	4.63%
Shanghai	3,027.02	3,041.17	0.47%	2.98%

네 번째 국가인 한국을 살펴보자. 투자대상은 한국주식시장에 상장되어 있는 모든 상장기업 2,433종목(우선주, ETF제외)을 대상으로 한다.

〈그림 3-15〉 한국 포트폴리오 수익률현황을 나타낸 것으로 투자기간은 2023년 4분기 실적을 바탕으로 포트폴리오가 구성된 2024년 3월 1일부터 2024년 3월 31일까지이다.

〈그림 3-15〉에는 2024년 3월 31일 종가까지 반영된 수익률과 차트가 표시되어 있다. BM은 한국 KOSPI Index와 KOSDAQ Index이고, 현재 분기 포트폴리오 수익률은 2.74%이다. KOSPI Index 4.93%와 KOSDAQ Index 3.95% 대비 소폭 부진한 수익률을 나타내고 있다.

<그림 3-15> 한국 2023.4Q 포트폴리오 수익률현황

Korea

Target	Period	BM	Rate of return
KOSPI / KOSDAQ listed stocks	2024.03.01 ~ Present	KOSPI / KOSDAQ	2.74%

Korea Portfolio Korea Accumulated

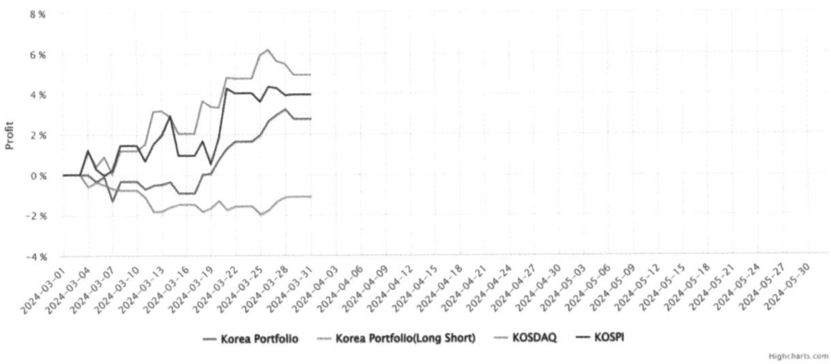

Updated Date: 2024-03-31

	Starting price	Previous day closing price	Rate of return	Max Draw Down
Korea Portfolio	1,000.0	1,027.4	2.74%	1.30%
Korea Portfolio(L/S)	1,000.0	989.1	-1.09%	0.00%
KOSDAQ	1,000.0	1,049.3	4.93%	1.16%
KOSPI	1,000.0	1,039.5	3.95%	2.30%

Long Only 포트폴리오는 50종목을 종목당 2%씩 주식 100%를 편입했고, Long Short 포트폴리오는 Long포지션에 50종목을 각 종목당 1%씩, Short포지션에는 KOSDAQ Index 인버스 ETF를 50% 편입하였다. 제2장 실제투자에서도 잠시 언급했듯이 Short포지션에 KOSDAQ Index 인버스를 편입한 이유는 포트폴리오 수익률과 상관관계 측면에서 KOSPI Index보다 KOSDAQ Index가 높았기 때문이다.

<그림 3-16> 한국 포트폴리오 누적수익률현황

Korea

Target	Period	BM	Rate of return
KOSPI / KOSDAQ listed stocks	2020.06.01 ~ Present	KOSPI / KOSDAQ	97.78%

Korea Portfolio　　**Korea Accumulated**

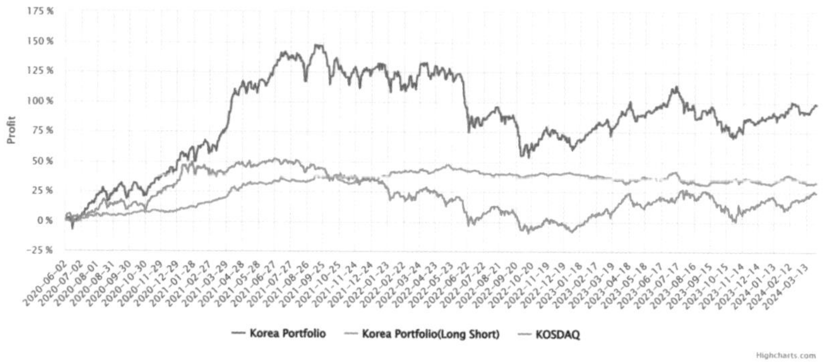

Updated Date : 2024-03-31

	Starting price	Previous day closing price	Rate of return	Max Draw Down
Korea Portfolio	1,000.0	1,977.8	97.78%	37.92%
Korea Portfolio(L/S)	1,000.0	1,328.8	32.88%	11.37%
KOSDAQ	1,000.0	1,242.6	24.26%	38.53%
KOSPI	1,000.0	1,146.4	14.64%	34.79%

〈그림 3-16〉은 한국 포트폴리오 누적수익률현황이 나와 있다. 2020년 6월 1일 이후 한국 포트폴리오의 누적수익률은 97.78%, 한국 포트폴리오(L/S)는 32.88%이고, 동일 기간 KOSPI Index는 14.64%, KOSDAQ Index는 24.26%이다. 한국 포트폴리오의 수익률이 KOSDAQ Index 대비 73.52% 초과수익을 달성하고 있으며 상대적으로 매우 우수하다.

한국 포트폴리오의 누적수익률을 살펴보면, 2020년 6월1일 이후 누적 수익률은 1년 3개월 동안 150%까지 꾸준히 상승하였다가, 2021년 10월 이후 2022년 5월까지는 박스권에서 등락을 거듭하였다. 2022년 6월부터 시장의 하락과 더불어 누적수익률이 50%대까지 하락하는 모습을 보였다. 2022년 10월 이후부터는 재차 상승하기 시작하여, 누적수익률은 110%대까지로 상승하였다가 2024년 3월 현재 누적수익률 90%대 후반을 유지하고 있다. 동일 기간 한국주식시장도 상승과 하락을 반복하다가, 2024년 3월 현재 박스권 내에서 등락을 거듭하고 있다. Long Only 포트폴리오는 KOSPI Index 대비 83.14%, KOSDAQ Index대비 73.52% 초과수익을 달성하고 있다.

<그림 3-17> 한국 포트폴리오 50종목

Stocks	Price	Stocks	Price
xxxxxx xxxxxxx	xxxxx.x	xxxxxx xxxxxx	xxxx.x
xxxxxx xxxxxx	xxxx.x	xxxxxx xxxx	xxxx.x
xxxxxx xxxx	xxxxx.x	xxxxxx xxxx	xxxxx.x
xxxxxx xxxxx	xxxx.x	xxxxxx xxxxxxxx	xxxx.x
xxxxxx xx	xxxx.x	xxxxxx xxxxxx	xxxx.x
xxxxxx xxx	xxxx.x	xxxxxx xxxxx	xxxx.x
xxxxxx xxxxx	xxxx.x	xxxxxx xxxxx	xxxxx.x
xxxxxx xxxx	xxxx.x	xxxxxx xxxxxxxx	xxxxx.x

앞에서도 언급하였듯이 〈그림 3-17〉 한국 포트폴리오 50종목은 2020년 6월 1일 Website 오픈 시점부터 공개를 하지 않고 있다. 이유는 위에서 언급한 것처럼, ㈜FM투자일임에서 한국 포트폴리오 그대로 고객자산을 운용하고 있기 때문이다.

다섯 번째 국가인 일본을 살펴보자. 투자대상은 일본주식시장에서 거래되고 있는 모든 상장기업 3,987종목(우선주, ETF 제외)을 대상으로 한다.

<그림 3-18> 일본 2023.4Q 포트폴리오 수익률현황

Japan

Target	Period	BM	Rate of return
NIKKEI listed stocks	2024.03.01 ~ Present	NIKKEI	3.97%

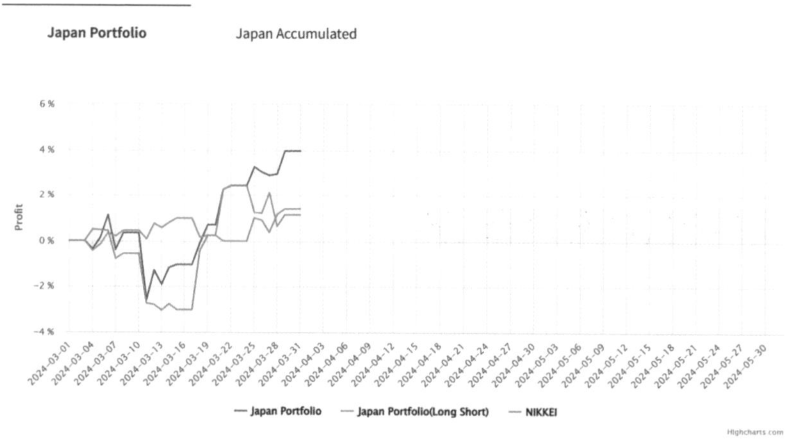

Updated Date: 2024-03-31

	Starting price	Previous day closing price	Rate of return	Max Draw Down
Japan Portfolio	1,000.0	1,039.7	3.97%	3.67%
Japan Portfolio(L/S)	1,000.0	1,014.1	1.41%	0.99%
NIKKEI	1,000.0	1,011.5	1.15%	3.52%

〈그림 3-18〉은 2023년 4분기 일본시장 포트폴리오 수익률현황을 나타낸 것이다. 투자기간은 2023년 4분기 실적을 바탕으로 포트폴리오가 구성된 2024년 3월 1일부터 2024년 3월 31일까지이다. 2024년 3월 31일 종가까지 반영된 수익률과 차트가 표시되어 있다. BM은 일본 NIKKEI

Index이고, 현재 분기 포트폴리오 수익률은 3.97%로, NIKKEI Index 수익률 1.15% 대비 2.82% 초과수익을 기록하고 있다.

<그림 3-19> 일본 포트폴리오 누적수익률현황

Japan

Target	Period	BM	Rate of return
NIKKEI listed stocks	2020.06.01 ~ Present	NIKKEI	62.87%

Japan Portfolio　　**Japan Accumulated**

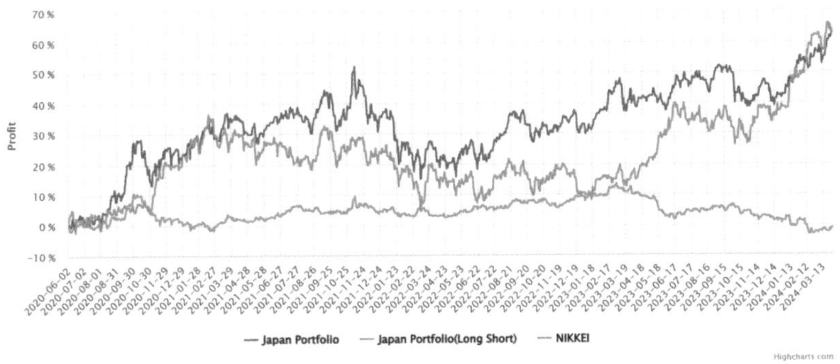

Updated Date : 2024-03-31

	Starting price	Previous day closing price	Rate of return	Max Draw Down
Japan Portfolio	1,000.0	1,628.7	62.87%	24.36%
Japan Portfolio(L/S)	1,000.0	987.2	-1.28%	14.76%
NIKKEI	1,000.0	1,636.6	63.66%	19.41%

〈그림 3-19〉 일본 포트폴리오 누적수익률현황이 나와 있다. 2020년 6월 1일 일본 포트폴리오의 누적수익률은 62.87%, 일본 포트폴리오(L/S)는 −1.28%이고, 동일 기간 NEKKEI Index는 63.66%로 포트폴

리오 수익률과 시장수익률이 비슷하다.

Long Only 포트폴리오는 50종목을 종목당 2%씩 주식 100%를 편입했고, Long Short 포트폴리오는 Long포지션에 50종목을 각 종목당 1%씩, Short포지션에는 NIKKEI Index 인버스 ETF를 50% 편입하였다. 일본시장은 대표지수인 NIKKEI Index를 BM과 Short 포지션으로 하고 있다.

일본 포트폴리오의 누적수익률을 살펴보면, 2020년 6월 1일 이후 1년 6개월 동안 꾸준히 상승하여 2021년 11월 누적수익률 50%대를 기록하다가, 이후 6개월은 시장이 조정을 받으면서 수익률도 하락하는 모습을 보이고 있다. 2022년 2월 누적수익률 15% 지점까지 하락하였다가 2022년 3월 반등하기 시작하여 2024년 3월 말까지 꾸준히 상승하는 모습을 보이고 있다. 일본주식 시장은 2022년 12월에 바닥을 찍고 점진적 상승을 시작하여 2024년 3월 31일 현재 고점을 갱신하는 모습을 보이고 있다. 포트폴리오 수익률과 시장수익률이 비슷해지면서 Long Short 포트폴리오 수익률은 -1%대로 부진한 모습을 보이고 있다.

〈그림 3-20〉은 일본 포트폴리오 50종목을 나타내고 있다. 우측상단에 위치하고 있는 종목 Code는 3553-JP이며, 기업명은 Kyowa Leather Cloth이다. 이 종목의 2024년 3월 31일 종가가 806엔이다. 주가는 장중에는 15분 지연시세로, 장마감 후에는 종가기준으로 매일 자동 업데이트된다. 포트폴리오는 순서에 따라 아래로 50개 종목이 표시되어 있다.

<그림 3-20> 일본 포트폴리오 50종목

Stocks	Price	Stocks	Price
7314-JP Odawara Auto-Machine MFG.	1,025.0	3553-JP Kyowa Leather Cloth	806.0
7859-JP Almedio	1,066.0	5161-JP Nishikawa Rubber	2,074.0
6882-JP Sansha Electric Manufacturing	1,797.0	8946-JP Asian Star	94.0
6457-JP Glory	2,841.0	5842-JP Integral	3,855.0
2673-JP Yumemitsuketai	115.0	8746-JP Daiichi Commodities	224.0
6535-JP I-Mobile	409.0	6391-JP Kaji Technology	5,240.0
4317-JP Ray	484.0	6356-JP Nippon Gear	625.0

<그림 3-21> Kyowa Leather Cloth수익률 현황

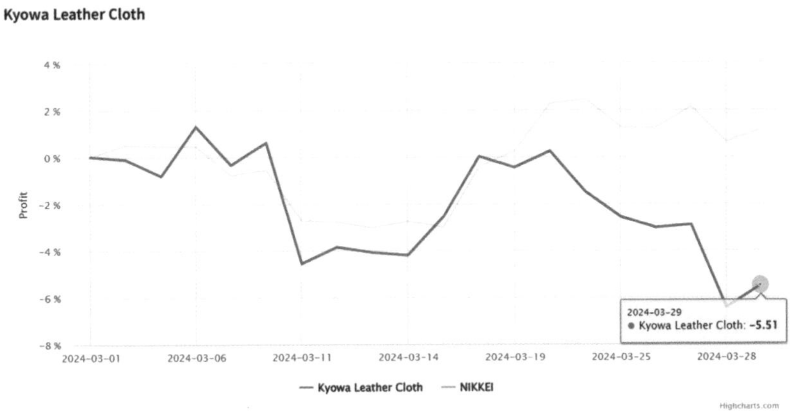

Updated Date : 2024-03-29

	Starting price	Previous day closing price	Rate of return	Max Draw Down
Kyowa Leather Cloth	853.00	806.00	-5.51%	7.64%
NIKKEI	39,910.80	40,369.40	1.15%	3.52%

〈그림 3-21〉은 종목 3553-JP에 대해 나타내고 있다. Kyowa Leather Cloth의 포트폴리오 편입시점 가격인 Strating Price 853.0엔과 전일 종가 806.0엔이 표시되어 있고, 종목 수익률은 -5.51%로 동일 기간 NIKKEI Index 1.15% 대비 부진한 수익을 기록하고 있다.

여섯 번째 시장인 대만을 살펴보면, 투자대상은 대만주식시장에서 거래되고 있는 모든 상장기업 987종목(우선주, ETF 제외)을 대상으로 한다.

〈그림 3-22〉는 2023년 4분기 대만시장 포트폴리오 수익률현황을 나타낸 것이다. 투자기간은 2023년 4분기 실적을 바탕으로 포트폴리오가 구성된 2024년 3월 1일부터 2024년 3월 31일까지이다.

〈그림 3-22〉에는 2024년 3월 31일 종가까지 반영된 포트폴리오 수익률과 차트가 표시되어 있다. BM은 대만 TSEC weighted Index이고, 현재 분기 포트폴리오 수익률은 3.64%로, TSEC weighted Index 수익률 7.17% 대비 -3.53% 부진한 수익을 기록하고 있다.

Long Only 포트폴리오는 50종목을 종목당 2%씩 주식 100%를 편입했고, Long Short 포트폴리오는 Long포지션에 50종목을 각 종목당 1%씩, Short포지션에는 TSEC weighted Index 인버스 ETF를 50% 편입하였다. 대만시장은 대표지수인 TSEC weighted Index를 BM과 Short 포지션으로 하고 있다.

<그림 3-22> 대만 2023.4Q 포트폴리오 수익률현황

TAIWAN

Target	Period	BM	Rate of return
TSEC weighted index listed stocks	2024.03.01 ~ Present	TSEC weighted index	3.64%

TAIWAN Portfolio TAIWAN Accumulated

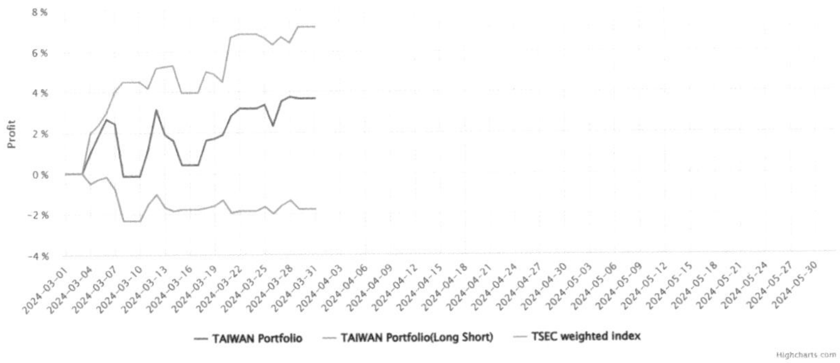

Updated Date: 2024-03-31

	Starting price	Previous day closing price	Rate of return	Max Draw Down
TAIWAN Portfolio	1,000.0	1,036.4	3.64%	2.71%
TAIWAN Portfolio(L/S)	1,000.0	982.3	-1.77%	0.00%
TSEC weighted index	1,000.0	1,071.7	7.17%	1.28%

〈그림 3-23〉 대만 포트폴리오 누적수익률현황이 2020년 6월 1일부터 나와 있다. 대만 포트폴리오의 누적수익률은 106.11%, 대만 포트폴리오(L/S)는 25.38%이고, 동일 기간 TSEC weighted Index는 26.00%로 BM대비 포트폴리오 수익률이 매우 우수하다.

<그림 3-23> 대만 포트폴리오 누적수익률 현황

TAIWAN

Target
TSEC weighted index
listed stocks

Period
2020.06.01 ~ Present

BM
TSEC weighted index

Rate of return
106.11%

TAIWAN Portfolio　　**TAIWAN Accumulated**

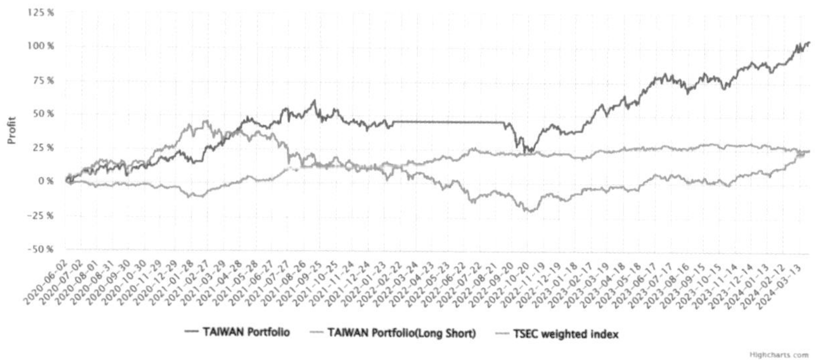

Updated Date : 2024-03-31

	Starting price	Previous day closing price	Rate of return	Max Draw Down
TAIWAN Portfolio	1,000.0	2,061.1	106.11%	24.06%
TAIWAN Portfolio(L/S)	1,000.0	1,253.8	25.38%	20.86%
TSEC weighted index	1,000.0	1,260.0	26.00%	31.63%

대만 포트폴리오의 누적수익률을 살펴보면, 2020년 6월 1일 이후 초기 6개월 동안은 BM대비 부진한 수익률을 기록하다가, 이후 1년 동안은 꾸준히 상승하여 60%대를 기록하였다. 2022년 2월부터 2022년 8월 말까지 2개 분기 동안 대만주식시장에 상장된 기업의 재무데이터가 확보되지 않아 포트폴리오를 구성하지 못했다. 2022년 9월 1일부터 포트폴리오가 다시 구성되면서부터 누적수익률은 2022년 10월 25%를 바닥을

찍고 상승하기 시작하여, 2024년 1월 11일 88%를 넘어서고 있다. 동일 기간 대만주식시장은 2020년 6월에 잠깐 강세를 보이다가 2021년 2월부터 약세로 전환하여 2024년 1월까지 부진한 흐름을 보이고 있다.

〈그림 3-24〉는 대만 포트폴리오 50종목을 나타내고 있다. 좌측상단에 위치하고 있는 종목의 Code는 1808-TW이며, 기업명은 Run Long Construction이다. 이 종목의 2024년 3월 31일 종가가 125.5 TWD이다. 포트폴리오는 순서에 따라 아래로 50개 종목이 표시되어 있다.

<그림 3-24> 대만 포트폴리오 50종목

Stocks	Price	Stocks	Price
1808-TW Run Long Construction	125.5	1522-TW Tyc Brother Industrial	53.4
5525-TW Sweeten Construction	32.3	2020-TW Mayer Steel Pipe	38.1
3266-TW Sunty Property Development	18.3	2250-TW Ikka Holdings Cayman	107.5
2542-TW Highwealth Construction	40.3	2610-TW China Airlines	19.4
2618-TW Eva Airways	31.8	9927-TW Thye Ming Industrial	74.2
6625-TW B'in Live	96.5	6790-TW Yuen Foong Yu Consumer Produ···	49.1
2527-TW Hung Ching Development & Const···	40.0	2881-TW Fubon Financial Holding	69.7

일곱 번째 지역인 유럽을 살펴보면, 투자대상은 유럽주식시장에 상장된 STOXX 600종목만 대상으로 한다.

〈그림 3-25〉는 2023년 4분기 유럽시장 포트폴리오 수익률현황을 나타

낸 것이다. 투자기간은 2023년 4분기 실적을 바탕으로 포트폴리오가 구성된 2024년 3월 1일부터 2024년 3월 31일까지이다.

<그림 3-25> 유럽 2023.4Q 포트폴리오 수익률 현황

EUROPE

Target	Period	BM	Rate of return
STOXX Europe 600 listed stocks	2024.03.01 ~ Present	STOXX Europe 600	2.82%

EUROPE Portfolio EUROPE Accumulated

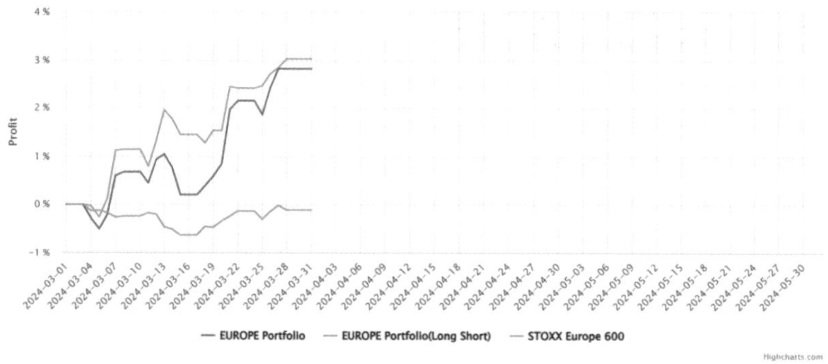

Updated Date: 2024-03-31

	Starting price	Previous day closing price	Rate of return	Max Draw Down
EUROPE Portfolio	1,000.0	1,028.2	2.82%	0.83%
EUROPE Portfolio(L/S)	1,000.0	998.9	-0.11%	0.00%
STOXX Europe 600	1,000.0	1,030.3	3.03%	0.67%

〈그림 3-25〉에는 2024년 3월 31일까지 반영된 수익률과 차트가 표시되어 있다. BM은 유럽 STOXX Europe 600 Index이고, 현재 분기 포트폴리오 수익률은 2.82%이며, STOXX Europe 600 Index 수익률 3.03% 대비 -0.21% 소폭 부진한 수익을 기록하고 있다.

Long Only 포트폴리오는 50종목을 종목당 2%씩 주식 100%를 편입했고, Long Short 포트폴리오는 Long포지션에 50종목을 각 종목당 1%씩, Short포지션에는 STOXX Europe 600 Index 인버스 ETF를 50% 편입하였다. 유럽시장은 대표지수인 STOXX Europe 600 Index를 BM과 Short 포지션으로 하고 있다.

<그림 3-26> 유럽 포트폴리오 누적수익률 현황

EUROPE

Target	Period	BM	Rate of return
STOXX Europe 600 listed stocks	2020.06.01 ~ Present	STOXX Europe 600	22.79%

EUROPE Portfolio | **EUROPE Accumulated**

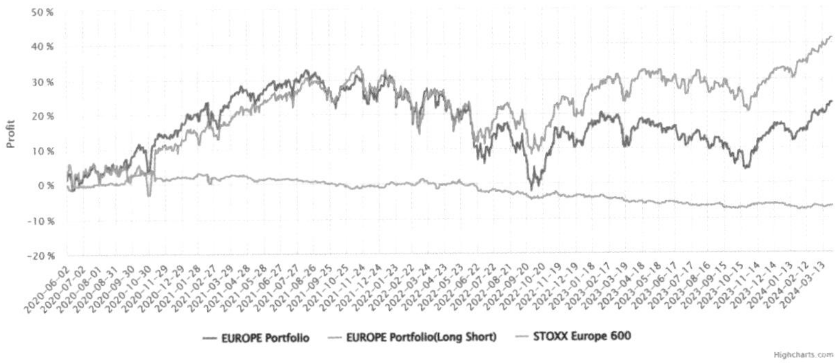

Updated Date : 2024-03-31

	Starting price	Previous day closing price	Rate of return	Max Draw Down
EUROPE Portfolio	1,000.0	1,227.9	22.79%	26.33%
EUROPE Portfolio(L/S)	1,000.0	932.5	-6.75%	11.07%
STOXX Europe 600	1,000.0	1,414.8	41.48%	22.55%

〈그림 3-26〉 유럽 포트폴리오 누적수익률현황이 2020년 6월 1일부터 나와 있다.

유럽 포트폴리오의 누적수익률은 22.79%, 유럽 포트폴리오(L/S)는 −6.75%이고, 동일 기간 STOXX Europe 600 Index는 41.48% 대비 포트폴리오 수익률이 부진하다. 유럽 포트폴리오가 다른 국가 대비 수익률이 부진한 이유는 프랑스, 덴마크, 스위스, 독일, 스페인 5개국의 상장기업 중에서 STOXX 지수에 편입된 600개 종목만을 그 대상으로 하고 있기 때문으로 판단된다. 이는 현재 유럽 국가의 상장기업 재무데이터를 확보할 수 있는 방법이 제한되어 있어서 그렇다. 향후 영국, 독일, 프랑스, 이탈리아, 스페인, 스위스 등 유럽 내 개별 국가 주식시장에 상장된 기업의 재무정보를 확보할 수 있는 방법이 생기면, 개별 국가를 상대로 포트폴리오를 구성해서 각국의 BM과 비교하는 것을 시도해 볼 예정이다.

〈그림 3-26〉의 유럽 포트폴리오 누적수익률을 살펴보면, 2020년 6월 1일 이후 BM과 유사한 패턴을 보이면서 등락을 거듭하다가, 2022년 6월 이후부터 BM대비 부진한 모습을 보이기 시작하였고, 이후 격차가 벌어지면서 2024년 1월 11일 현재 포트폴리오 수익률은 BM대비 18.69% 부진한 수익률을 보이고 있다. Long Only 포트폴리오 수익률이 BM대비 부진하기 때문에 Long Short 포트폴리오 수익률은 지속적인 우하향 패턴을 보이고 있다. 앞으로도 제한된 재무데이터를 확보하더라도 꾸준히 포트폴리오를 구성해서 유럽의 누적수익률 추이를 모니터링 할 예정이다.

〈그림 3-27〉은 유럽 포트폴리오 50종목을 나타내고 있다. 우측상단에 위치하고 있는 종목의 Code는 ACKB-BE이며, 기업명은 Ackermans & Van Haaren이다. 이 종목의 2024년 3월 31일 종가가 162.0유로이

다. 주가는 장중에는 15분 지연시세로, 장마감 후에는 종가기준으로 매일 자동 업데이트된다. 포트폴리오는 순서에 따라 아래로 50개 종목이 표시되어 있다.

<그림 3-27> 유럽 포트폴리오 50종목

Stocks	Price	Stocks	Price
CNA-GB Centrica	127.7	ACKB-BE Ackermans & Van Haaren	162.0
SAMPO-FI Sampo	39.5	INVE.B-SE Investor Class B	268.6
UHR-CH The Swatch Group	209.4	ORNBV-FI Orion Class B	34.6
AALB-NL Aalberts	44.6	SK-FR Seb	118.6
LR-FR Legrand	98.2	IHG-GB Intercontinental Hotels Group	8,242.0
AC-FR Accor	43.3	DG-FR Vinci	118.8
ACS-ES Acs Actividades De Construccion Y···	38.8	FGR-FR Eiffage	105.2

여덟 번째 국가인 인도를 살펴보면, 투자대상은 인도주식시장에서 거래되고 있는 모든 상장기업 4,678종목(우선주, ETF 제외)을 대상으로 한다. 〈그림 3-28〉은 2023년 4분기 인도시장 포트폴리오 수익률현황을 나타낸 것이다. 투자기간은 2023년 4분기 실적을 바탕으로 포트폴리오가 구성된 2024년 3월 1일부터 2024년 3월 31일까지이다.

〈그림 3-28〉에는 2024년 3월 31일 종가까지 반영된 수익률과 차트가 표시되어 있다. BM은 인도 BSE SENSEX Index이고, 현재 분기 포트폴리오 수익률은 -6.94%로, BSE SENSEX Index 수익률 -0.13% 대비 -6.81% 부진한 수익을 기록하고 있다.

<그림 3-28> 인도 2023.4Q 포트폴리오 수익률현황

INDIA

Target	Period	BM	Rate of return
BSE SENSEX listed stocks	2024.03.01 ~ Present	BSE SENSEX	-6.94%

INDIA Portfolio　　INDIA Accumulated

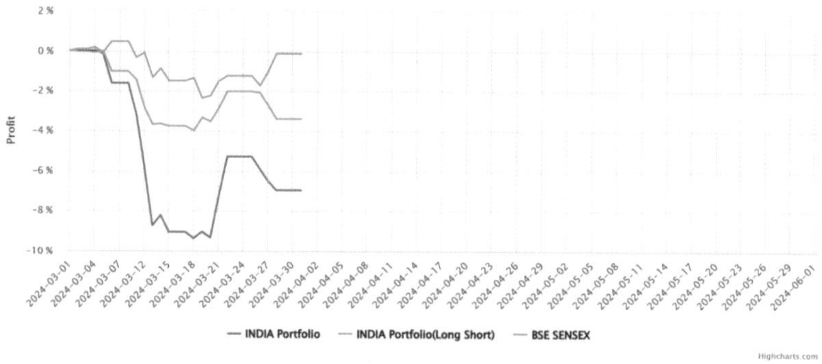

Updated Date: 2024-03-31

	Starting price	Previous day closing price	Rate of return	Max Draw Down
INDIA Portfolio	1,000.0	930.6	-6.94%	9.37%
INDIA Portfolio(L/S)	1,000.0	966.0	-3.40%	0.00%
BSE SENSEX	1,000.0	998.7	-0.13%	2.84%

〈그림 3-29〉 인도 포트폴리오 누적수익률현황이 2020년 6월 1일부터 나와 있다. 인도 포트폴리오의 누적수익률은 1,368.27%, 인도 포트폴리오(L/S)는 208.24%이고, 동일 기간 BSE SENSEX Index는 107.31%로 지수대비 상당한 초과수익을 기록하고 있다.

Long Only 포트폴리오는 50종목을 종목당 2%씩 주식 100%를 편입했고, Long Short 포트폴리오는 Long포지션에 50종목을 각 종목당 1%씩, Short포지션에는 BSE SENSEX Index 인버스 ETF를 50% 편입하였다. 인도시장은 대표지수인 BSE SENSEX Index를 BM과 Short 포지션으로 하고 있다.

<그림 3-29> 인도 포트폴리오 누적수익률 현황

INDIA

Target	Period	BM	Rate of return
BSE SENSEX listed stocks	2020.06.01 ~ Present	BSE SENSEX	1,386.27%

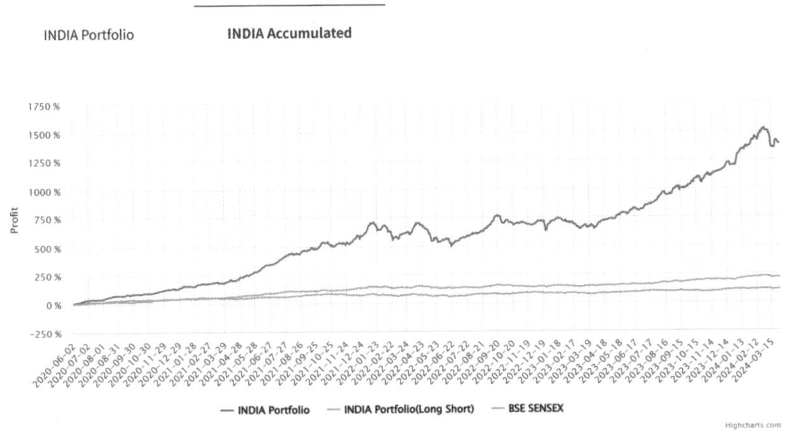

Updated Date : 2024-03-31

	Starting price	Previous day closing price	Rate of return	Max Draw Down
INDIA Portfolio	1,000.0	14,862.7	1,386.27%	56.70%
INDIA Portfolio(L/S)	1,000.0	3,082.4	208.24%	31.79%
BSE SENSEX	1,000.0	2,073.1	107.31%	16.85%

2020년 6월 1일 이후 1년 6개월 동안 〈그림 3-29〉 인도 포트폴리오 누적수익률은 꾸준히 우상향 패턴을 보이면서 상승하다가, 2022년 2월부

터 1년 동안은 박스권 내에서 등락을 거듭하였다. 인도 시장상황이 조정을 거치면서 포트폴리오 수익률도 박스권 내에서 등락을 거듭한 것으로 보인다. 2023년 3월 이후 재차 상승하기 시작하여 2024년 2월 말 누적 수익률은 1,500%를 찍고, 2024년 3월31일 현재 1,386%를 기록 중이며, 글로벌 12개국 중 독보적인 수익률을 기록하고 있다.

인도 포트폴리오의 누적수익률은 다른 국가의 포트폴리오와는 다르게 매우 높은 수익률이 나타나고 있다. 3년 9개월 동안 1,300% 이상의 수익률을 기록하는 것은 매우 이례적이며, 왜 유독 인도시장에서 높은 수익률이 나오는시는 좀 더 구체적으로 확인해 봐야 할 사항이다. 물론, 동일 기간 동안 인도시장 BM수익률이 100% 이상 상승할 정도로 시장상황이 좋았기 때문이기도 하다. 하지만, 아무리 상승장이라고 하더라도, 3년9개월 동안 시장대비 1,200% 이상을 초과했다는 것은 일반적이지 않은 것은 확실하다. 앞서 Simulation 인도시장을 살펴보면, Test Simulation 결과도 유독 인도 포트폴리오의 수익률이 다른 나라 포트폴리오 대비 높은 것을 확인할 수 있다. 하지만, 안타까운 점은 2024년 3월 말 현재 한국에서 인도주식에 직접 투자할 방법이 없다는 것이다. 인도주식으로 구성된 ETF나 지수에 투자하는 상품은 많이 있으나, 현물주식에 직접 투자할 수 있는 방법은 없다. 2021년도에 미래에셋증권에서 최초로 인도주식을 직접 거래할 수 있도록 추진한다는 기사는 있었으나, 2024년 3월 말까지는 시행되지 않고 있다. 그래서 2024년 상반기에는 필자가 인도로 가서 직접 투자할 수 있는 방법을 찾고자 한다.

〈그림 3-30〉은 인도 포트폴리오 50종목을 나타내고 있다.

<그림 3-30> 인도 포트폴리오 50종목

Stocks	Price	Stocks	Price
512393-IN Shardul Securities	170.4	512597-IN Keynote Financial Services	143.8
540097-IN Visco Trade Associates	239.8	533427-IN VMS Industries	42.7
513337-IN Gujarat Toolroom	40.5	531169-IN Skp Securities	86.1
539662-IN BFL Asset Finvest	16.8	514330-IN One Global Service Provider	78.2
511628-IN Im Capitals	664.2	526807-IN Seamec	1,070.0
543766-IN Ashika Credit Capital	68.3	539219-IN Mauria Udyog	8.4
503816-IN Swadeshi Polytex	144.4	531688-IN Prithvi Exchange India	273.1
511726-IN Vipul	26.9	539834-IN Balgopal Commercial	33.3

아홉 번째 국가인 베트남을 살펴보면, 투자대상은 베트남주식시장에서 거래되고 있는 모든 상장기업 721종목(우선주, ETF 제외)을 대상으로 한다. 〈그림 3-31〉은 2023년 4분기 베트남시장 포트폴리오 수익률현황을 나타낸 것이다.

투자기간은 2023년 4분기 실적을 바탕으로 포트폴리오가 구성된 2024년 3월 1일부터 2024년 3월 31일까지이다. 〈그림 3-31〉에는 2024년 3월 31일 종가까지 반영된 수익률과 차트가 표시되어 있다. BM은 Ho Chi Minh Index이고, 현재 분기 포트폴리오 수익률은 6.32%로, Ho Chi Minh Index 수익률 2.05% 대비 4.27% 초과 수익을 나타내고 있다.

<그림 3-31> 베트남 2023.4Q 포트폴리오 수익률현황

Vietnam

Target	Period	BM	Rate of return
Ho Chi Minh listed stocks	2024.03.01 ~ Present	Ho Chi Minh	6.32%

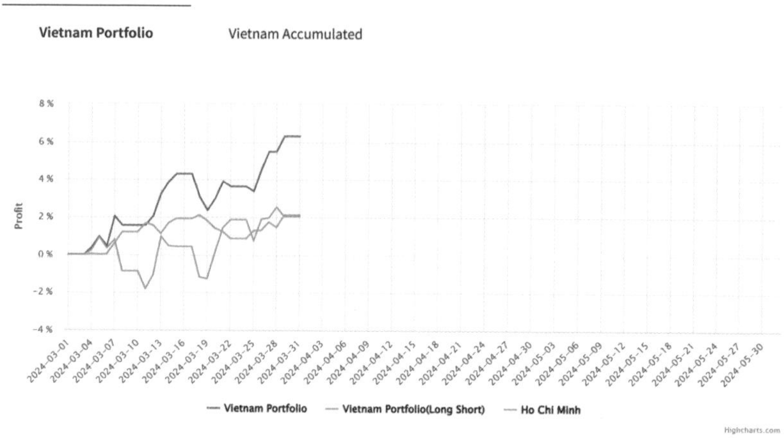

Updated Date: 2024-03-31

	Starting price	Previous day closing price	Rate of return	Max Draw Down
Vietnam Portfolio	1,000.0	1,063.2	6.32%	1.86%
Vietnam Portfolio(L/S)	1,000.0	1,021.3	2.13%	1.21%
Ho Chi Minh	1,000.0	1,020.5	2.05%	2.72%

〈그림 3-32〉 베트남 포트폴리오 누적수익률현황이 2020년 6월 1일부터 나와 있다. 베트남 포트폴리오의 누적수익률은 218.51%, 베트남 포트폴리오(L/S)는 151.23%이고, 동일 기간 Ho Chi Minh Index는 38.37% 대비 매우 우수하다.

Long Only 포트폴리오는 50종목을 종목당 2%씩 주식 100%를 편입했고, Long Short 포트폴리오는 Long포지션에 50종목을 각 종목당 1%씩, Short포지션에는 Ho Chi Minh Index 인버스 ETF를 50% 편입하였다. 베트남시장은 대표지수로 Ho Chi Minh Index와 Hanoi Exchange Index가 있는데, BM과 Short 포지션으로 Ho Chi Minh Index를 사용하고 있다. 이유는 포트폴리오 수익률 측면에서 Ho Chi Minh Index가 Hanoi Exchange Index보다 상관관계가 더 높기 때문이다.

<그림 3-32> 베트남 포트폴리오 누적수익률현황

Vietnam

Target	Period	BM	Rate of return
Ho Chi Minh listed stocks	2020.06.01 ~ Present	Ho Chi Minh	218.51%

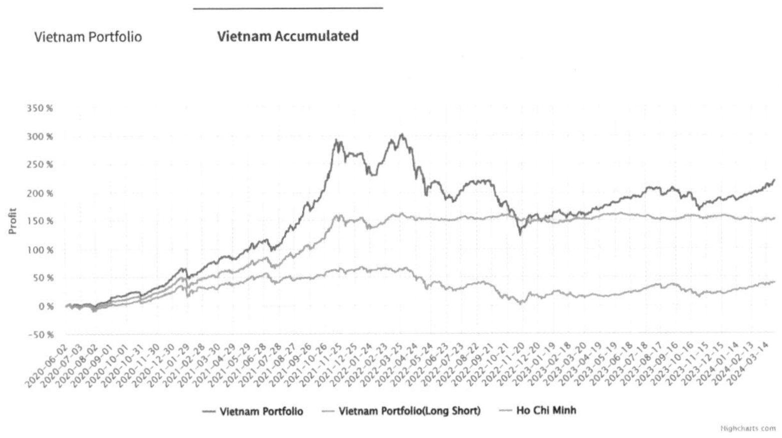

Updated Date : 2024-03-31

	Starting price	Previous day closing price	Rate of return	Max Draw Down
Vietnam Portfolio	1,000.0	3,185.1	218.51%	46.14%
Vietnam Portfolio(L/S)	1,000.0	2,512.3	151.23%	32.70%
Ho Chi Minh	1,000.0	1,383.7	38.37%	40.34%

베트남 포트폴리오의 누적수익률을 살펴보면, 2020년 6월 후 1년 6개월 동안 꾸준히 상승하여 누적수익률 300%를 달성하였다. 2021년 11월과 2022년 4월 두 차례 누적수익률 300%를 달성한 이후 조정을 거치기 시작했다. 이후 2022년 12월까지 누적수익률 130%대까지 하락하면서 수익률 조정구간을 거쳤다. 이유는 동일 기간 베트남 주식시장이 조정 및 하락 모습을 보이면서, 베트남 포트폴리오가 부진한 흐름을 보였기 때문으로 추정된다. 이후 2022년 12월부터 포트폴리오는 점진적으로 상승하면서 누적수익률 200%까지 재차 상승하였고, 2024년 3월 31일 현재 218.51%를 기록하고 있다. BM지수인 Ho Chi Minh Index는 38.37%로 BM대비 180.14% 초과수익을 기록하고 있다.

〈그림 3-33〉은 베트남 포트폴리오 50종목을 나타내고 있다.

<그림 3-33> 베트남 포트폴리오 50종목

Stocks	Price	Stocks	Price
MHC-VN MHC	9,070.0	TTH-VN Tien Thanh Service and Trading	3,700.0
THT-VN Vinacomin - Ha T	13,100.0	PHN-VN Ha Noi Battery Joint Stock Com···	43,200.0
PGT-VN PGT Holdings	3,500.0	WCS-VN West Coach Stati	185,600.0
CTB-VN Hai Duong Pump M	19,600.0	MSH-VN Song Hong Garment	37,300.0
PVT-VN PetroVietNam Transportation	26,150.0	EID-VN Hanoi Education	20,900.0

열 번째 국가인 인도네시아를 살펴보면, 투자대상은 인도네시아 주식시장에서 거래되고 있는 모든 상장기업 909종목(우선주, ETF 제외)을 대상으로 한다.

〈그림 3-34〉는 2023년 4분기 인도네시아시장 포트폴리오 수익률현황을 나타낸 것이다. 투자기간은 2023년 4분기 실적을 바탕으로 포트폴리오가 구성된 2024년 3월 1일부터 2024년 3월 31일까지이다.

<그림 3-34> 인도네시아 2023.4Q 포트폴리오 수익률 현황

Indonesia

Target	Period	BM	Rate of return
JAKARTA Composite listed stocks	2024.03.01 ~ Present	JAKARTA Composite	0.22%

Indonesia Portfolio Indonesia Accumulated

Updated Date: 2024-03-31

	Starting price	Previous day closing price	Rate of return	Max Draw Down
Indonesia Portfolio	1,000.0	1,002.2	0.22%	2.21%
Indonesia Portfolio(L/S)	1,000.0	1,002.7	0.27%	0.97%
JAKARTA Composite	1,000.0	996.8	-0.32%	1.94%

〈그림 3-34〉에는 2024년 3월 31일 종가까지 반영된 수익률과 차트가 표시되어 있다. BM은 JAKARTA Composite Index이고, 현재 분기 포

트폴리오 수익률은 0.22%이고, JAKARTA Composite Index 수익률 -0.32% 대비 0.54% 소폭 초과수익을 나타내고 있다.

<그림 3-35> 인도네시아 포트폴리오 누적수익률 현황

Indonesia

Target	Period	BM	Rate of return
JAKARTA Composite listed stocks	2020.06.01 ~ Present	JAKARTA Composite	322.46%

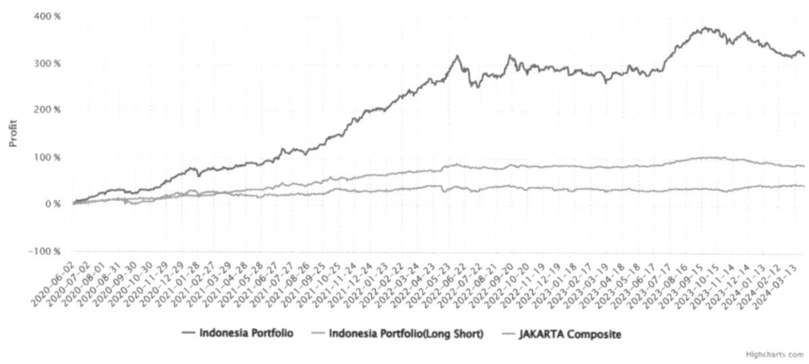

	Starting price	Previous day closing price	Rate of return	Max Draw Down
Indonesia Portfolio	1,000.0	4,224.7	322.47%	16.30%
Indonesia Portfolio(L/S)	1,000.0	1,870.0	87.00%	9.54%
JAKARTA Composite	1,000.0	1,441.7	44.17%	10.48%

〈그림 3-35〉 인도네시아 포트폴리오 누적수익률현황이 2020년 6월 1일부터 나와 있다. 인도네시아 포트폴리오의 누적수익률은 322.47%, 인도네시아 포트폴리오(L/S)는 87.00%이고, 동일기간 JAKARTA Composite Index는 44.17%대비 매우 우수하다.

Long Only 포트폴리오는 50종목을 종목당 2%씩 주식 100%를 편입했고, Long Short 포트폴리오는 Long포지션에 50종목을 각 종목당 1%씩, Short포지션에는 JAKARTA Composite Index 인버스 ETF를 50% 편입하였다. 인도네시아시장은 대표지수로 JAKARTA Composite Index를 BM과 Short 포지션으로 하고 있다.

〈그림 3-35〉의 인도네시아 포트폴리오의 누적수익률을 살펴보면, 2020년 6월 후 2년 동안 꾸준히 상승하여 누적수익률 300%를 달성하였고, 이후 2023년 6월까지 1년 동안은 250~300%대에서 횡보하는 모습을 보이고 있다. 이후 2023년 7월부터 재차 상승하기 시작해서 누적수익률 370%까지 달성하였다가 2023년 12월 중순 이후 조정을 거치면서 현재 수익률 320%대를 기록하고 있다. 인도네시아시장은 국내 증권사를 통해 현물투자가 가능하며, 포트폴리오대로 주식을 매매하면서 수익률 검증이 가능하다. 단, 여기에 환율변동성은 포함시키지 않고 있다.

〈그림 3-36〉은 인도네시아 포트폴리오 50종목을 나타내고 있다.

<그림 3-36> 인도네시아 포트폴리오 50종목

Stocks	Price	Stocks	Price
CTBN-ID Citra Tubindo	1,340.0	CASS-ID Cardig Aero Services	1,060.0
MAIN-ID Malindo Feedmill	505.0	BLTA-ID PT Berlian Laju Tanker Tbk	37.0
GZCO-ID Gozco Plantations	96.0	MGNA-ID Magna Investama Mandiri	7.0
SCPI-ID Organon Pharma Indonesia	29,000.0	RBMS-ID Ristia Bintang Mahkotasejati	34.0
INPS-ID Indah Prakasa Sentosa	131.0	JTPE-ID Jasuindo Tiga Perkasa	308.0

열한 번째 싱가포르를 살펴보면, 투자대상은 싱가포르 주식시장에서 거래되고 있는 모든 상장기업 590종목(우선주, ETF 제외)을 대상으로 한다.

<그림 3-37> 싱가포르 2023.4Q 포트폴리오 수익률 현황

Singapore

Target	Period	BM	Rate of return
STRAITS TIMES listed stocks	2024.03.01 ~ Present	STRAITS TIMES	1.86%

Singapore Portfolio Singapore Accumulated

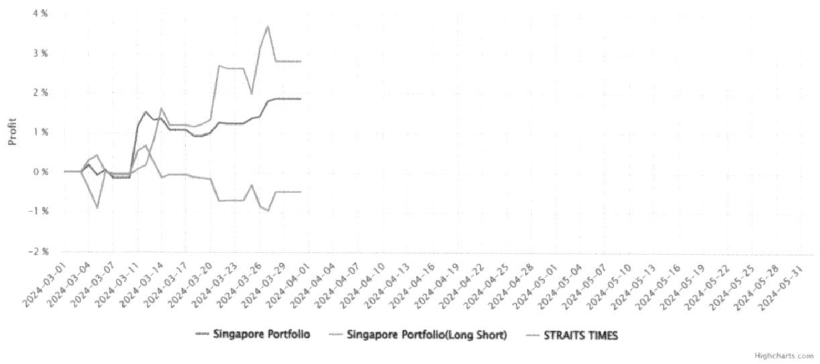

Updated Date: 2024-03-31

	Starting price	Previous day closing price	Rate of return	Max Draw Down
Singapore Portfolio	1,000.0	1,018.6	1.86%	0.59%
Singapore Portfolio(L/S)	1,000.0	995.2	-0.48%	1.61%
STRAITS TIMES	1,000.0	1,028.1	2.81%	0.91%

〈그림 3-37〉은 2023년 4분기 싱가포르 포트폴리오 수익률현황을 나타낸 것이다. 투자기간은 2023년 4분기 실적을 바탕으로 포트폴리오가 구성된 2024년 3월 1일부터 2024년 3월 31일 종가까지 반영된 수익률과

차트가 표시되어 있다. BM은 싱가포르 STRAITS TIMES Index이고, 현재 분기 포트폴리오 수익률은 1.86%이다. STRAITS TIMES Index 수익률 2.81% 대비 -0.95% 부진한 수익률을 나타내고 있다.

〈그림 3-38〉 싱가포르 포트폴리오 누적수익률현황이 2020년 6월 1일부터이며, 누적수익률은 38.90%, 싱가포르 포트폴리오(L/S)는 7.13%이고 동일 기간 STRAITS TIMES Index는 23.20% 대비 우수한 편이다.

<그림 3-38> 싱가포르 포트폴리오 누적수익률 현황

Singapore

Target	Period	BM	Rate of return
STRAITS TIMES listed stocks	2020.06.01 ~ Present	STRAITS TIMES	38.90%

Singapore Portfolio   **Singapore Accumulated**

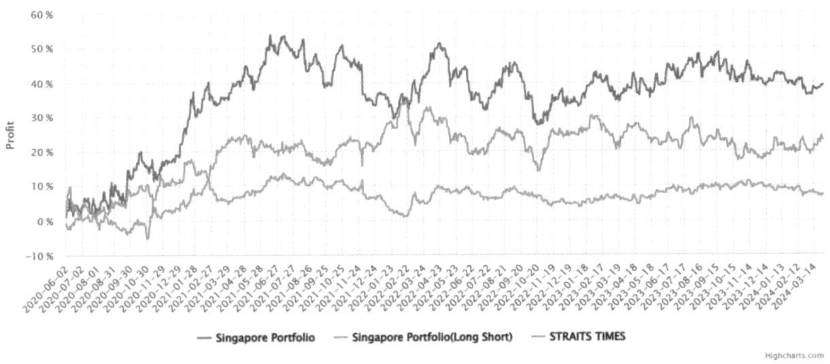

Updated Date : 2024-03-31

	Starting price	Previous day closing price	Rate of return	Max Draw Down
Singapore Portfolio	1,000.0	1,389.0	38.90%	17.08%
Singapore Portfolio(L/S)	1,000.0	1,071.3	7.13%	11.27%
STRAITS TIMES	1,000.0	1,232.0	23.20%	13.79%

Long Only 포트폴리오는 50종목을 종목당 2%씩 주식 100%를 편입했고, Long Short 포트폴리오는 Long포지션에 50종목을 각 종목당 1%씩, Short포지션에는 STRAITS TIMES Index 인버스 ETF를 50% 편입하였다. 싱가포르시장은 대표지수로 STRAITS TIMES Index를 BM과 Short 포지션으로 하고 있다.

〈그림 3-38〉의 싱가포르 포트폴리오의 누적수익률을 살펴보면, 2020년 6월 1일부터 2021년 6월까지 1년 동안 꾸준히 상승하면서 누적수익률 54%를 넘어섰다. 하지만, 2021년 7월 이후부터 2024년 3월까지 2년 반 동안 박스권에서 횡보하는 모습을 보이고 있다. 이는 싱가포르 주식시장이 2021년 7월 이후 현재까지 지루한 횡보장세가 이어져 오면서 싱가포르 포트폴리오도 시장과 연동되면서 15.70% 초과수익을 내는 것에 그치고 있는 것으로 보인다.

〈그림 3-39〉는 싱가포르 포트폴리오 50종목을 나타내고 있다.

<그림 3-39> 싱가포르 포트폴리오 50종목

Stocks	Price	Stocks	Price
5UL-SG Atlantic Navigation Hldg	0.3	S2D-SG Tosei Corporation	9.5
A04-SG Asl Marine Holdings	0.1	URR-SG Sim Leisure Group	0.6
5NF-SG Mencast Holdings	0.0	SO7-SG Yangzijiang Shipbuilding Holdings	5.3
YYN-SG Plato Capital	2.3	C07-SG Jardine Cycle And Carriage	24.2
1F0-SG shopper360	0.1	5OQ-SG Teho International Inc	0.0
G50-SG Grand Banks Yachts	0.3	PH0-SG Hatten Land	0.0

마지막으로 태국을 살펴보면, 투자대상은 태국주식시장에서 거래되고 있는 모든 상장기업 820종목(우선주, ETF제외)을 대상으로 한다. 태국은 2023년 6월 1일부터 재무데이터를 확보가 어려워서 2023년 1분기부터 포트폴리오를 구성할 수가 없었다. 그래서 2023년 4분기 포트폴리오 수익률은 〈그림 3-40〉과 같이 나타나고 있다.

<그림 3-40> 태국 2023.4Q 포트폴리오 수익률 현황

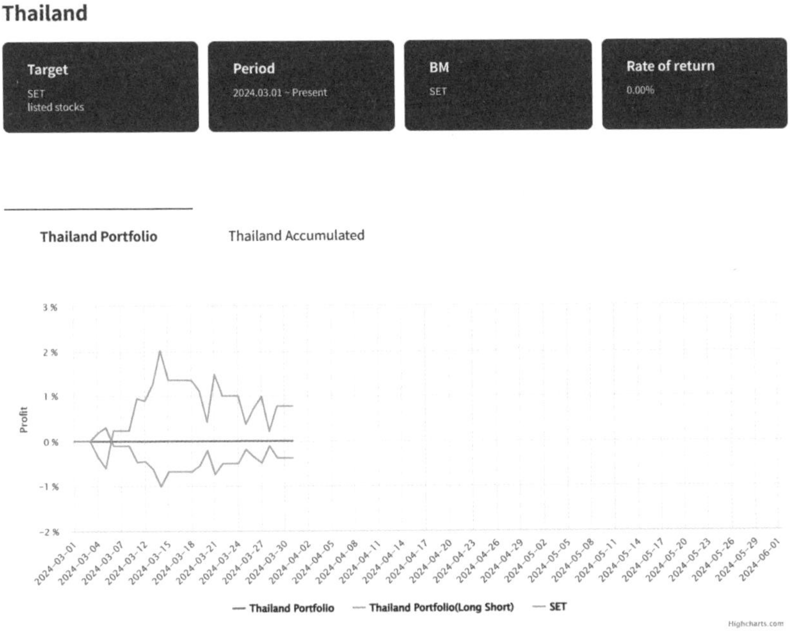

Updated Date: 2024-03-31

	Starting price	Previous day closing price	Rate of return	Max Draw Down
Thailand Portfolio	1,000.0	1,000.0	0.00%	0.00%
Thailand Portfolio(L/S)	1,000.0	996.2	-0.38%	1.30%
SET	1,000.0	1,007.7	0.77%	1.76%

〈그림 3-41〉처럼 2020년 6월 1일부터 2023년 5월 31일까지 3년 동안 포트폴리오 누적수익률현황은 나와 있다. 태국 포트폴리오의 누적수익률은 135.38%, 태국 포트폴리오(L/S)는 44.56%이고, 동일기간 SET Index는 16.20% 대비 매우 우수하다.

Long Only 포트폴리오는 50종목을 종목당 2%씩 주식 100%를 편입했고, Long Short 포트폴리오는 Long포지션에 50종목을 각 종목당 1%씩, Short포지션에는 SET Index 인버스 ETF를 50% 편입하였다. 태국시장은 대표지수로 SET Index를 BM과 Short 포지션으로 하고 있다.

〈그림 3-41〉의 태국 포트폴리오의 누적수익률을 살펴보면, 2020년 6월 1일부터 2021년 11월까지 1년 5개월 동안 꾸준히 상승하면서 누적수익률 140%를 넘어섰다. 하지만 2021년 11월 이후부터 2023년 5월 말까지 1년 6개월 동안 박스권 내에서 횡보하는 모습을 보이고 있다. 이는 태국 주식시장이 2021년 3월부터 현재까지 지루한 횡보와 하향을 반복하면서 태국 포트폴리오도 추가상승은 하지 못하고 박스권 내에서 등락을 거듭한 것으로 보인다.

2023년 6월부터는 태국주식시장의 재무데이터가 확보되지 않아 2개 분기 동안 포트폴리오를 구성하지 못하고 있다.

<그림 3-41> 태국 포트폴리오 누적수익률 현황

Thailand

Target	Period	BM	Rate of return
SET listed stocks	2020.06.01 ~ Present	SET	135.38%

Thailand Portfolio　　**Thailand Accumulated**

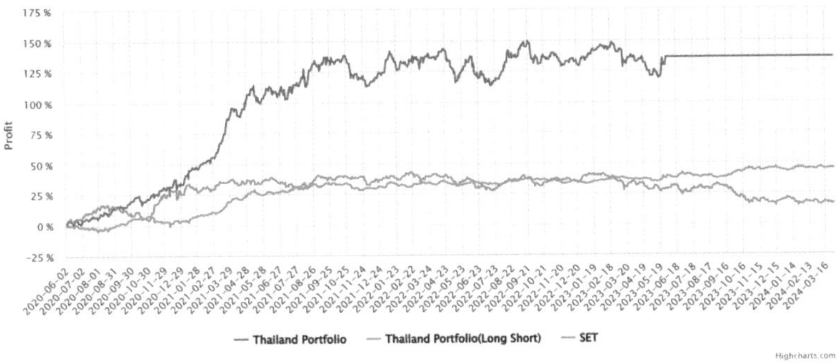

Updated Date : 2024-03-31

	Starting price	Previous day closing price	Rate of return	Max Draw Down
Thailand Portfolio	1,000.0	2,353.8	135.38%	36.04%
Thailand Portfolio(L/S)	1,000.0	1,445.6	44.56%	19.28%
SET	1,000.0	1,162.0	16.20%	20.82%

지금까지 2020년 6월 1일부터 2024년 1월까지 Website를 통해 공개하고 있는 글로벌 12개국의 포트폴리오와 수익률현황을 살펴보았다. 국가별 주식시장의 상황이 다르기 때문에, 국가별 Index 수익률이 다르고, 포트폴리오 수익률도 다르게 나타나고 있다.

Website를 통해 공개하고 있는 수익률현황을 정리하면 다음과 같다.

Portfolio 운용기간은 2020년 6월 1일부터 2024년 3월 31일까지 1,399일이다. 대상지역으로 12개국이고, 해당분기 수익률과 누적수익률, 그리고 Long Only, Long Short, BM으로 구분되어 있다.

<표 3-6> 글로벌 12개국 포트폴리오 누적수익률 현황

Fund Performance

Portfolio Operation Days : 1399 days

Country	Long only		Long Short		BM
	Cumulative rate of return	MDD	Cumulative rate of return	MDD	
USA	126.49%	30.61%	70.11%	22.46%	53.40%
HONGKONG	78.54%	50.06%	79.18%	35.28%	-43.49%
CHINA	-0.73%	53.15%	-1.22%	22.64%	6.40%
KOREA	97.78%	37.92%	32.88%	11.37%	24.26%
JAPAN	62.87%	24.36%	-1.28%	14.76%	63.66%
TAIWAN	106.11%	24.06%	25.38%	20.86%	26.00%
EUROPE	22.79%	26.33%	-6.75%	11.07%	41.48%
INDIA	1,386.27%	56.70%	208.24%	31.79%	107.31%
VIETNAM	218.51%	46.14%	151.23%	32.70%	38.37%
INDONESIA	322.47%	16.30%	87.00%	9.54%	44.17%
THAILAND	135.38%	36.04%	44.56%	19.28%	16.20%
SINGAPORE	38.90%	17.08%	7.13%	11.27%	23.20%

〈표 3-6〉는 글로벌 12개국 포트폴리오 누적수익률현황을 정리해서 나타낸 것으로, 이는 Website 통해 언제든지 확인 가능한 데이터이다. 대상기간 3년 9개월 동안 글로벌 12개국의 누적수익률을 살펴보면, 가장 수익률이 높은 포트폴리오는 인도시장 1,386%이며, 가장 수익률이 낮은 포트폴리오는 중국 -0.73%이다. 포트폴리오 누적수익률이 100% 초과한 국가로는 미국 126%, 대만 106%, 인도 1,386%, 베트남 218%, 인도네시아 322%, 태국 135% 6개국이며, 하위 5개국은 중국

-0.73%, 유럽 22%, 싱가포르 38%, 일본 62%, 홍콩 78% 순이다. 한국의 경우 97%로 중간 정도에 위치해 있다.

글로벌 12개국 포트폴리오의 평균누적수익률은 206.9%이며, 이를 연평균수익률로 환산하면 59.1%가 된다.

12개국의 3년 9개월 총 159개 분기 중에 수익분기는 114개로 분기수익확률은 72.4%, 손실분기는 45개로 분기손실확률은 27.6%이다. 114개 수익분기의 평균수익률은 11.3%, 45개 손실분기의 분기손실률은 -5.2%이고, 총 159개 분기평균수익률은 14.8%이다.

지금까지 제3장에서는 과거데이터와 현재데이터를 기반으로 종목선정기준과 포트폴리오 구성방법에 의한 포트폴리오 50종목으로 진행한 Test Simulation 결과는 다음과 같다.

첫째, 한국시장을 대상으로 한 과거데이터 기반 Back Test를 진행한 결과를 살펴보았다. 대상기간은 2001년 5월 16일부터 2014년 5월 15일까지로 13년 52개 분기이다. 이후 2014년 5월 16일부터 2024년 2월 29일까지는 제2장 실제투자 결과를 통해서 수익률 현황을 확인했다.

둘째, 해외시장을 대상으로 한 과거데이터 기반 Back Test와 현재데이터 기반 Forward Test를 살펴보았다. 대상기간 중 2001년 6월 1일부터 2014년 5월 31일까지 13년 52개 분기는 Back Test로 진행하였고,

2014년 6월 1일부터 2024년 2월 29일까지는 매 분기실적발표 할 때마다 재무데이터를 취합하여 Forward Test로 진행하였다. 이를 합산하여 Test Simulation으로 자세히 설명하였다.

셋째, 2020년 6월 1일부터 2024년 3월 현재까지 Website를 통해 포트폴리오 분기수익률과 누적수익률을 공개하면서, 종목선정기준과 포트폴리오 구성방법에 대한 유효성과 통계 결과의 객관성을 확보하고자 하였다.

그리고 제1장 및 제2장에서 종목선정기준과 포트폴리오 구성방법의 한계점에 대해 언급하였는데, 이 중 Test Simulation을 통해 한계점의 일부를 해소할 수 있을 것이라 판단된다. 그 내용은 다음과 같다.

첫째, 투자기간 부족에 대한 한계점이다. 총 투자기간 252년, 1,010개 분기를 통해서 부족한 투자기간에 대한 한계점은 상당부분 해소되었다고 판단된다. 비록 서로 다른 시장을 대상으로 동일 기간 22년씩을 Test한 것이지만, 이 부분이 더 이상 한계점으로 여겨지지는 않을 것으로 생각된다.

둘째, 지역적 한계점이었다. 한국시장만 대상으로 했던 제2장의 실제투자의 지역적 한계를 극복하기 위해, 한국시장 외에 글로벌 11개국을 추가하여 Back Test와 Forward Test를 진행하였기 때문에 지역적 한계점도 거의 해소되었다고 판단된다.

셋째, 통계자료 부족에 대한 한계점이다. 제2장의 실제투자는 9년 9개월 39개 분기의 결과만 가지고는 통계적으로 어떤 의미를 부여하기에 한계가 있었다. 하지만, 전체 252년 1,010개 분기로 통계적으로 어떤 의미를 부여할 수 있다고 단정짓기는 힘들겠지만, 어느 정도 종목선정기준과 포트폴리오 구성방법에 유효성이 있다는 판단의 근거는 될 수 있을 것이다.

그럼에도 불구하고 여전히 남는 한 가지 한계점은 Simulation 고유의 한계점이다. 물론, 제2장의 실제투자 결과가 있긴 하지만 전체 1,010개 분기 중에 39개로 3.8% 정도에 해당하는 매우 부족한 숫자일 뿐이다. 나머지 96.2%에 해당하는 데이터가 Simulation이기 때문에 그 자체적인 한계점이 분명히 있다. 만약, 2001년부터 2024년 3월 현재까지 글로벌 12개국을 대상으로 국가별로 1억씩 투자한 결과가 있다면, 그건 다르게 받아들여졌을 것이다. 왜냐하면 실제투자결과이기 때문이다. 아마도 이 한계점은 실제투자를 진행하면서 장기간 수익률결과자료가 확보되지 않는 한 해소되지 않을 한계점일 것이다.

| epilogue |

투자의 확률

이런 주식투자 방법이 있다면 어떨까? 방법은 3개월에 한 번씩 포트폴리오를 구성해서 투자를 진행하고, 1년에 4번 포트폴리오 리밸런싱을 진행한다. 이 방법으로 투자를 하면 통계적으로 한번 투자했을 때, 수익이 날 확률은 73.2%이고, 손실이 날 확률은 26.8%이다.

투자자는 주식투자를 한번 할 때 100만 원으로 포트폴리오를 구성한다. 투자를 진행하면서 수익이 나는 분기의 예상수익률은 14.1%이고, 손실이 나는 분기의 예상손실률은 -7.5%이다. 이럴 경우 투자자가 투자를 한번 했을 때, 수익이 나는 분기의 예상수익금은 100만 원 × 14.1% × 73.2% = 103,212원이고, 예상손실금은 100만 원 × (-7.5%) × 26.8% = -20,100원이다. 주식투자자가 분기에 주식투자를 한번 하면서 기대할 수 있는 예상수익금은 103,212원 + (-20,100원) = 83,112

원이다. 즉, 이 투자자는 주식투자를 한번 할 때 투자금액의 8.3%만큼 의 수익률을 기대할 수 있다.

Back Test와 Forward Test의 1,010개 분기의 통계적 결과에 근거해서, 투자를 한번 할 때 수익이 날 확률 73.2%와 손실이 날 확률 26.8%를 그대로 적용한다면, 수익이 날 확률이 손실이 날 확률보다 2.7배 이상 정도 높고, 수익이 난 분기의 예상수익률 14.1%와 손실이 난 분기의 예상손실률 7.5%보다 1.9배가량 높다. 그렇기 때문에 이 투자는 반복하면 반복할수록 엄청난 수익을 얻을 것으로 기대할 수 있다. 여기서 투자금액 100만 원에 수익금을 더해서 투자한다면, 최초 100만 원으로 시작해서 평균적으로 매 분기 83,112원의 수익금이 더해져서 투자 횟수를 반복하면 할수록 투자자의 수익은 기하급수적으로 늘어날 것이다.

프롤로그에서 언급한 주사위 게임과 본문에서 설명한 종목선정기준의 주식투자방식을 위와 같이 동일하게 놓고 비교한다는 것이 약간 억지라고 생각할 수도 있다. 하지만 지난 23년 동안 글로벌 12개국을 대상으로 진행한 Back Test와 Forward Test의 1,010개 분기의 통계결과를 놓고 확률적인 측면에서 비교한다면 마냥 억지라고 생각할 수만은 없을 것이다. 프롤로그의 주사위 게임에서 여섯 번 연속 1이 나와 6만 원씩 36만 원이 손실이 날 수도 있고, 주식투자를 했는데 시장이 안 좋아서 6분기 연속 손실이 발생할 수도 있다. 물론 반대의 경우도 언제든지 발생할 수 있다. 통계와 확률은 그 자체에 의미를 두고 접근했을 때 유효한 것이고, 그 이상이나 그 이하의 의미를 부여할 필요는 없다.

대부분의 독자들이 눈치를 챘겠지만, 프롤로그의 주사위 게임은 필자가 실제투자와 Test Simulation을 진행한 결과를 두고 비슷하게 만든 가상의 게임이다. 필자가 1999년 처음 증권사에 입사해서 지금까지 주식투자자로서 가지고 있는 바람은 단 한 가지이다. 주식투자를 확률적 측면에서 접근해서 수익이 날 확률이 손실이 날 확률보다 높게 하고, 수익이 났을 때 수익률이 손실이 났을 때 손실률보다 높게 하는 방법을 찾아내서 그대로 투자하는 것이었다. 그래서 꾸준히 반복하기만 하면 자동으로 수익금이 커지게 하는 모델을 만드는 것이었다.

제1장에서 설명한 종목선정기준과 포트폴리오 구성방법은 필자가 목표로 한 이상적인 투자방법에 얼마나 다가갔는지는 모르겠지만, 상당 부분은 도달한 것으로 판단된다. 물론 종목선정기준과 포트폴리오 구성방법을 지속해서 발전시켜 지금보다 더 높은 수익을 낼 확률과 분기수익률을 달성하는 방법을 찾는 것도 필요할 것이다.

종목선정기준의 특징

종목선정기준과 포트폴리오 구성방법에 대해 최종 판단을 하기에는 아직 이르다. 실제투자와 Test Simulation 결과가 있어도 아직은 현재 진행형인 투자모델이다. 언제쯤 제대로 된 결론을 내릴 수 있을지는 모르겠지만, 계속 보완해 가면서 실제 투자를 진행하려고 한다. 9년 9개월이라는 짧지 않은 기간 동안 실제투자를 하면서, Forward Test를 모니터링 하면서 파악된 종목선정기준의 특징을 정리하면 다음과 같다.

첫 번째 특징은 일관성이다. 한국 시장을 대상으로 9년 9개월 동안 진행한 실제투자나 글로벌 12개국을 대상으로 2001년부터 2023년 12월까지 23년간 1,010개 분기의 Test Simulation에서 얻은 결과는 한 가지 결과로 수렴한다. 그것은 바로 일관된 투자결과로 분기에 수익이 날 확률이 73.2%라는 것과 분기평균수익률이 8.1% 정도 된다는 것이다. 지역이나 기간에 따라 다소 차이가 날 수는 있지만, 큰 틀에서 일관성 있는 결과가 나온다는 것이다. 어떤 분기는 평균보다 좀 더 높은 수익이 나는 경우가 있고, 또 어떤 분기는 분기평균수익률보다 낮은 수익률이 나올 때도 있다. 하지만 장기적으로 평균을 내보면 일관된 결과가 나온다. 그렇기 때문에 중간에 손실이 나는 분기가 2~3개 분기 지속될 때도 충분히 버틸 수 있다. 어떤 이들은 특정 기간에만 수익이 났거나, 특정 지역에 한해 다른 결과가 나오는 것을 지적하기도 하지만, 12개 지역 평균을 내보면 일관성을 입증하기엔 충분하다고 판단된다.

두 번째 특징은 범용성이다. 종목선정기준은 기업의 실적을 가지고 투자대상을 선정하는 비교적 간단한 투자아이디어를 구체화한 투자모델이다. 종목선정기준의 가장 중요한 핵심 컨셉은 주식의 본질에 대한 고민에서부터 출발했다는 것이다. 주식이라는 사물이 갖는 본질에 대한 고민에서부터 출발한 아이디어가 구체화한 투자모델이기 때문에, 글로벌 주식시장 어디든지 적용이 가능하다는 것이다. 만약 종목선정기준의 주요 특징으로 이 범용성이 확인되지 않았다면, 이는 애초에 논의조차 할 필요가 없는 무의미한 것이다. 다행히 현재까지의 결과만 놓고 본다면 종목선정기준과 포트폴리오 구성방법은 한국시장을 비롯한 글로벌 주식시장 어느 곳에도 적용할 수 있는 투자모델이라는 범용성이 있다는 것이 확인되었다고 판단된다.

세 번째 특징은 수익성이다. 분기에 한 번 투자했을 때, 기대할 수 있는 수익률이 8.1%라는 것은 연간으로 환산했을 때 32%를 초과하는 높은 수익률이다. 수익이 났을 때와 손실이 났을 때를 모두 합산해서 연평균 수익률이 32%를 넘는다는 것은 실로 엄청난 수익률이 아닐 수 없다. 하지만 때때로 공인되지 않은 수익률이라는 이유로 이렇게 높은 수익률은 오히려 약점이 되기도 했다. 수익성은 투자자 입장에서는 높으면 높을수록 좋겠지만, 검증하는 입장에서 바라봤을 때는 터무니없는 수익률은 오히려 설득력이 떨어져서 약점이 되기도 한다. 수익성에 대한 검증은 실제 투자기간이 길어질수록 신뢰도는 더 올라갈 것으로 판단된다.

마지막 특징은 확장성이다. 종목선정기준은 단순한 투자대상인 종목을 골라주는 것에서부터 포트폴리오를 구성하고, 주식편입비를 전략적으로 선택하면서 다양한 운용전략으로 확장이 가능하다. 종목선정기준으로 투자를 시작한 초기에는 Long Only 전략으로만 포트폴리오를 구성했지만, 시간이 지나면서 다양한 전략에 대한 검토가 이루어졌고 시장 상황에 따라 유연하게 포트폴리오를 구성하는 것이 가능하다고 생각되었다. 그래서 2024년 4월 현재는 필자도 투자자로서 다양한 전략으로 시장에 참여하고 있다.

예를 들면 다음과 같다.

❶ 주식 100% ➡ Long Only Strategy

❷ 주식 90% : Index Short Position 10%

❸ 주식 80% : Index Short Position 20%

❹ 주식 70% : Index Short Position 30%

❺ 주식 60% : Index Short Position 40%

❻ 주식 50% : Index Short Position 50% ➡ Long Short Strategy

또한 Long Short 전략을 사용할 경우 수익률 극대화 방안으로 레버리지 사용에 대해서도 검토할 수 있을 것이다.

종목선정기준의 장점

이 외에도 종목선정기준과 포트폴리오 구성방법으로 투자를 진행할때 심리적으로 굉장히 편안한 투자를 할 수 있다는 장점도 있다.

첫 번째 장점은 50종목을 각 종목당 2%씩 편입하면, 어느 한두 종목의 가격 급등락에 크게 신경을 쓰지 않게 된다는 것이다. 어느 한 종목이 100% 수익이 나도 전체 포트폴리오 수익률의 2%만큼만 기여를 하게 되기 때문에 신경을 덜 쓰게 되고, 반대로 어느 한 종목이 -50% 손실이 날 때에도 전체 포트폴리오 수익률의 1%만큼만 영향을 주기 때문에 그만큼 신경을 덜 쓰게 된다. 그래서 몇 개 종목의 가격 급등락에 무뎌지게 되고, 포트폴리오 전체 수익률만 체크하게 된다.

두 번째 장점은 주식을 매매하는 날짜를 정해놓기 때문에 매매 시기에 대한 고민을 하지 않아도 된다는 것이다. 주식은 사는 것보다 파는 것이 더 어렵다고들 한다. 맞는 말이다. 수익이 나면 나는 대로 파는 시점을 제대로 포착하지 못해서 고민이고, 손실이 나면 나는 대로 손절 시점을 제대로 포착하지 못해서 고민이다. 하지만 포트폴리오 구성방법의 정해진 원칙대로 매매했을 때 이런 부차적인 고민은 한 방에 해결된다.

세 번째 장점은 시장 상황을 일일이 살피지 않아도 된다는 것이다. 아마도 거의 모든 주식투자자가 글로벌 경제상황, 즉 미국 연준의 금리결정과 소비자지수, 고용률, 유럽의 경제상황, 중국의 경제상황 등을 틈나는 대로 공부하면서 주식편입비율에 반영하거나 종목선정에 반영할 것이다. 단언하건대 필자는 지난 9년 9개월 동안 종목선정기준과 포트폴리오 구성방법에 의한 투자를 진행하면서 시장상황을 일일이 따져 투자한 적이 단 한 번도 없다. 시장상황에 상관없이 정해진 투자방법대로 반복해서 투자한 것뿐이다. 사실 수많은 매크로지표를 일일이 확인하면서 투자에 반영하면서 투자하는 것이나, 그러지 않고 매크로지표는 전혀 고려하지 않고 투자하는 것이나 투자수익률에는 큰 차이가 없다. 다만 투자자의 심리적 안정을 위해 스스로 공부를 하는 것일 뿐이다. 매크로지표를 공부하지 않고 시장상황을 일일이 체크하지 않아도, 아주 우수한 수익률이 나온다는 것이 매우 편안한 투자를 할 수 있다는 장점이다.

종목선정기준의 불완전성

주식투자는 어렵다. 어느 한 가지 원칙을 적용해서 쉽게 수익을 얻을 수 있는 그런 만만한 투자대상이 아니다. 제1장에서 언급한 종목선정기준도 수없이 많은 주식투자의 방법론 중의 하나일 뿐이며, 그 자체가 절대

완전하지가 않다. 그래도 성공가능성을 조금이라도 더 높이기 위해 여러 가지 다양한 시도를 했고, 그러면서 정답에 가까운 해답을 찾아가는 과정일 뿐이다. 또한 앞에서 여러 번 언급했던 것처럼 과거의 수익률이 절대 미래 수익을 보장하지 않기 때문에, 앞으로 수익이 어떻게 나올지는 아무도 모른다. 그러므로 항상 수익을 내는 절대적인 투자방법일 수 없고 그 자체가 불완전하다. 그래서 필자 또한 종목선정기준과 포트폴리오 구성방법에 대해 절대로 완벽하다고 생각하지 않는다. 다만 적어도 지난 23년간 글로벌 12개국을 대상으로 한 Back Test 결과와 9년 9개월간의 실제투자의 결과를 토대로 나온 승률만큼은 신뢰한다. 그게 대략 73% 정도이다. 앞으로 이 부분에 대한 신뢰도는 변할 수 있다. 더 올라갈 수도 있고 여기서 더 떨어질 수도 있다. 그 정도 신뢰도를 가지고 앞으로도 계속 투자를 진행해 나갈 것이다.

제1장에서 설명한 종목선정기준과 포트폴리오 구성방법은 투자와 관련된 운용업계에 종사하는 전문투자자들이 보기에는 약점이 있는 투자모델이다. 그것은 이미 발표된 과거의 데이터를 기반으로 투자대상을 선정한다는 것이다. 과거 데이터를 토대로 투자대상을 선정한다는 것 자체가 그들의 입장에서는 쉽게 동의하기 힘든 것이다. 주가는 6개월 선행지표로서 항상 현재의 실적보다 빠르게 움직이는데, 과거의 실적 데이터로 현재의 주식을 평가한다는 것과 미래 주가를 예측한다는 것이 논리적으로 받아들이기 힘들 것이다. 필자도 그들의 그런 논리와 주장이 완전히 틀렸다고 생각하지는 않는다. 하지만 여러 가지 변수와 수없이 많은 시장참여자의 의사결정으로 결정되는 주가를 판단하는 기준이 결국 기업

의 실적이라는 점에 대해서는 그들도 동의할 것이다. 종목선정기준은 그것을 풀어가는 방식이 기존 제도권의 방식과 약간 다르다는 것은 충분히 인지하고 있고, 이 부분에서 무엇보다 중요한 것은 9년 9개월 동안 실제 투자한 결과가 있다는 것이다.

주식투자는 공부한 이론만으로 되는 것이 아니고, 머릿속의 생각만으로 결과를 예측할 수 있는 것도 아니다. 그리고 정답이 있는 것이 아니기 때문에, 업계에 있는 많은 전문투자자가 종목선정기준과 실제투자결과에 대해 동의하지 않는다는 것이 사실 그렇게 중요하지도 않다.

2014년 5월 처음으로 종목선정기준에 의해 투자를 시작했을 때부터 2024년 4월 현재까지 지속적으로 업그레이드되고 있다. 지난 9년 9개월 동안 실제투자를 진행하면서 한편으로는 수익 날 확률(승률)과 분기 평균수익률을 한 단계 더 높게 끌어올리기 위한 연구를 지금도 병행하고 있다. 아마도 이 부분에 있어서 끝은 없을 것이다.

새로운 투자아이디어가 떠오르면 생각을 정리하고, 관련 항목과 비중을 정해서 약식으로 Back Test를 진행해 보고, 결과가 좋다면 대상 국가를 확대해서 다양하게 진행한다. 이런 Back Test 과정을 수없이 반복하여 나온 것이 현재의 종목선정기준인 것이다. 이 책을 읽고 나서 혹여 새로운 투자아이디어가 떠오른다면, 독자 스스로가 직접 실행에 옮기는 노력을 해보길 바란다.

종목선정기준과 포트폴리오 구성방법은 확률적 측면에서 접근한 투자방법론이다. 정해진 원칙으로 과거 데이터를 Back Test를 통해서 수익이 날 확률과 평균수익률을 높이는 항목을 특정해 갔고, 수없이 많은 Back Test를 통해 고도화 과정을 거쳤다. 그래서 모델의 단점이 확인되면 포트폴리오 구성방법 측면에서 보완하면서 완성도를 높여갔다.

주사위 게임처럼 투자모델이 수익이 날 확률과 평균수익률이 높다면, 정해진 기준대로 투자를 반복하기만 하면 수익은 자동으로 따라올 것이다. 미래의 수익은 누구도 알 수 없지만, 그 과정과 결과는 Website를 통해서 분기별로 확인할 수는 있을 것이다.

2014년에 처음 종목선정기준이 완성되었을 때는 개인 투자용도로만 사용했고 그 외에 다른 생각을 할 틈이 없었다. 하지만 5년 정도 투자를 진행하면서 높은 수익률과 분기별로 수익이 나는 확률이 높다는 것이 확인될수록 혼자서만 이 투자모델을 쓰는 것이 아깝다고 생각하게 되었다. 그래서 2021년 FM투자일임이라는 법인을 설립하였고, 금융위원회 투자일임 인가를 받아 현재 금융투자업을 하고 있다. 2024년에는 Back Test와 Forward Test에서 차별화된 결과가 나오는 인도시장에 본격적으로 진출하려고 한다. 인도에 가서 직접 현물투자를 할 수 있는 방법을 찾아내서 실제투자를 진행하고, 그 결과를 눈으로 확인하고자 한다.

만약 매년 평균적으로 32%의 수익을 올리는 방법이 있다면 어떨까? 투자자는 누구든지 주식투자로 엄청난 부를 얻을 수 있을 것이다. 제1장에서 설명한 종목선정기준과 포트폴리오 구성방법으로 이런 놀라운 수익률을 올릴 수만 있다면, 투자자라면 누구나 한번은 시도해 볼 만한 방법이라고 생각한다. 하지만 이 책을 읽는 사람은 세 가지 유형으로 나누어질 것으로 예상된다.

첫 번째 유형은 의심하는 사람들이다. 투자결과에 대해 의심하고, 비교적 단순한 개념인 종목선정기준과 포트폴리오 구성방법으로 이런 놀라운 수익률을 올릴 수 있다는 사실을 의심하고, 책에서 언급한 것은 단지 과거의 수익률일 뿐 미래수익을 보장하지 않을 것으로 생각하면서 향후 수익률을 의심하는 사람들이다. 투자에 있어서 의심하는 것이 꼭 나쁜 것만은 아니다. 오히려 투자자의 자질 중에 반드시 필요한 것은 항상 의심하는 자세이다. 어떤 결과나 투자방법을 접했을 때 의심하는 자세가 꼭 필요하다. 그리고 그 의심으로부터 출발해서 스스로 생각하고, 고민하고, 연구하면서 새로운 자신만의 방법을 찾아가는 것이 필요하다.

회계학을 처음 배울 때 항상 강요받았던 것이 전문가적 의구심(Questioning Mind, Skepticism)을 가지라는 것이었다. 전문가적 의구심이란 오류나 부정에 의한 왜곡 가능성에 대해 의구심을 가지라는 것인데, 사람을 의심하는 것이 아니라 그런 상황이나 가능성에 대해 의구심을 가지라는 의미였다. 여기에 꼭 들어맞는 표현은 아니겠지만, 투자결과나 투자방법에 대한 개념부터 실행방법이 알맞게 적용되었는지, 그 진행 과정 속에 오류는 없었는지 의구심을 가지고 접근해야 한다는 것이다. 출발이 의구심이라면 끝은 행동이다. 투자과정이나 결과에 의심을 하는 사람들이 스스로 검증이라는 행동을 하지 않으면 이 투자방법을 내 것으로 만들 수 없다. 단순히 의심만 하고 행동하지 않는 투자자는 현재 상태에서 더 이상 발전할 수 없다.

두 번째 유형은 별다른 의심 없이 결과를 받아들이는 사람들이다. 비교적 소수의 사람이다. 투자과정이나 결과를 있는 그대로 받아들이고, 자신의 투자방법에 적용할 부분을 찾는 것에 집중한다. 책을 여러 번 반복해서 읽으면서 이 투자방법의 빈틈을 찾으려 노력하고, 어떻게 보완할 수 있는지를 고민하면서 자신만의 방법으로 개선하려고 노력하는 사람들이다. 첫 번째 유형의 사람들과 다른 점은 두 번째 유형의 사람들은 곧바로 행동한다는 것이다. 그만큼 시간이 단축되고 성공 가능성은 그만큼 높아진다.

세 번째 유형은 아무런 반응도 없고, 행동도 없는 사람들이다. 실제투자 수익률이 높게 나온 것이 마냥 부럽다고 생각하면서도 거기서 멈춰 서있는 사람들이다. 투자에 있어서 그 어떤 노력도 하지 않는 사람들이다. 이 유형의 사람들은 주식투자를 하긴 하지만 쉽게 수익을 내고 싶어 하는 사람들이다. 주위에서 비밀스럽게 좋은 뉴스가 있는 종목을 알려주는 것을 좋아하고, 별다른 의심 없이 주위 사람 말만 듣고 주식을 사는 사람들이다. 이 세 번째 유형의 사람들은 가급적 빨리 주식투자를 중단해야 할 사람들이다. 하루라도 빨리 주식투자를 중단하는 것이 그나마 가지고 있는 원금을 보존하는 유일한 방법이다.

종목선정기준 속에 녹아 있는 주식의 본질에서부터 시작한 고민과 해법은 분명 투자자들에게 좋은 투자아이디어가 될 것으로 생각된다. 다만 그것을 소화하고 자신만의 투자방법으로 재탄생시키는 것은 각자 역할이다. 한 가지 확실한 것은 이 투자방법은 장기간 반복하면, 수익이 날 확률이 73% 정도 된다는 것이다.

주식투자에서 100% 확실한 것은 아무것도 없다. 늘 시장에는 변수가 존재하고 주가는 어떻게 변할지 아무도 모른다. 이렇게 어렵고 힘든 주식시장에서 살아남는 방법으로 고민한 종목선정기준과 포트폴리오 구성방법이 시장침여지들에게 그리고 개인투자자들에게 작게나마 도움이 되었으면 하는 바람으로 글을 마무리 한다.